LA SCIENCE PRATIQUE DE L'IMPRIMERIE.

CONTENANT

DES INSTRUCTIONS TRÉS-FACILES POUR SE PERFECTIONNER DANS CET ART.

ON Y TROUVERA UNE DESCRIPTION DE toutes les pieces dont une Presse est construite, avec le moyen de remedier à tous les défauts qui peuvent y survenir.

Avec une Methode nouvelle & fort aisée pour imposer toutes sortes d'Impositions, depuis l'In-folio jusqu'à l'In-cent-vingt-huit.

De plus, on y a joint des Tables pour sçavoir ce que les Caracteres inferieurs regagnent sur ceux qui leur sont superieurs, & un Tarif pour trouver, d'un coup d'œil, combien de Formes contiendra une copie à imprimer, trés-utile pour les Auteurs & Marchands Libraires qui font imprimer leurs Ouvrages à leurs dépens.

Le tout representé avec des Figures en bois & en taille douce.

A SAINT OMER,

Par MARTIN-DOMINIQUE FERTEL, Imprimeur & Marchand Libraire, rue des Espeérs, à l'Image de Saint Bertin.

M. DCC. XXIII.

AVEC APPROBATION ET PRIVILEGE DU ROI.

A MONSEIGNEUR,

FRANÇOIS DE VALBELLE DE TOURVES, DES VICOMTES DE MARSEILLE, EVÊQUE DE SAINT OMER.

ONSEIGNEUR,

J'ose faire paroître mon Ouvrage sous la protection de vôtre illustre Nom : Pour lui donner plus de credit, à qui pouvois-

je plus justement offrir le premier des beaux Arts, qu'à celui qui les a toûjours si heureusement cultivés, & qui fait gloire d'en être le protecteur?

Vous sçavez, MONSEIGNEUR, que l'Art de l'Imprimerie est la source, & pour ainsi dire, le canal de tous les autres qui lui doivent l'état de perfection, où ils se trouvent aujourd'hui. Avant qu'il fut inventé, il y avoit des Sages, consommés dans tous les genres d'éruditions; mais les Sciences ne se communiquoient, que difficilement, & souvent étoient ensevelies avec leurs Auteurs: Nôtre ART a multiplié les Sçavants à l'infini, dont Vous faites aujour-

d'huy un des plus grands ornements.

Il suffira, MONSEIGNEUR, de vous voir à la tête de mon Livre, pour prévenir en sa faveur; mais je devrai moins au sang illustre dont vous descendez, & au rang élevé où vos vertus vous ont placé, qu'aux profondes lumieres, dont vous éclairez depuis long-têms un Diocése, qui fait aujourd'hui l'admiration des autres, par le bon ordre que vôtre sagesse y a sçû conserver pendant ces derniers têms de trouble & de confusion.

Je ne croirai jamais, MONSEIGNEUR, pouvoir mieux me servir de cet Art, qu'en publiant les rares qualités qui ont fait en Vous un des plus grands Evêques de l'Eglise; je commence par donner cette verité à vôtre gloire, la mienne sera d'être toûjours avec le plus profond respect,

MONSEIGNEUR,

DE VOTRE GRANDEUR,

Le trés-humble obéissant, & trés-soumis Serviteur. MARTIN DOMINIQUE FERTEL.

PREFACE.

L est surprenant de voir paroître tant d'Instructions pour se perfectionner dans differentes Sciences, & de n'en avoir point encore vû pour celle de l'Imprimerie ; cependant, on doit convenir que sans cet Art, le nombre des Sçavants ne seroit point si grand dans le siécle où nous sommes.

On ne peut donc trop louer l'Auteur de cette belle Science, sans laquelle toutes les autres seroient, pour ainsi dire, inutiles ; puisque c'est par son moyen qu'elles se communiquent, & que sans elle, les plus riches talens demeureroient ensevelis, les recherches les plus curieuses seroient inconnues, & les découvertes les plus heureuses seroient encore ignorées.

J'ai fait des recherches pendant plus de dix années de voyages dans plusieurs Provinces de France, d'Italie

& de Flandre, pour découvrir ce qu'il y avoit de plus curieux dans les Auteurs qui ont parlé de cette noble Profeſſion ; mais ç'a été en vain, je n'ay trouvé ſur ce ſujet que deux traités d'hiſtoires de l'Imprimerie, dont le premier a été composé par Maître Jean de la Caille, imprimé en 1689.

Ce Traité hiſtorique eſt diviſé en deux livres ; le premier contient l'origine de cet Art, ce que les Hiſtoriens en ont écrit, les noms des Imprimeurs dans le têms de ſon origine, leurs Impreſſions, leurs deviſes, leurs epitaphes, leurs vies, le nom des Villes où l'Imprimerie a commencé, & ſon accroiſſement juſqu'au commencement du dernier ſiécle.

Le ſecond Livre fait connoître ceux qui ont attiré cet Art à Paris, & ceux qui l'ont exercé, avec une liſte des Imprimeurs & Libraires, reçûs depuis l'an 1643. juſqu'en 1689.

Le ſecond Traité eſt un petit volume in-quarto, intitulé *De Germaniæ miraculo optimo maximo, typis litterarum &c.* imprimé à Leipſik par un Auteur anonyme ; il contient un petit abrégé d'hiſtoire des plus ſçavants Imprimeurs qui ont paru dans le dernier ſiécle ; & c'eſt d'où nous avons extrait une liſte des Hommes illuſtres de nôtre Profeſſion. La plus grande utilité de ce Traité, conſiſte dans une Démonſtration de tous les Caracteres qui ſont inventés à l'uſage de l'Imprimerie : cette Démonſtration auroit pû nous ſervir, ſi nous avions pû les avoir.

Par ces deux Traités, on voit facilement que ces Auteurs n'ont eu aucun deſſein de traiter, ni de la pratique, ni d'aucuns documens nécessaires pour cet Art.

Je sçai par moi-même les peines & les mouvemens qu'une personne se doit donner pour se perfectionner dans cette Profession, la plûpart des Maîtres & Compagnons sçavants, se reservant ce qu'il y a de plus beau & de plus nécessaire, & le gardant comme un secret entre-eux, sans le communiquer à personne ; de maniere que les Apprentifs, qui ont le malheur de se trouver parmi eux, ignorent toute leur vie ce qu'il y a de plus essentiel & de plus utile dans la pratique de cet Art, s'ils ne se rencontrent heureusement avec des Maîtres plus charitables, qui leur enseignent généralement tout ce qu'ils en ont de connoissance.

En consideration du bonheur que j'ai eu d'avoir rencontré des Maîtres si charitables à mon égard, pour qui j'aurai toute ma vie une entiere reconnoissance, je me suis engagé de donner pour l'utilité de ceux qui exercent cette Profession, cet Ouvrage que j'ai intitulé LA SCIENCE PRATIQUE DE L'IMPRIMERIE ; dans lequel on trouvera des instructions & des exemples fort clairs sur tout ce qui regarde la pratique de cet Art, tant pour les Compositeurs, que pour ce[illegible] qui travaillent à la Presse. On y trouvera des expli[illegible]on[illegible]ur toutes les difficultés qui peuvent se rencont[illegible]ans négliger même les plus petites.

Persuadé [illegible] la maniere de bien faire les Titres de fronti[illegible] & le bon ornement de differents Ouvrage[illegible]nt s'apprendre qu'à force d'en voir faire ; & que des jeunes Compagnons auroient de la peine à y réüssir, sans avoir devant eux un modèle imprimé pour l'imiter, c'eſt pour ceux là que j'ai jugé à propos de placer dans ce Livre pluſieurs Exemples, tant *des premieres pages de diverſes conſtructions, que d'autres Titres pour les Ouvrages du public*: de même que pluſieurs autres modeles pour la conſtruction de differens Ouvrages; comme ſont ceux *de differentes langues, de Poëſie, d'Arithmetique, de Tables de Généalogie, & autres ſemblables*, leſquels leur ſeront d'un grand ſecours dans le beſoin.

Comme il y a auſſi pluſieurs petites connoiſſances dans nôtre Art, qui ſont fort utiles & néceſſaires, mais qui s'échapent de la memoire auſſi facilement qu'on les a appriſes, comme ſont les differentes *Impoſitions*, nous les avons démontrées par des Figures gravées en bois, d'une maniere ſi facile à conçevoir, que ces modeles rappelleront dans un inſtant tout ce que la memoire n'auroit pû retenir; de ſorte qu'un Apprentif de trois mois, pour peu qu'il ait de conception, exécutera dans un inſtant toutes ſortes d'Impoſitions auſſi facilement que le plus habile de nôtre Profeſſion.

Nous ſuppoſons d'abord que ceux qui commencent à apprendre cette Profeſſion, doivent avoir quelque connoiſſance de l'Ortographe, & de la langue Latine; ce qui eſt ſi néceſſaire pour l'exercice de nôtre Art, que nôtre feu Roi Louis XIV. de glorieuſe memoire, défendit par ſon Edit de 1686. à tous Maîtres Imprimeurs, de reçevoir aucun Apprentif, à moins qu'il ne ſçût ſuffiſamment la langue Latine: mais comme nous avons pluſieurs Lettres accentuées, deſquelles ils n'ont aucune connoiſſance, nous avons jugé à propos d'y joindre une petite Instruction pour leur faire connoître plus facilement leur situation ; comme aussi plusieurs circonstances sur la Ponctuation, & sur quelques lettres qu'un grand nombre de Compagnons mêmes placent souvent les unes pour les autres.

Quant aux Instructions, en ce qui regarde la science d'un bon Imprimeur, & toutes les observations nécessaires pour faire une belle Impression, je me flate que ceux qui observeront attentivement celles que je donne, se rendront parfaits ouvriers en peu de têms : j'ai placé à cet effet des Figures en taille douce pour faire comprendre plus aisément le moyen de remedier à toutes les pieces d'une Presse, ausquelles il peut arriver plusieurs défauts, que beaucoup de personnes ne connoissent point encore, & qui cependant empêchent trés-souvent qu'un bon Imprimeur ne puisse faire une belle impression.

Il n'est pas nécessaire de m'étendre davantage sur le contenu de ce Traité, ni sur la maniere dont il est divisé, puisque dans la Table suivante, on trouvera la division & le contenu de chaque Partie de ce Livre ; où j'ai été contraint de répeter plusieurs fois les mêmes choses, afin de les faire comprendre plus aisément à ceux qui sont d'une conception plus tardive que les autres.

Avant de mettre cet Ouvrage entre les mains de Monseigneur le Garde des Sceaux, pour le faire examiner par le Syndic des Imprimeurs de Paris, je l'ai fait revoir par plusieurs personnes fort experimentées dans cette Profession, & particulierement par le Sieur Simond, Directeur depuis prés de trente ans d'une des principales Imprimeries de ladite Ville, lequel y a fait quelques observations que j'ai suivies trés-exactement, les ayant trouvées judicieuses & nécessaires.

Quant à mon stile, je sçai qu'il est simple, tel qu'il convient à la matiere ; n'ayant d'autre dessein que de donner des instructions aux personnes qui veulent apprendre cette Science & s'y perfectionner.

TABLE

DES PARTIES, CHAPITRES, ARTICLES & Paragraphes contenus en ce Livre.

PREMIERE PARTIE.

De tout ce qui concerne la Composition.

CHAPITRE PREMIER.

Des noms des Caracteres, de leurs dégrés, de leur situation dans les Casses, & de quelle maniere on doit les assembler.

***

CHAPITRE II.

CHAPITRE III.

CHAPITRE IV.

PARTIE II.

Des Impositions, des Garnitures, & de la Correction.

CHAPITRE I.

CHAPITRE II.

CHAPITRE III.

CHAPITRE IV.

PARTIE III.

Des Lettres accentuées, des Signes d'usage dans l'Impression, & de la Ponctuation.

CHAPITRE I.

Approbation de Monsieur Ballard, Syndic de la Communauté des Imprimeurs & Marchands Libraires de Paris.

J'Ai lû par ordre de Monseigneur le Garde des Sçeaux, un imprimé, contenant 292 pages In-quarto sans les Tables, premiere Page & autres Préliminaires, sous le Titre de *La Science Pratique de l'Imprimerie divisée en quatre Parties,* dont *la troisiéme traite particulierement des Lettres accentuées, des Signes d'usages dans l'Impression & de la Ponctuation.* Le Public estime ordinairement & avec justice, les personnes qui donnent les premieres idées & les Instructions utiles à la perfection des Arts.

La Science d'imprimer est devenue si nécessaire par rapport aux grands Ouvrages que nôtre siécle produit, qu'on ne sçauroit trop éclairer ceux qui professent & ceux qui exercent cet Art : C'est le but, que l'Auteur de ces instructions, m'a paru s'être proposé : Elles sont traitées *ex professo*, & dans un ordre si net, que les Amateurs des beaux Arts, seront curieux d'en voir mettre les Regles en pratique. C'est pourquoi, j'estime que l'impression n'en peut être que trés utile. A Paris ce vingt-neuviéme jour de May 1723.

BALLARD.

LES SOMMAIRES DES QUATRE PARTIES

Contenues en ce Livre.

PREMIERE PARTIE.

SECONDE PARTIE.

TROISIÉME PARTIE.

De quelle utilité il est de sçavoir la situation des Lettres accentuées, & autres signes d'usages dans l'impression. Des Lettres circonflexes, aigues, graves, trema, & des Lettres d'abbréviation. Des Pieds de Mouches. Des Paragraphes. Des Etoilles, des Croix, des Versets & Répons. Des Soleils & des Lunes. Des Chiffres, & des Lettres capitales. De la Ponctuation, des Parentheses, de l'Apostrophe, & de la Division. Page 199

QUATRIÉME PARTIE.

Explication des noms de chaque piece dont une Presse est construite. De la connoissance d'une Presse & le moyen de remedier à ses défauts. De la qualité des Chassis à l'usage d'imposer les Formes. Comment on doit tremper & remanier le Papier pour l'Impression. Comment on doit préparer les Balles, & la bonne methode pour bien toucher une Forme. Comment on doit mettre une Forme en train, & le moyen de remedier aux défauts qui surviennent dans l'Impression. Plusieurs observations nécessaires pour celui qui tire le barreau. De l'Impression en rouge & noir. Comment on doit faire le Vernis pour la composition de l'encre de l'Imprimerie. Comment on fait le Noir de fumée, & de son mélange avec le Vernis. Page 229

OBSERVATION.

Les quatre Sommaires qu'on a placé ici, ne servent que pour servir de modele en cas de besoin, pour faire voir seulement leur construction ; car où il y a des Tables de matieres, de Chapitres, d'Articles &c. les Sommaires sont inutiles.

LA SCIENCE PRATIQUE DE L'IMPRIMERIE.

PREMIERE PARTIE.

De tout ce qui concerne la Composition.

CHAPITRE PREMIER.

Des noms des Caracteres, de leurs dégrés, de leur situation dans les Casses, & de quelle maniere on doit les assembler.

ARTICLE PREMIER.

Des Caracteres & de leur proportion. La comparaison de ces Caracteres entre-eux par raport à leurs differens corps.

NOUS commencerons ce Traité de la Science pratique de l'Imprimerie, par donner une notion des Caracteres & de leurs proportions. C'est la premiere leçon des Eleves, & plusieurs même, quoique depuis long-têms en exercice, ne doivent point mépriser de s'en rappeller l'idée, s'ils en ont eu connoissance, ou doivent s'en instruire, s'ils l'ont ignorée.

PARTIE I. CHAP. I. ARTICLE I.

Nous comptons dix-neuf ſortes ou corps de Caracteres depuis le plus haut juſqu'au plus bas degré, auſquels nous joignons, à côté, la proportion qu'ils ont entre-eux, excepté néantmoins les quatre premiers degrés, qui dans l'uſage ordinaire ne font aucun corps d'ouvrage.

Noms des Caracteres.	*Proportion de ces Caracteres entre-eux.*
1. Le gros Double Canon.	
2. Le Double Canon.	
3. Le Gros Canon.	
4. Le Triſmegiſte ou Canon aproché.	
5. Les deux points de Gros Romain .... ☞	Deux gros Romain.
6. Le Petit Canon ...... ☞	Deux Saint Auguſtin.
7. Les deux points de Cicero ou la Paleſtine ...... ☞	Deux Cicero.
8. Le Gros Parangon ... ☞	Une Philoſophie & un petit Romain.
9. Le Petit Parangon ... ☞	Deux Petit Romain ou 3. Nompareilles.
10. Le Gros Romain .... ☞	Un Petit Romain & un petit Texte.
11. Le Saint Auguſtin .... ☞	Un Petit Texte & une Nompareille.
12. Le Cicero .... ☞	Deux Nompareilles.
13. La Philoſophie .... ☞	Une Mignone & une Sedanoiſe ou Pariſ.
14. Le Petit Romain ..... ☞	Une Nompareille & une Pariſienne.
15. La Gaillarde .... ☞	Deux Pariſiennes.
16. Le Petit Texte.	
17. La Mignone.	
18. La Nompareille.	
19. La Pariſienne ou Sedanoiſe.	

L'on nomme dans l'uſage *Corps interrompus ou irreguliers*, *la Philoſophie*, *la Gaillarde*, & *la Mignone*; mais nous ne voyons pas que ces trois *Corps* doivent perdre, plûtôt que les autres, leur degré de proportion, puiſque *la Philoſophie* en a avec le *Gros Parangon*, *la Mignone* avec *la Philoſophie*, *la Pariſienne* avec *la Gaillarde*, ainſi que le *Petit Texte* & *la Nompareille*, en ont avec quelques *Corps* ſuperieurs. Il y a toute apparence que ceux qui ont formé *ces Corps*, ont étudié quelque proportion.

Nous croyons donc ne rien hazarder en les mettant dans leur rang.

La *Philosophie* est proprement l'œil du *Cicero*, fondue sur un *Corps* un peu moins fort que le *Cicero*. La *Gaillarde* est l'œil du *Petit Romain*, fondue sur un *Corps* moindre que le *Petit Romain*; & la *Mignone* est un œil du *Petit Texte* fondue sur un *Corps* entre le *Petit Texte* & *la Nompareille*.

Independemment de ce que nous venons de dire, il se voit plusieurs Caracteres qui sont fondus sur differens œils, & qui ont cependant toûjours leur même *Corps*; les uns sont à gros œil & les autres plus petits que leur œil de proportion ordinaire.

Nous remarquerons en passant, que la proportion des Caracteres, même sur un petit nombre de lignes, n'est pas toûjours fort precise, & que cela vient de ce que quelques Fondeurs se sont avisés d'affoiblir les *Corps* de leurs Caracteres. Nous avons experimenté qu'un *Gros Parangon*, dont la proportion, suivant ce que nous avons accusé ci-dessus, est avec une *Philosophie* & un *Petit Romain*, demanderoit, suivant certains Fondeurs, un *Cicero* & un *Petit Romain*.

Nous souhaiterions trois conditions essentielles dans les Caracteres, qui toutes trois influent, ou sur le profit d'un Maître, ou sur la netteté de l'impression.

La premiere: Que les Caracteres ou autres Ornemens de fonte, eussent une telle proportion & si precise, par rapport à la hauteur, qu'ils fussent très-scrupuleusement fondus de onze lignes de haut; c'est à cette hauteur que nous croyons qu'ils doivent être déterminés.

La seconde: Que nos Caracteres eussent plus de *Relief*, c'est-à-dire que l'œil fut plus creux.

Et la troisiême: Que la *Matiere* de ces Caracteres fut plus forte qu'on a coûtume de l'employer en France.

Par la premiere condition, on épargneroit la peine de mettre des hausses pour suppléer à l'inégalité de hauteur des differens Caracteres dans un ouvrage, qui en est susceptible; ce qui ne laisse pas d'être un petit art dans un Imprimeur, & ce qui très-souvent est négligé en tout ou en partie.

Au sujet du peu de *Relief* de l'œil des Caracteres, nous ne sommes pas surpris si les impressions sont si peu nettes; car pour peu qu'un papier trompe la main de celui qui le trempe, ou soit sujet à s'effleurer; pour tant soit peu qu'un noir soit graveleux & pesant, il n'est pas difficile de conçevoir que l'œil s'emplit, & que l'impression ne peut être nette; l'Imprimeur devient un nouveau Graveur, mais avec une main si peu seure & avec si peu de précaution, qu'il interesse très-souvent le trait ou l'œil de la lettre, plûtôt que d'attaquer avec sa pointe l'amas qui s'est formé dans le creux ou à la circonference. S'il y avoit de la profondeur, comme dans les Caracteres étrangers, les impressions de France feroient certainement plus d'honneur. Nous avons vû des Fontes neuves, dont certaines sortes, considerées du centre de la lettre, n'avoient pas de *Relief* l'épaisseur d'un fort papier; ce qui est déplorable.

Pour ce qui est de la bonté de *la Matiere*, l'on n'est que trop convaincu du peu de profit que l'on retire des Fontes de France en comparaison de celui que l'on retire des Fontes étrangeres.

Entrons presentement dans la comparaison des Caracteres entre-eux, avec le secours des Tables suivantes que nous avons dressées, & d'un coup d'œil on pourra connoître, sans avoir la peine d'en faire soi-même l'operation, ce qu'un *In-folio*, *In-quarto*, *In-octavo* ou un *In-douze* demandent de plus ou de moins de lignes en hauteur de pages. Nous n'avons pas poussé la précision dans ces Tables plus loin qu'à un quart de corps d'épaisseur, le plus nous ayant paru inutile.

Table des Caracteres comparés entre-eux par rapport à leurs differens corps, commençant par les pages In-folio de Petit Parangon jusqu'au Petit Romain.

Lignes de Petit Parangon.	Lig. de Gros Romain.	Lignes de St. Augustin.	Lignes de Cicero.	Lig. de Philosophie.	Lignes de Petit Romain.
50 ½ font ☞	55 font ☞	68 font ☞	78 font ☞	83 font ☞	96.
50	54 ½ ...	67 ½ ...	77 ¼ ...	82 ½ ...	95.
49	53 ½ ...	66	75 ½ ...	80 ½ ...	93.
48	52 ½ ...	64 ¾ ...	74 ¼ ...	79 ¼ ...	91 ½.

Suite de la Table des In-folio.

Lignes de Petit Parangon.	Lig. de Gros Romain.	Lignes de St. Augustin.	Lignes de Cicero.	Lig. de Philosophie.	Lignes de Petit Romain.
47 1/3	52	64	73 1/2	78 1/2	90 1/2
47	51 1/3	63 1/3	72 1/2	77 1/2	89 1/2
46	50 1/4	62	71	76	87 1/2
45	49	60 1/2	69 1/3	74	85 1/3
44	48	59 1/3	68	72 2/3	83 1/2

Table pour les pages In-quarto.

Lignes de Petit Parangon.	Lig. de Gros Romain.	Lignes de St. Augustin.	Lignes de Cicero.	Lig. de Philosophie.	Lignes de Petit Romain.
31 1/4	34	42	48	51 1/3	59.
30 1/3	33	40 3/4	46 2/3	49 3/4	57 1/3
29	31 3/4	39	44 1/2	47 2/3	55.
27 1/2	30	37	42 1/2	45 1/4	52.

Table pour les pages In-octavo.

Lig. de Gros Romain.	Lignes de St. Augustin.	Lignes de Cicero.	Lign. de Philosophie.	Lignes de Petit Romain.	Lignes de Petit Texte.
27 1/2	34	39	41 1/2	48	59 1/3
27	33 1/4	38	40 2/3	46 3/4	58.
26	32 1/3	37	39 1/2	45 1/2	56 1/3
25 1/3	31 1/2	36	38 1/2	44 1/4	55.
24 2/3	30 1/2	35	37 1/3	43	53 1/3
24	29 2/3	34	36 1/3	41 2/3	52.

Table pour les pages In-douze.

Lignes de G. Rom.	Lig. de S. Augustin.	Lig. de Cicero.	Lig. de Philos.	L. de petit Romain.	Lignes de Gaillarde.	Lig. de petit Texte.	Lig. de Mignone	Lignes de Nompareile.
21 3/4	27	31	33	38	42 1/4	47 1/4	61	62.
21 1/2	26	30	32	36 3/4	41	45 2/3	59	60.
20 1/4	25 1/4	29	31	35 1/2	39 1/2	44	57	58.
19 2/3	24 1/2	28	29 3/4	34 1/3	38 1/4	42 2/3	55	56.
19	23 1/3	27	28 3/4	33 1/4	37	41	53	54.

PARTIE I. CHAP. I. ARTICLE I.

Pour nous attacher plus particulierement à ce qui peut être utile, nous avons crû qu'il étoit à propos de dresser des Tables, où l'on pût voir dans l'instant ce qu'un caractere moindre peut regagner sur ceux qui sont au dessus, tant en hauteur qu'en épaisseur, & consequemment, ce qu'un Caractere superieur peut chasser sur ceux qui lui sont inferieurs. Cependant pour approcher d'une certaine précision qui fait l'agrément de ces supputations; nous sommes en droit d'exiger quelques conditions. On doit donc 1° prendre scrupuleusement la même hauteur & largeur des pages du volume dont on change le caractere. 2° Examiner si les caracteres déja imprimés & ceux que l'on destine à une nouvelle impression, sont bien proportionnés dans leur blanc. 3° Il faut observer (cette derniere condition est des plus essentielles) que la composition nouvelle soit exactement reglée sur celle de la copie imprimée, &, pour ainsi dire, soit de la même main; autrement, il est évident qu'un caractere épais sur un autre serré, ou qu'une composition au large sur une bien conduite, causeroit une erreur considerable. Il nous a paru, tout cela supposé, que nos Tables donneront assez précisement les differences des caracteres entre-eux que l'on y voudra chercher depuis le *Petit Texte* jusqu'au *Petit Parangon*, lorsque le Format ne changera point, c'est-à-dire, que d'un *In-douze* on fera un *In-douze*; d'un *In-octavo*, un *In-octavo*, &c.

Mais si le Format change, & que par exemple d'un *In-quarto* on veuille faire un *In-douze* &c. comment regler les largeurs & hauteurs, afin de faire usage de ces Tables?

Il est sûr que, si l'on ne proportionne pas la grandeur du volume que l'on choisit, avec celle que l'on change, & que d'un grand *In-quarto* on veuille faire un petit *In-douze*, ces Tables seront inutiles. Il faut donc que la largeur & hauteur soit la même pour l'un & l'autre caractere que l'on veut comparer ensemble; autrement, comment établir une difference entre des caracteres, lorsque la largeur & la longeur des pages seront comme arbitraires dans l'un ou dans l'autre Format.

Or cette proportion de grandeur ne sera pas fort difficile à trouver, à ce qu'il nous semble, si l'on fait attention que dans une page de plus grand volume, plusieurs pages de plus petit volume se trouvent comprises & peuvent être partagées. Ainsi de l'*In-folio* à l'*In-quarto*, de l'*In-quarto* à l'*In-octavo*, de l'*In-octavo* à l'*In-seize*, l'on conçoit aisément qu'une page en doit faire deux, d'un dégré à l'autre ; c'est-à-dire, que la page *In-folio* en fera deux d'un *In-quarto* ; celle d'un *In-quarto*, deux d'un *In-octavo* ; celle de l'*In-octavo*, deux d'un *In-seize* ; ainsi des autres pages, plus ou moins suivant le changement de Format. Il ne paroît pas plus de difficulté pour le changement de l'*In-quarto* à l'*In-douze*, ou de l'*In-douze* à l'*In-quarto*, puisque trois pages de l'un se doivent trouver dans une seule de l'autre. Il n'y a pas aussi plus de difficulté pour le changement de l'*In-octavo* à l'*In-douze*, ou de l'*In-douze* à l'*In-octavo*, puisqu'une page & demie de l'un doit être comprise dans une seule page de l'autre.

On ne sçauroit se dispenser pour la sûreté de la justification, de composer du caractere même de la copie imprimée que l'on veut changer, deux, trois, ou quatre pages, selon ce qui conviendra, & de les mettre dans le Format que l'on choisit : Par exemple, si c'est de l'*In-quarto* en *In-douze*, ou de l'*In-douze* en *In-quarto*, faites d'une seule page *In-quarto* trois pages *In-douze*, ou reduisez trois pages *In-douze* en une seule page *In-quarto*. Etant ainsi assûré que vôtre caractere imprimé ne vous fera ni plus, ni moins dans l'un & l'autre Format & qu'il tombera juste, servez-vous de cette justification pour vôtre nouveau caractere, & consultez ces Tables pour connoître ce que le caractere que vous employez, gagnera ou chassera sur celui que vous abandonnez, & faites-en l'augmentation ou la reduction sur le nombre des feuilles imprimées que vous avez.

Les Tables suivantes ont été dressées sur la feuille *In-douze*. Nous croyons inutile d'avertir, que quand il s'agira d'autres Formats, il suffira d'examiner si ce qui excède ou ce qui regagne sur le pied de pages *In-douze*, fait un tiers, un quart &c. de feuille, afin de regler tous les autres Formats sur cette maniere de compter. Ainsi suivant la premiere Table, la feuille *In-douze* de Cicero regagnant sur le gros Romain vingt pages, on conçoit, qu'elle prend cinq sixième de plus sur une seconde feuille, & que 6. feuilles de Cicero en feront 11. de gros

PARTIE I. CHAP. I. ARTICLE. I.

Romain; & conſéquemment, que onze feuilles de gros Romain pouront être réduites en ſix feuilles de Cicero. Cette methode de compter par tiers, par quarts &c. eſt generale.

Table pour trouver ce qu'un Caractere inferieur regagne ſur un autre Caractere ſuperieur.

La feuille In-douze de	Sur la Gaillarde.	Sur le Petit Romain.	Sur la Philoſophie.	Sur le Cicero.	Sur le Saint Auguſtin.	Sur le Gros Romain.	Sur le Petit Parangon.
PETIT TEXTE regagne	neuf pages trois lignes.	douze pages moins un quart.	une feuille & deux pages & demie.	une feuille cinq pages & demie.	une feuille, vingt-deux pages & un tiers.	trois feuilles 2. pages deux tiers.	quatre feuilles 5. pages & demie.
GAILLARDE regagne		deux pages.	douze pages & 5. ſixiémes.	quinze pages & un ſixiéme.	une feuille trois pages, trois ſeptiêmes.	deux feuilles, & 2. tiers de page.	deux feuilles vingt pages.
PETIT ROMAIN regagne			dix pages.	douze pages.	une feuille moins une demi page.	une feuille dix-huit pages, & un tiers.	deux feuilles 11. pages, & un peu plus.
PHILOSOPHIE regagne				une page & demie un peu plus.	dix pages moins un tiers.	une feuille.	une feuille onze pages, deux cinquiêmes.
CICERO regagne					ſept pages & demie.	vingt pages.	une feuille, ſept pages & demie.
S. AUGUSTIN regagne						dix pages.	dix-neuf pages.
GROS ROMAIN regagne							ſix pages & demie.

Table

Table pour trouver ce qu'un Caractere superieur chasse de plus sur un Caractere inferieur.

La feuille In. douze de	Sur le Gros Romain.	Sur le Saint Augustin.	Sur le Cicero.	Sur la Philosophie.	Sur le Petit Romain.	Sur la Gaillarde.	Sur le Petit Texte.
PET. PARANGON chasse	six pages & demie.	dix-neuf pages.	une feuille sept pages & demie.	une feuille onze pages, deux cinquièm.	deux feuilles 11. pages, & un peu plus.	deux feuilles vingt pages.	quatre feuilles 5. pages & demie.
GROS ROMAIN chasse		dix pages.	vingt pages.	une feuille.	une feuille dix-huit pages, & un tiers.	deux feuilles & 2. tiers de page.	trois feuilles 2. pages deux tiers.
S. AUGUSTIN chasse			sept pages & demie.	dix pages moins un tiers.	une feuille moins une demi page.	une feuille trois pages, trois septièmes.	une feuille 22. pages & un tiers.
CICERO chasse				une page & demie un peu plus.	douze pages.	quinze pages & un sixième.	une feuille cinq pages & demie.
PHILOSOPHIE chasse					dix pages.	douze pages & 5. sixiémes.	une feuille & deux pages & demie.
PETIT ROMAIN chasse						deux pages.	douze pages moins un quart.
GAILLARDE chasse							neuf pages trois lignes.

Nous allons présentement faire voir les Signes ou Nottes les plus interressantes dans l'impression, dont on a des poinçons, afin de faire connoître aux Apprentifs les figures, les noms, & leur valeur.

Figures des quatre Phases de la Lune.

🌑 Nouvelle Lune. 🌕 Pleine Lune.
☽ Premier quartier. ☾ Dernier quartier.

PARTIE I. CHAP. I. ARTICLE I.

Noms & figures des douze Signes du Zodiaque.

♈ *Aries*, le Belier.
♉ *Taurus*, le Taureau.
♊ *Gemini*, les Gemeaux.
♋ *Cancer*, l'Ecreviſſe.
♌ *Leo*, le Lion.
♍ *Virgo*, la Vierge.
♎ *Libra*, la Balance.
♏ *Scorpius*, le Scorpion.
♐ *Sagittarius*, le Sagittaire.
♑ *Capricornus*, le Capricorne.
♒ *Aquarius*, le Verſeur d'eau.
♓ *Piſces*, les Poiſſons.

Noms & figures des ſept Planettes & des Nœuds de la Lune.

♄ Saturne. ♃ Jupiter.
♂ Mars. ☉ Le Soleil.
♀ Venus. ☿ Mercure.
☾ La Lune. ☊.☋ nœuds.

Figures des Aſpects.

☌ *Conjonction*, ou ſituation des Planettes dans le même lieu du Zodiaque en longitude.

⚹ *Sextil*, ou diſtance de la ſixiême partie du Zodiaque, ou de 2. Signes.

□ *Quadrat*, ou diſtance de la quatriême partie du Zodiaque ou de 3. Signes.

△ *Trine*, ou diſtance de la troiſiême partie du zodiaque ou de 4. Signes.

☍ *Oppoſition*, ou diſtance de la moitié du Zodiaque ou de 6. Signes.

Signes d'uſage dans les Mathematiques pour l'Algebre.

+ Cette marque ſignifie *plus*. A+B, c'eſt A *plus* B.

— Celle-ci ſignifie *moins*. A—B, c'eſt A *moins* B.

= C'eſt la marque de l'*égalité*. C=D, ſignifie que C eſt égal à D. Au lieu de ce ſigne on trouve celui-ci ∝ qui ſignifie la même choſe.

× Cette marque ſignifie *par*, pour dire A multiplié *par* B, on écrit A×B.

√ Ceci eſt appellé racine ou ſigne radical.

Signes ou Notes dont les modernes ſe ſervent dans la Pharmacie pour exprimer les poids.

℔ Exprime la livre de Medecine qui eſt de 12. onces.

℔ß Exprime la demi livre.

℥ Signifie l'once, ou douziême partie de la livre.

℥ß Ceci eſt la demi once.

ʒ Marque le gros ou dragme, 8me. partie d'une once.

ʒß Demi dragme ou ½ gros.

℈ Scrupule, ou troiſiême partie d'une dragme.

℈ß Demi ſcrupule.

℞ Cette marque ſignifie *Recette*, elle ſe trouve au commencement de chaque differente compoſition de Pharmacie.

ARTICLE II.

Des Casses qui renferment les Caracteres.

APRES la notion que nous venons de donner des Caracteres, de leurs Corps, & des Signes d'usage dans l'impression, que l'on pourroit appeller les premiers principes; il est convenable de parler de la connoissance de la Casse, c'est-à-dire, de la situation des Lettres, & nous avons jugé à propos de donner des descriptions de ces Casses qui renferment les caracteres. Ces descriptions seront si faciles à concevoir, qu'elles épargneront beaucoup de peine aux Maîtres pour en donner la connoissance à leurs Apprentifs.

Avant de parler de ces descriptions, il est bon de dire que la methode la plus certaine, pour donner aux Apprentifs la connoissance de la Casse, est de leur faire apprendre la situation de six à sept lettres à la fois, & ne leur donner jamais d'autre leçon qu'ils ne les sçachent parfaitement par cœur; On doit aussi les faire repeter souvent leurs leçons précedentes afin que l'idée de la disposition de ce grand nombre de Lettres s'imprime facilement dans leur memoire.

Il est de nécessité de ne point permettre aux Apprentifs de composer, & encore moins de les laisser distribuer avant qu'ils sçachent parfaitement par cœur toutes les differentes Lettres & autres Signes d'usage dans l'impression qu'il y a dans chaque Cassetin dont une Casse est construite, afin d'éviter un melangement déplorable qui fait perdre beaucoup de têms à ceux qui sont obligés de remettre une quantité de lettres dans leur place ordinaire.

Ainsi donc pour venir aux descriptions que nous avons promises, & pour y proceder avec ordre, nous parlerons premierement de celle des Casses de nos Caracteres vulgaires; ensuite, de la Casse des Caracteres Grecs pour les grands Auteurs; & enfin de celle de la Casse Grecque à l'usage des Livres de Classe.

De la situation des Casses de nos Caracteres vulgaires.

La situation de nos Caracteres n'est point toûjours la même dans toutes les Imprimeries, les Maîtres y font des changemens, chacun selon leur idée, principalement dans la Casse superieure ; cependant, il seroit à souhaiter pour l'avantage d'un chacun, qu'elle fût par tout semblable ; par ce moyen on éviteroit aux Compagnons, lors qu'ils changent d'Imprimerie, la peine d'un nouveau travail ; qui est de reprendre l'idée de la difference des Casses. Le dessein de ces Casses qui nous paroît d'une disposition assez aisée, est suivi dans beaucoup d'Imprimeries de France, c'est pour cela que nous nous en sommes servi pour en tracer les Plans qui sont ici.

De la situation de la Casse Grecque pour les grands Auteurs grecs.

Nous croyons que le Plan de la Casse pour les ouvrages des grands Auteurs grecs, que nous avons fait dessiner sur celui de l'Imprimerie Royale, qui a servi de modele, avec raison à la plus part des Imprimeries, est plus facile à concevoir que tout autre qu'on pouroit s'imaginer ; c'est donc à celui ci qu'il faut s'en tenir.

Il nous paroît ici trés important d'avertir un Compagnon de ne point s'effrayer du grand nombre des cassetins, qui vont à plus de 750. puisque de six cassaux ou parties, dont cette Casse entiere est composée, il n'y a que celui du milieu de la partie inferieure lequel n'est presque destiné qu'aux lettres simples, qui soit le plus en usage dans la composition. Nous pouvons assûrer hardiment, que sitôt qu'on sçait lire le Grec & en connoître les ligatures & les abreviations, la plus grande difficulté est levée ; en effet l'ordre est tel, que nous sçavons par experience qu'aprés une ou deux démonstrations (dont l'examen de ce Plan pourra présentement nous dispenser) nous en avons rendu l'operation aisée.

Nous avons donc fait remarquer à ceux à qui nous en avons enseigné la composition ; 1° Que la ligature pleine a par tout sa crénée propre au dessus. 2° Que les deux cassaux,

Demonstration de la Casse Superieure des Caracteres Vulgaires.

Grandes Capitales. Petites Capitales.

A	B	C	D	E	F	G	A	B	C	D	E	F	G
H	I	K	L	M	N	O	H	I	K	L	M	N	O
P	Q	R	S	T	V	X	P	Q	R	S	T	V	X
â	ê	î	ô	û	Y	Z	ſſl	ffl	J	U	Y	Z	!
á	é	í	ó	ú	J	U	ſl	fl	Æ	Æ	W	W	?
à	è	ì	ò	ù	Apost.	ſt	ſſ	ff	ë	ï	ü	j	- division

Casseau Inferieur

ç	ę	k	w		1	2	3	4	5	6	7	8
&	b	c	d	e	s		ſ	f	g	h	9	0
											æ	œ
&	l	m	n	i	o		p	q	ſſi	ffi	;	:
z									ſi	fi	demi-cadratins	Cadratins
y	v	u	t	Espaces	a		r		.	,	Cadrats	
x												

Demonstration de la Casse Superieure de longues et de breves, pour les oüvrages de Quantité comme pour les Synonimes &c.

A	B	C	D	E	F	G	A	B	C	D	E	F	G
H	I	K	L	M	N	O	H	I	K	L	M	N	O
P	Q	R	S	T	V	X	P	Q	R	S	T	V	X
â	ê	î	ô	û	Y	Z	Ā	Ē	Ī	Ō	Ū	Ǣ	Y
á	é	í	ó	ú	J	ſſl	ffl	Ă	Ĕ	Ĭ	Ŏ	Ŭ	Z
à	è	ì	ò	ù	U	ſl	fl	A cr	E cr	I cr	O cr	U cr	Æ cr
ă	ĕ	ĭ	ŏ	ŭ	ſt	ſſ	ff	†	*	[	!	?	j

Casseau Inferieur.

&	ç	k	w	division	Apost			a	e	i	o	u	accens longs ‒	accens brefs ˘	accens douteux
ct	b	c	d	ē	ĕ	s	ſ	f	g	h	æ	æ cr
z											œ	œ cr
y cr	l	m	n	ī	ĭ	ō	ŏ	p	q	ſſi	ffi	;	:
y										ſi	fi	demi Cadratins	Cadratins
x	v	ū	ŭ	t	Espaces	ā	ă	r	.	,	Cadrats

Demonstration de la Casse Grecque avec les liaisons et abreviations; pour rendre ce dessein plus utile, on a placé dessous chaque liaison et abreviation leur valeur ou le nombre des lettres qu'elles denotent, afin que ceux qui ne les connoissent pas, ne soient point obligés de recourir à la grammaire grecque.

Casseau Superieur de la premiere partie

Α	Β	Γ	Δ	Ε	Ζ	Η	Θ	Ι	Κ	Λ	Μ	Ν	Ξ	Ο	Π
A	B V	G	D	E	Z	Ê	TH	I	K	L	M	N	X	O	P
Ρ	Σ	Τ	Υ	Φ	Χ	Ψ	Ω	[illegible]	[illegible]	[illegible]	[illegible]	[illegible]	[illegible]	[illegible]	[illegible]
R	S	T	Y	PH	CH	PS	Ô	[illegible]	[illegible]	mésin	mén	[illegible]	[illegible]	[illegible]	[illegible]

[illegible]

Casseau Superieur de la seconde partie

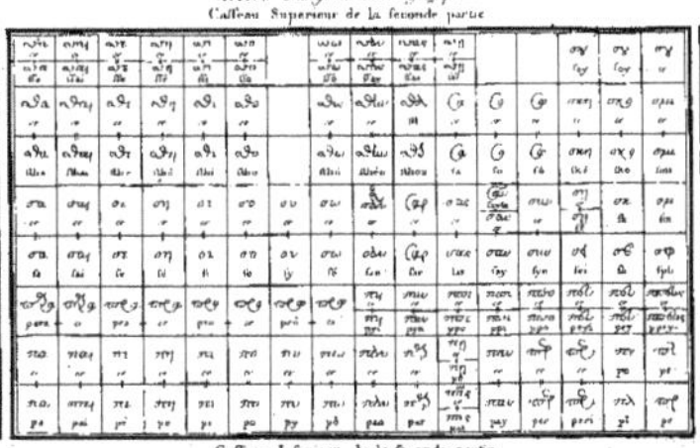

[illegible]

Casseau Superieur de la troisieme partie

[illegible]

Casseau Inferieur de la premiere partie

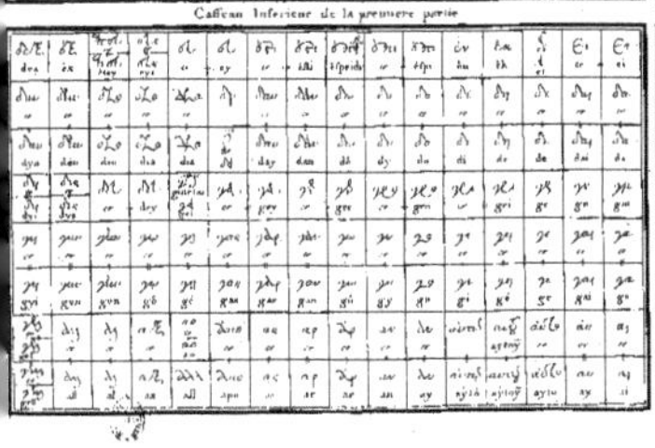

[illegible]

Casseau Inferieur de la seconde partie

[illegible]

Casseau Inferieur de la troisieme partie

[illegible]

tant superieur qu'inferieur de la premiere partie vont en retrogradant, & que celui de la seconde partie superieure, & les deux, tant superieur qu'inferieur de la troisiême partie, suivent l'ordre de ladite troisiême partie. 3° Estant établi, par exemple, qu'aprés les ligatures γα, & μα, dont l'une est dans le cassau inferieur & l'autre dans le cassau superieur de la premiere partie, suivent en retrogradant celles de γαι ou μαι, με, μη, μι, μο, μυ, μω, μαν &c. Que le πα, σα &c. qui sont au cassau du milieu d'enhaut, qui est la seconde partie superieure; le χα, ψα &c. qui sont au cassau superieur de la troisiême partie; & le τα, ϛα qui sont au cassau inferieur de la troisiéme partie, ont leur progrés sur la droite & sur la même ligne, en l'ordre marqué ci-dussus: Et qu'aprés l'α suivent αι, ε, η, ι, ο, υ, ω, αν, &c. & leur crénée propre au dessous.

Enfin pour rendre la situation de cette Casse plus intelligible, on a jugé à propos de marquer la valeur dessous chaque lettre grecque avec un caractere romain; par exemple dessous un *alpha* (Α) capital, qui est au premier cassetin de la premiere partie superieure, on trouvera un A; au second cassetin de la même ligne, qui est la lettre *beta* (Β) on trouvera un B, au troisiême cassetin suivant qui est le *gamma* Γ, on trouvera un G, &c. Aux lettres simples de bas de casse, on trouvera dessous l'*alpha* α, un a, dessous β, un b, dessous γ, un g, &c. Aux liaisons comme dessous ȣ, on trouvera os, dessous γα, ga, dessous ϭ, so; dessous μῶν, on trouvera môn, dessous τῶν, tôn, &c. Dessous les abréviations, comme μετ, on trouvera meta, dessous ἐστι, on trouvera esti; ainsi de même à toutes les autres figures grecques qui sont dans ces deux differens Plans, excepté les ligatures & autres lettres crénées, dessous lesquelles on trouvera les deux lettres *cr.* pour signifier qu'elles sont crénées.

Ce double filet ═══ qui regne en partie sur les cassetins des lettres crénées, & en partie sur les cassetins de celles où on a mis leur valeur avec un caractere romain, fait connoître que les lettres de ces deux cassetins sont semblables l'une à l'autre, excepté que les unes sont crénées & que les autres ne le sont pas.

PARTIE I. CHAP. I. ARTICLE II.

On n'a pas obſervé de mettre ce double filet dans le Plan de la Caſſe grecque à l'uſage des Livres de claſſe, on s'eſt contenté de mettre les deux lettres *cr* dans tous les endroits où les lettres ſimples ou ligatures grecques ſon crénées.

Comme le mot de *crénée* pourroit faire quelque peine à pluſieurs, j'avertis ici que ce ſont des lettres qui ſont fondues d'une moindre épaiſſeur que les autres, afin d'y pouvoir placer ſoit des accens graves, circonflexes, ou autres ſemblables. Voilà donc le ſujet pourquoi on appelle ces lettres crénées.

De la ſituation de la Caſſe Grecque à l'uſage des Livres de Claſſe.

Ce n'eſt pas ſans peine que nous avons vû dans pluſieurs Villes de France, que les Maîtres Imprimeurs laiſſent un Caractere grec toûjours en pages, en cornets de papier, & dans la même ſituation qu'ils l'ont reçû des mains du Fondeur, & cela, parce qu'ils ne ſçavent faire conſtruire des Caſſes propres à l'uſage de ce Caractere; c'eſt pour ceux là que nous avons jugé à propos d'en tracer ici le Plan, afin qu'ils puiſſent ſe ſervir de ce modele pour apprendre aux Compagnons la ſituation de toutes ces lettres dans chaque different caſſetin, dont le nombre n'eſt pas, à beaucoup prés, ſi grand que dans celle de la Caſſe pour les grands Auteurs grecs, puiſque celle-ci qui eſt à l'uſage des Livres de Claſſe, ne contient que 348. caſſetins, & que l'autre va à peu prés à 750.

La ſituation de toutes ces lettres paroît ſi facile à concevoir, que nous eſperons que deux ou trois examens de ce Plan, ſuffira pour en donner une parfaite connoiſſance, même aux eſprits les moins pénétrans; pour cet effet, on a obſervé un tel ordre, que l'arrangement du caſſau inferieur de la premiere partie, eſt preſque conforme au caſſau de bas de Caſſe de nôtre Caractere romain.

Dans le caſſau ſuperieur de la premiere partie, on trouvera les lettres capitales qui ſuivent l'ordre de l'alphabet grec; enſuite les lettres accentuées & les voyelles qui ſont crénées; immediatement aprés ces voyelles, on a fait ſuivre les

Démonstration de la Casse Grecque, à l'usage des Auteurs classiques. On à placé dessous chaque Figure grecque leur valeur en lettres romaines.

Cassau superieur de la premiere partie.

	Α A	Β B V	Γ G	Δ D	Ε E	Ζ Z	Η Ê	Θ TH	Ι I	Κ K	Λ L	Μ M
	Ν N	Ξ X	Ο O	Π P	Ρ R	Σ S	Τ T	Υ Y	Φ PH	Χ CH	Ψ PS	Ω Ô
Voyelles accentuées.	ἑ	ὲ	ἒ	ἓ	ἕ	ΐ	crené. idem	cr.	crené. idem	crené. idem	crené. idem	cr.
	ἠ	ἢ	ἦ	ἣ	ἥ	ἲ	para	peri	pra	pro	prô	pso
	ἰ	ἱ	ἶ	ἲ	ἴ	ἷ	cr.	cr.	cr.	cr.	cr.	cr.
	ὀ	ὁ	ὂ	ὃ	ὅ		ma	me	mi	mo	ên	psi
	a cr.	e cr.	ê cr.	ô cr.	y cr.	-	la	lo	men	môn	cr.	cr.
Les differens accens.	ʼ	`	~	ʽ	·	΄	ai	cr.	meth	epi	o	psa
							a	yi	met	ê	tha	cr

Cassau superieur de la seconde partie.

eûi	sthên	tôn	cata	meta	yper	ypo	cr.	yp	yn	cr.	chy
cr.	cr.	pê	cr.	cr.	cr.	cr.	cr.	cr.	cr.	chô	chn
pa	pe	pê	pi	po	pô	cha	che	chê	chi	cr. | cho	chth
ra	ri	ro	py	pl	ton	ta	tais	tès	to	toy	chr
cr.	cr.	cr.	cr.	cr.	cr.	cr.	aytô	aytoû	tô	oyk	oytos
ta	te	tê	ti	to	tô	ty	συν cr. / συν syn	sty	cr.	sa	tch
cr.	cr.	cr.	si	so	sy | cr.	cr.	cr.	cr.	cr.	cr.	cr.
sa	se	sê	si	so	sô | cr.	sta	ste	stê	sti	sto	stô
the	cr.	thê	cr.	thi	cr.	tho	cr.	thô	cr.	thy	cr.

Cassau inferieur de la premiere partie.

β b	Γ g	d	division / apostré	ε e	σ s	os	ς st	sth
ϐ b	γ g	δ d			s	C s	sthai
λ l	κ k	ν n		ι i	ω ô	ss	str
ζ z | λλ ll	μ m			η ê	ο o	φ ph	
χ ch | υ y	τ t	t | t		les espaces	π p	ϖ p	
ξ x | tai	θ th	ϑ th			α a	ρ r	ϱ r

Cassau inferieur de la seconde partie.

ay	ay	oy | cr.	oy	kai	kai	kai	cr.	cr.	cr.	cr.	cr.
de	sy	spl	ei	ei	nt	kl	ka	ke	kê	ko	kô
sei	sai | cr	cr.	cr.	gn	cr.	cr.	cr.	dia	apo	ek	ex
ar	cr.	stha	sthe	sk	ai	an	as	is	ey	en	yi
cr. / pai	cr.	cr.	cr.	cr.	cr.	cr.	dy	cr.	gr	comma	2. point
ps	da	de	dê	di	do	dô	dr	gar | gar	virgule	cadratins	demi cadratins
pr	pp	cr.	cr.	cr.	cr.	cr.	cr.	cr.		cadrats	
r | r	ô	ga	ge	gê	gi	go	gô	gen	point		

Nota que l'y se prononce comme un *u* dans la Langue françoise ; par exemple, τῦ *toy*, on prononce *toû*.

accens qui sont au nombre de quatorze, tous differens l'un de l'autre.

Enfin on a observé, autant qu'il a été possible, de ranger dans les deux autres parties de cette Casse, chaque ligature d'une même espece ensemble, la plûpart en lignes directes, avec leur valeur dessous d'un caractere romain, & leur crénée propre au dessus.

Après tous ces éclaircissemens il ne faut plus qu'un peu d'attention & d'émulation pour connoître la situation & la valeur de toutes ces lettres grecques.

ARTICLE III.

Comment on doit lever la Lettre en composant.

En composant, on doit travailler aussi habilement des yeux que des mains, & la veritable methode pour se rendre habile, est de jetter les yeux sur chaque Lettre que l'on veut prendre, dans le moment qu'on porte la main pour la lever; afin de n'en point prendre d'autre que celle sur laquelle on aura fixé les yeux.

On doit prendre la Lettre par la tête, & jetter les yeux sur le cran, afin de la porter tout d'un coup dans le Composteur, sans la tourner plusieurs fois entre les doigts, ou dans le Composteur, pour trouver le côté du cran, comme font plusieurs Compagnons; car cette mechante habitude fait perdre beaucoup de têms, & si un Maître n'enseigne pas cette methode aux Apprentifs dés le commencement, ils auront de la peine à s'en desaccoûtumer, lorsqu'ils seront Compagnons, & ne seront jamais si habiles que les autres.

ARTICLE IV.

Des Eſpaces, & de leur uſage.

TOUS les Compagnons ſçavent bien que les eſpaces ſervent à ſeparer les mots, de même que pour juſtifier les lignes; mais il y en a un grand nombre qui s'en ſervent par confuſion, & d'autres qui n'en mettent point où il en faut; c'eſt pourquoi je dis que pour avoir une impreſſion agreable à la vûe, il ne faut jamais compoſer qu'à une groſſe eſpace, & juſtifier ſes lignes avec une groſſe & une fine eſpace; je tolere encore la compoſition de deux fines eſpaces, & de juſtifier avec la troiſiême; mais pour ceux qui ont coûtume de ſeparer les mots de trois, de quatre, & quelquefois même de cinq eſpaces, on peut les titrer de parfaits ignorans de profeſſion, puiſqu'ils gâtent entierement l'éclat d'un beau Caractere; & à toute rigueur les mots ne doivent être ſeparés que d'une groſſe ou de deux minces eſpaces; cependant on peut bien dans les placards, les In-folio, les In-quarto, &c. juſtifier les lignes plus au large, que celles d'une page In-12. ou In-ſeize; encore ne le faut-il faire que quand ils ſont d'un gros Caractere, comme de petit Canon, de Parangon, &c. mais s'ils ſont de gros Romain, de Saint Auguſtin, de Cicero, de petit Romain, ou d'autres plus petits caracteres (ce qui arrive rarement dans les placards) on doit diviſer les mots de la maniere que je viens de dire: Si on ne peut point obſerver cette exactitude dans les impoſitions d'une petite juſtification, comme dans les In-vingt-quatre, In-trente-deux, & encore moins dans les aditions à la marge où pour lors, il paroît que les petites diviſions d'une ſyllabe de deux lettres ſe peuvent tolerer, on doit au moins en général, toûjours éviter de faire une compoſition trop au large; car tous les Scavants de nôtre Profeſſion conviendront qu'une compoſition un peu ſerrée de quelle grandeur de juſtification que ce puiſſe être, eſt beaucoup plus belle que celle qui eſt au large.

Quand

Quand il se rencontre des mots de lettres capitales dans la matiere de l'ouvrage, comme JESUS, MARIA, ou autres semblables noms, qu'un Auteur souhaite de distinguer, on doit mettre une grosse ou fine espace entre chaque lettre, & cela a beaucoup plus d'agrément ; pour les petites Capitales, il n'est point nécessaire d'y en mettre lors qu'elles portent leur blanc, par l'épaisseur du corps ; c'est ce qui arrive souvent à plusieurs fontes.

On doit aussi espacer les mots qui sont de lettres capitales, & qui servent de titre à la division d'un Livre, soit que lesdits mots soient en ligne courte ou de la longueur de la justification de la page, comme pour les CHAPITRE, SECTION, ARTICLE, DISSERTATION, I. ou II. POINT, ou autres semblables parties, dans lesquelles les Livres sont divisés ; comme aussi toutes les lignes qui sont de lettres capitales dans les titres des premieres pages ; & mettre des espaces entre chaque lettre, suivant que la place, la grandeur du Caractere, & la longueur des lignes courtes ou longues, qu'on doit observer pour l'ornement de l'ouvrage, le permettent.

On doit encore avoir soin d'espacer les lettres des titres courants du haut des pages, lorsqu'ils sont de capitales ; & comme il y a plusieurs choses à faire observer sur ces titres, nous en avons fait un *a* article separé.

a Voyez l'article 13. de ce I. chap.

Lorsqu'on commence une matiere par une lettre de deux points, on doit observer de mettre immediatement, aprés laditte lettre de deux points, une espace pour commencer la premiere ligne, & d'en mettre deux au commencement de la seconde ; afin qu'il y ait plus de distance qu'à la premiere, cela se fait pour faire connoître que la lettre de deux points se rapporte à la premiere ligne ; les bons ouvriers observent exactement cette pratique.

Pour la separation des ponctuations on doit toujours, autant qu'il se peut, mettre une espace devant la virgule, & le point-virgule, & deux aprés ; ou une fine devant & une grosse aprés, c'est-à-dire plus d'espace aprés la virgule qu'on en aura mis devant. Mais si on étoit fort géné, soit pour mettre quelques lettres qu'on auroit oubliées en composant, ou qu'un Auteur changeroit quelques mots dans son épreuve, de sorte qu'on ſeroit obligé de ſerrer les mots de la ligne, pour faire entrer la correction ; pour lors on pourroit ôter les eſpaces qui ſeroient devant les virgules de la ligne ; mais pour le point-virgule, on doit autant qu'il ſe peut faire, laiſſer une fine eſpace devant & aprés.

Lorſque le point finit le ſens d'une periode, il faut qu'il y ait le double d'eſpace davantage qu'aprés les autres mots de la même ligne.

Quant aux autres ponctuations, comme, les deux points, l'admiration, & le point-interrogant, il faut qu'il y ait, autant qu'il eſt poſſible, un peu moins de blanc devant qu'aprés.

S'il arrive qu'une ligne finiſſe par une de ces cinq ponctuations, devant leſquelles on doit mettre une eſpace, on doit obſerver de n'en mettre qu'une des plus fines ; autrement il ſembleroit que la ligne ne ſeroit point pleine ; & de plus, il arrive que ce vuide attire l'ordure des bales, qui s'attache facilement dans ces endroits là, lorſqu'il y a trop d'eſpace entre la fin du mot de la ligne, & leſdites ponctuations ; c'eſt à quoi il faut prendre garde.

Quand on eſt obligé d'employer plus d'eſpaces, qu'on eſt accoûtumé pour juſtifier ſa ligne, comme lorſqu'il ſe rencontre à la fin d'une ligne de certains mots qui ne ſe peuvent pas diviſer ; par exemple, aux mots de *Dieu*, *mieux*, &c. de même qu'aux dernieres ſyllabes des mots qui ſont de quatre à cinq lettres, comme à mande-*ment*, ponctua-*tions*, &c. on doit, en pareil cas, mettre leſdites eſpaces de ſurplus aprés les virgules ou autres ponctuations qui ſe trouveront dans la ligne, afin de rendre la ſéparation égale de tous les mots de la ligne.

Pour ne pas perdre beaucoup de têms à juſtifier ſes lignes, on doit avoir la precaution de placer dans quelque caſſetin vuide les plus fines eſpaces, ſéparement des autres, & un maître Imprimeur doit recommander expreſſement au Fondeur de faire des eſpaces de trois differentes épaiſſeurs, afin qu'un Compagnon juſtifie ſes lignes plus préciſement & avec plus de facilité.

On doit auſſi mettre des eſpaces entre les diviſions qui ſe rencontrent entre les mots, comme *trés - doux*, *trés - humble*, *c'est-à-dire, se peut-il faire, &c.* car ces sortes de mots sans espaces, font un effet désagréable à la vue. Voilà l'usage des espaces, & la veritable maniere de s'en servir comme il faut.

ARTICLE V.

De l'usage des cadratins & demi-cadratins.

LES cadratins servent ordinairement pour commencer la premiere ligne d'une periode, que l'on appelle *ad lineam*, ou commencement d'un discours: Cela ne se pratique point en Italie, où ils se contentent de commencer les *ad lineam* par une lettre capitale du même corps; cependant on l'observe par tout en France, en Allemagne, en Hollande, en Angleterre, & dans plusieurs autres Provinces de l'Europe, qui sont veritablement de meilleur goût pour cet Art, que cette nation là.

Ces cadratins servent aussi pour les lignes de Lettres de deux points, soit pour espacer chaque lettre d'un mot d'un titre, ou pour justifier les lignes qui ne sont point pleines, ou dans les lignes de cadrats; dans des ouvrages d'Arithmetique, comme dans les additions, ou total de plusieurs sommes, on s'en sert pour les poser en place de chiffres, attendu qu'ils sont de l'épaisseur de deux chiffres, afin de faire rencontrer les chiffres d'un même rang les uns sous les autres, comme il se voit dans la seconde ligne de cet exemple.

26560 livres.
457 livres.

Les demi-cadratins ont le même usage dans les ouvrages d'Arithmetique, attendu qu'ils sont justement de l'épaisseur d'un chiffre, à moins que les chiffres auroient été fondus d'une moindre épaisseur que ne sont les demi-cadratins; en ce cas, il est absolument nécessaire d'en faire fondre d'autres de la même épaisseur que les demi-cadratins; autrement on ne pourra jamais bien faire rencontrer les chiffres d'un même rang directement les uns sur les autres.

Quand on est obligé de changer quelques lettres d'une *ad lineam* & que le cadratin ne peut point entrer dans ladite ligne, on peut mettre à sa place un demi-cadratin ; mais cela ne se fait que dans la nécessité.

Ils servent encore pour justifier les lignes de cadrats, ou demies pleines de matiere, comme aussi pour séparer les lettres d'un titre de capitale ou lettres de deux points du même corps, de même que les cadratins.

ARTICLE VI.

De l'usage des Cadrats.

QUAND on se sert des cadrats, soit pour justifier la fin des lignes de matiere, ou celles qui doivent être entierement blanches, on doit prendre garde de ne point mêler un cadrat de moindre ou de plus grande épaisseur, avec ceux du même corps dont on veut remplir les lignes ; c'est pourquoi il faut passer le pouce de la main gauche dessus chaque cadrat qu'on met dans le composteur, & rejetter ceux qui ne seront point de la même épaisseur, à mesure qu'il s'en rencontre ; autrement cela feroit que les lignes iroient de travers, & on auroit quelquefois de la peine à retrouver lesdits cadrats lorsqu'une forme seroit imposée : On doit faire la même attention pour les cadratins, les demi-cadratins & les espaces.

Il faut observer de ne jamais mettre des cadratins, ou des demi-cadratins, & encore moins des espaces à la fin des lignes de matiere qui se trouvent courtes, ou de celles qui sont entierement de cadrats ; car il arrive que ces demi-cadratins ou espaces venant à tomber, soit en corrigeant ou en desserrant la forme, on est en danger de casser des bouts de ligne, en voulant les remettre ; ce qui fait perdre beaucoup de têms : Un bon ouvrier n'a garde de tomber dans une pareille faute ; d'autant qu'il ne coute point plus de têms à mettre ces sortes de cadratins dans le milieu de la ligne que de mettre les grands cadrats à la fin.

Quant aux lignes de cadrats qu'on met au bas des pages, on doit observer de mettre toûjours les plus grands cadrats aux deux extremités desdits lignes ; parce que les bois de garnitures ou les bizeaux étant souvent un peu trop courts, ces grands cadrats soutiennent lesdites extremités des lignes des pages, & empêchent de faire le cercle.

ARTICLE VII.

Comment on doit justifier ses lignes dans le Composteur.

IL est trés-necessaire qu'un Ouvrier justifie toutes ses lignes d'une force égale ; car s'il vient à justifier une ligne plus forte qu'une autre, cette ligne forcée s'élevera lorsqu'on aura serré la forme ; de sorte qu'elle foulera plus que les autres lignes qui se rencontreront auprés, & empêchera qu'elles ne s'impriment comme il faut ; plusieurs Imprimeurs, qui ne connoissent point ces défauts, y mettent des hausses, pour faire fouler les lignes qui ne marquent point, à cause que lesdites lignes forcées les en empêchent, croyant que cela provient de quelque défaut de la presse : Mais ceux qui sont au fait de cela, appellent le Compositeur, & l'obligent à ôter les espaces qui sont de trop, afin de rendre la ligne de la même justification des autres.

Si au contraire il justifie quelques lignes plus foiblement que les autres, il arrive que les lettres d'une semblable ligne se couchent, de sorte qu'il n'y a que la moitié desdites lettres qui s'imprime ; & quelquefois les lettres & même des lignes entieres viennent à tomber, en voulant lever la forme pour la porter sur le marbre de la presse ; c'est ce qu'on appelle en terme d'Imprimerie des *sonnettes*, & ce défaut est capable de faire casser des pages & même des formes entieres : Ceux qui sortent d'apprentissage sont sujets à faire ces manquements, faute de bonnes instructions de leur premier Maître, lequel, comme il s'en trouve, n'est point plus sçavant que ceux qu'il veut enseigner.

ARTICLE VIII.

Comment on doit prendre la justification des pages d'une nouvelle Imposition.

LORSQU'ON a un ouvrage en manuscrit à imprimer, on doit plier son papier en la même forme qu'on souhaite de l'avoir imprimé; par exemple, si c'est en In-douze, on le pliera en In-douze; ensuite on prendra la largeur de ses lignes, suivant la grandeur du papier dont on voudra se servir pour faire cette impression, en observant de laisser suffisamment du blanc, tant pour la marge du fond, que pour celle de la tranche du livre.

Pour la longeur de ces pages, on doit laisser une marge pour la place des têtieres, à proportion de la grandeur du papier, en observant d'en laisser presque trois fois plus à la fin des pages, comme nous l'expliquerons [a] plus amplement ci-après.

[a] Voyez *Part. 2. chap. 2. art. 1.*

Si c'est pour des petits ouvrages, que nous appellons *Brochures*, il faut observer de laisser plus de blanc dans la marge du fond, qu'à ceux qui doivent être reliés en parchemin, en veau, ou autrement, principalement à des Formats d'In-seize, d'In-dixhuit, ou d'autres plus petits.

Si un Livre a plusieurs volumes, on doit avoir un grand soin de ne point prendre la justification plus large à un volume qu'à un autre, soit pour la largeur des pages, ou pour les [a] marginales; cet inconvenient seroit assez souvent la cause que les Relieurs pourroient rogner ces livres dans les additions, lorsqu'ils auroient pris leur mesure sur ceux qui auroient été d'une moindre largeur; c'est ce qui est arrivé au livre de *l'Histoire Ecclesiastique de M. Fleury*, format In-douze, impression de Paris, auquel les pages du premier

[a] *Marginale* signifie *addition* à la marge.

volume, sont *un cadrat de Parangon* moins larges, que celles de tous les autres volumes.

Quand il survient un Compagnon pour travailler sur un ouvrage qui est déjà commencé, il doit bien se garder de prendre sa justification avec une ligne de la *a* Gallée, ou d'une page qui n'a point encore été imposée; autrement sa justification se trouveroit plus foible, pour le moins, d'une espace que celle des pages précédentes; parce que les lignes se resserrent lorsqu'elles ont été enfermées dans le chassis.

Lorsqu'un Compagnon est assûré que le caractere, qu'il veut employer pour une réimpression, est juste de la même épaisseur, que celui de l'ouvrage imprimé, il doit présenter son Composteur sur une page imprimée, & prendre la justification de ses lignes tant soit peu plus large que n'est celle dudit ouvrage imprimé, parce que le papier imprimée est sujet à se resserrer, principalement lorsqu'il a été fort trempé.

Mais s'il doute que le caractere qu'il veut employer pour une réimpression, soit de la même épaisseur que celui de l'ouvrage imprimé, il doit, en ce cas, prendre sa justification sur la ligne la plus serrée de sa copie, & espacer exactement chaque mot comme il est dans ladite copie.

De plus, en fait de réimpression, on ne doit pas toûjours suivre exactement sa copie; au contraire, on doit changer ce qui n'est point dans l'ordre, réformer les *b* colombiers, les pages trop longues ou trop courtes, les lignes courtes au commencement d'une page, les titres défectueux, les abbreviations, & autres défauts semblables, qui se trouveroient dans la premiere impression.

Quant aux Placards, comme, Edits, Declararions, Arrêts Ordonnances, Mandemens &c. on doit prendre sa justification d'une telle maniere, qu'il y ait autant de marge sur les deux côtés, qu'il y en aura à la tête; & un tiers de plus au bas desdits Placards.

Si ce sont des Affiches sur une demi feuille, ou un quart de feuille, on doit observer la même marge comme aux Placards, en leur donnant la même proportion d'une page In-folio ou In-quarto; car de faire ces sortes d'ouvrages aussi larges qu'ils sont longs, comme ceux que l'on voit

a C'est une planche qui sert à poser les lettres à mesure qu'on les assemble dans le composteur; on dit en terme d'Imprimeur, composer en *Galée*, lorsqu'on compose tout de suite sans faire des divisions de pages.

b Le mot de *Colombier* signifie le trop d'espace qu'il y a entre les mots dans une impression.

quelquefois qui ont la fome carrée, c'eſt une marque évidente d'un trés-mauvais goût, ou c'eſt faute de ne ſçavoir pas compter une Copie en manuſcrit, c'eſt-à-dire combien de lignes d'impreſſion pourra contenir une ſemblable piece ; c'eſt ce que nous allons enſeigner dans l'article ſuivant, non ſeulement pour l'utilité des maîtres Imprimeurs, mais encore pour l'avantage des marchands Libraires.

ARTICLE IX.

Comment on doit compter la Copie d'un manuſcrit, pour ſçavoir combien de forme, ou de pages elle contiendra.

LA methode de ſçavoir bien compter la Copie d'un manuſcrit, eſt fort néceſſaire, tant pour les Compagnons que pour les Maîtres; vû que dans peu de têms on peut voir à peu prés combien de lignes il y aura, ſi c'eſt pour un Placard; & combien de formes, ſi c'eſt pour un grand Ouvrage; & par ce moyen un Maître peut faire accord avec les Auteurs, qui deſirent de convenir pour tout un ouvrage, ſans compter par feuilles. Voici de la maniere qu'il s'y faut prendre.

Quand on a un manuſcrit, & qu'on veut ſçavoir combien il contiendra de formes, on doit compoſer une page du même caractere, & de la même juſtification qu'on ſouhaitera faire tout l'ouvrage, & donner un coup de plume à l'endroit du manuſcrit, ou finit cette page; enſuite on comptera le nombre de lignes du manuſcrit, qui auront entrées dans la page de compoſition, & on continuera de compter ſur le manuſcrit le même nombre de lignes, que celui qui aura entré dans ladite page de compoſition, juſqu'à ce qu'il y en ait ſuffiſamment pour une forme; aprés quoi, on comptera combien une forme de compoſition contiendra de feuillets du manuſcrit.

Lorſqu'on ſçaura le nombre des feuillets qu'il faudra pour faire une forme de compoſition, par exemple, ſi dix feuillets de manuſcrit font une forme de compoſition, on ſuppuputera combien ledit manuſcrit contient de feuillets; de ſorte que s'il contient 40. feuillets, ce ſera quatre formes; s'il contient 100. feuillets, ce ſera dix formes, & ainſi du reſte.

Ceux qui ſçavent l'Arithmetique, le pourront ſçavoir en moins de têms que les autres, en diviſant le nombre des feuillets du manuſcrit, par le nombre des pages dudit manuſcrit, qu'il faudra pour une feuille de compoſition.

Quant aux titres qui ſont dans le manuſcrit, comme les *Parties*, *Chapitres*, *Articles*, *Sections*, *Paragraphes* ou autres, on doit compoſer un titre de chaque ſorte, avec les mêmes Vignettes, & les blancs dont on voudra orner ledit ouvrage; enſuite compter combien chaque titre contiendra de lignes, & faire une ſupputation de toutes ces lignes, pour ſçavoir combien elles feront de pages ou de formes, en obſervant de compter toûjours plutôt un peu plus que moins, afin de ne point ſe tromper à ſon déſavantage.

Si c'eſt pour des placards, comme des affiches en feuille, on prend la juſtification de ſes lignes, ſur le papier qu'on veut employer à cet effet; enſuite on compoſe une ligne ou deux du manuſcrit, & on calcule le nombre de lignes que le manuſcrit contiendra; & ſi la matiere court trop loin, en le faiſant de petit Canon, on le doit faire de Parangon, & ainſi des autres caracteres à proportion, en obſervant de laiſſer la marge tant des côtés, que de la tête & du bas, comme il a été dit dans l'Article précedent.

Pour rendre cette operation plus aiſée, nous avons dreſſé un petit Tarif par lequel on trouvera d'un coup d'œil combien de formes de compoſition un manuſcrit contiendra, lorſqu'on aura calculé combien de pages de manuſcrit il faudra pour une forme de caractere; cette operation ſe fera en deux manieres, ſoit par un regard, ſoit par une petite addition: Premierement on trouvera le nombre des formes par un regard lorſque le nombre des pages de manuſcrit ſera de centaines pures, comme de 200, 400, 700, &c. ou de dixaines pures, comme de 30, 40, 50, 70, &c. ou lorſque le nombre des pages ne paſſera point le nombre de 9, comme ſi on avoit 5, 6, 7, ou 8, pages de manuſcrit &c.

Secondement on trouvera le nombre des formes par une addition, lorſque les pages de manuſcrit feront un nombre compoſé, comme par exemple ; ſi on avoit 637. pages de manuſcrit, il faudroit pour lors prendre le nombre des formes qui ſera vis-à-vis 600, le nombre des formes qui ſera vis-à-vis de 30, & le nombre des formes qui ſe trouvera vis-à-vis de 7, & ajoûtant le tout enſemble on aura le nombre des formes pour les 637. pages de manuſcrit.

On n'a point fait de Tarif pour les nombres des pages entieres, joint à un quart ou trois quarts, parce que cela nous auroit mené trop loin ; on pourra néanmoins encore ſe ſervir du preſent Tarif, ſi le cas y échet ; car s'il faut par exemple 12. pages & un quart pour une forme, on pourra prendre à 12. pages juſte, & ôter la valeur d'autant de quarts de pages, que l'on aura trouvé de formes ; ou s'il falloit par exemple 12. pages trois quarts pour une forme, on pourra prendre à 12. pages & demie, & ôter la valeur d'autant de quarts de pages que l'on aura trouvé de formes.

On s'eſt contenté de commencer ce Tarif par le nombre de quatre pages de manuſcrit pour une forme de caractere, & on ne l'a point pouſſé plus loin qu'à vingt pages & demie, attendu qu'il ſe trouve rarement des écritures, pour menues qu'elles puiſſent être, deſquelles il faille moins de quatre pages pour une forme de caractere ; & que d'un autre côté, il faudroit qu'un manuſcrit (qui ordinairement eſt *in-octavo* pour le moindre format) fût écrit bien au large & d'une écriture bien groſſe, pour que vingt pages & demie d'icelles entraſſent dans une forme de caractere.

Quand c'eſt une copie imprimée d'un caractere plus gros, ou plus petit, que celui dont on le veut réimprimer, on doit en agir de la même maniere que cy-deſſus ; ou bien on pourra encore ſe ſervir des précédentes [a] Tables, où l'on voit ce qu'un caractere inferieur regagne ſur un autre qui lui eſt ſuperieur, & conſéquemment, ce qu'un caractere ſuperieur perd ſur un autre qui lui eſt inferieur.

[a] Voyez ci-devant les pages 8. & 9.

A quatre pages de manuscrit pour 1. forme de caractere.		*A 4. pag. & demie de manuscrit pour 1. forme de caractere.*	
1 pag *fait*	$\frac{1}{4}$ de forme.	1 pag *fait*	$\frac{2}{9}$ de forme.
2 pag *font*	$\frac{1}{2}$ for.	2 pag *font*	$\frac{4}{9}$ for.
3 pag *font*	$\frac{3}{4}$ for.	3 pag *font*	$\frac{2}{3}$ for.
4 pag *font*	1 for.	4 pag *font*	$\frac{8}{9}$ for.
5 pag *font*	1 $\frac{1}{4}$ for.	5 pag *font*	1 $\frac{1}{9}$ for.
6 pag *font*	1 $\frac{1}{2}$ for.	6 pag *font*	1 $\frac{1}{3}$ for.
7 pag *font*	1 $\frac{3}{4}$ for.	7 pag *font*	1 $\frac{5}{9}$ for.
8 pag *font*	2 for.	8 pag *font*	1 $\frac{7}{9}$ for.
9 pag *font*	2 $\frac{1}{4}$ for.	9 pag *font*	2 for.
10 pag *font*	2 $\frac{1}{2}$ for.	10 pag *font*	2 $\frac{2}{9}$ for.
20 pag *font*	5 for.	20 pag *font*	4 $\frac{4}{9}$ for.
30 pag *font*	7 $\frac{1}{2}$ for.	30 pag *font*	6 $\frac{2}{3}$ for.
40 pag *font*	10 for.	40 pag *font*	8 $\frac{8}{9}$ for.
50 pag *font*	12 $\frac{1}{2}$ for.	50 pag *font*	11 $\frac{1}{9}$ for.
60 pag *font*	15 for.	60 pag *font*	13 $\frac{1}{3}$ for.
70 pag *font*	17 $\frac{1}{2}$ for.	70 pag *font*	15 $\frac{5}{9}$ for.
80 pag *font*	20 for.	80 pag *font*	17 $\frac{7}{9}$ for.
90 pag *font*	22 $\frac{1}{2}$ for.	90 pag *font*	20 for.
100 pag *font*	25 for.	100 pag *font*	22 $\frac{2}{9}$ for.
200 pag *font*	50 for.	200 pag *font*	44 $\frac{4}{9}$ for.
300 pag *font*	75 for.	300 pag *font*	66 $\frac{2}{3}$ for.
400 pag *font*	100 for.	400 pag *font*	88 $\frac{8}{9}$ for.
500 pag *font*	125 for.	500 pag *font*	111 $\frac{1}{9}$ for.
600 pag *font*	150 for.	600 pag *font*	133 $\frac{1}{3}$ for.
700 pag *font*	175 for.	700 pag *font*	155 $\frac{5}{9}$ for.
800 pag *font*	200 for.	800 pag *font*	177 $\frac{7}{9}$ for.
900 pag *font*	225 for.	900 pag *font*	200 for.
1000 pag *font*	250 for.	1000 pag *font*	222 $\frac{2}{9}$ for.

PARTIE I.
CHAP. I.
ARTICLE. IX.

A cinq pages de manuscrit pour 1. forme de caractere.	*A 5. pag. & demie de manuscrit pour 1. forme de caractere.*
1 pag *fait* $\frac{1}{5}$ de forme.	1 pag *fait* $\frac{2}{11}$ de forme.
2 pag *font* $\frac{2}{5}$ for.	2 pag *font* $\frac{4}{11}$ for.
3 pag *font* $\frac{3}{5}$ for.	3 pag *font* $\frac{6}{11}$ for.
4 pag *font* $\frac{4}{5}$ for.	4 pag *font* $\frac{8}{11}$ for.
5 pag *font* 1 for.	5 pag *font* $\frac{10}{11}$ for.
6 pag *font* 1 $\frac{1}{5}$ for.	6 pag *font* 1 $\frac{1}{11}$ for.
7 pag *font* 1 $\frac{2}{5}$ for.	7 pag *font* 1 $\frac{3}{11}$ for.
8 pag *font* 1 $\frac{3}{5}$ for.	8 pag *font* 1 $\frac{5}{11}$ for.
9 pag *font* 1 $\frac{4}{5}$ for.	9 pag *font* 1 $\frac{7}{11}$ for.
10 pag *font* 2 for.	10 pag *font* 1 $\frac{9}{11}$ for.
20 pag *font* 4 for.	20 pag *font* 3 $\frac{7}{11}$ for.
30 pag *font* 6 for.	30 pag *font* 5 $\frac{5}{11}$ for.
40 pag *font* 8 for.	40 pag *font* 7 $\frac{3}{11}$ for.
50 pag *font* 10 for.	50 pag *font* 9 $\frac{1}{11}$ for.
60 pag *font* 12 for.	60 pag *font* 10 $\frac{10}{11}$ for.
70 pag *font* 14 for.	70 pag *font* 12 $\frac{8}{11}$ for.
80 pag *font* 16 for.	80 pag *font* 14 $\frac{6}{11}$ for.
90 pag *font* 18 for.	90 pag *font* 16 $\frac{4}{11}$ for.
100 pag *font* 20 for.	100 pag *font* 18 $\frac{2}{11}$ for.
200 pag *font* 40 for.	200 pag *font* 36 $\frac{4}{11}$ for.
300 pag *font* 60 for.	300 pag *font* 54 $\frac{6}{11}$ for.
400 pag *font* 80 for.	400 pag *font* 72 $\frac{8}{11}$ for.
500 pag *font* 100 for.	500 pag *font* 90 $\frac{10}{11}$ for.
600 pag *font* 120 for.	600 pag *font* 109 $\frac{1}{11}$ for.
700 pag *font* 140 for.	700 pag *font* 127 $\frac{3}{11}$ for.
800 pag *font* 160 for.	800 pag *font* 145 $\frac{5}{11}$ for.
900 pag *font* 180 for.	900 pag *font* 163 $\frac{7}{11}$ for.
1000 pag *font* 200 for.	1000 pag *font* 181 $\frac{9}{11}$ for.

A six pages de manuscrit pour 1. forme de caractere.	*A six pag. & demie de manuscrit pour 1. forme de caractere.*
1 pag *fait* $\frac{1}{6}$ de forme.	1 pag *fait* $\frac{2}{13}$ de forme.
2 pag *font* $\frac{1}{3}$ for.	2 pag *font* $\frac{4}{13}$ for.
3 pag *font* $\frac{1}{2}$ for.	3 pag *font* $\frac{6}{13}$ for.
4 pag *font* $\frac{2}{3}$ for.	4 pag *font* $\frac{8}{13}$ for.
5 pag *font* $\frac{5}{6}$ for.	5 pag *font* $\frac{10}{13}$ for.
6 pag *font* 1 for.	6 pag *font* $\frac{12}{13}$ for.
7 pag *font* 1 $\frac{1}{6}$ for.	7 pag *font* 1 $\frac{1}{13}$ for.
8 pag *font* 1 $\frac{1}{3}$ for.	8 pag *font* 1 $\frac{3}{13}$ for.
9 pag *font* 1 $\frac{1}{2}$ for.	9 pag *font* 1 $\frac{5}{13}$ for.
10 pag *font* 1 $\frac{2}{3}$ for.	10 pag *font* 1 $\frac{7}{13}$ for.
20 pag *font* 3 $\frac{1}{3}$ for.	20 pag *font* 3 $\frac{1}{13}$ for.
30 pag *font* 5 for.	30 pag *font* 4 $\frac{8}{13}$ for.
40 pag *font* 6 $\frac{2}{3}$ for.	40 pag *font* 6 $\frac{2}{13}$ for.
50 pag *font* 8 $\frac{1}{3}$ for.	50 pag *font* 7 $\frac{9}{13}$ for.
60 pag *font* 10 for.	60 pag *font* 9 $\frac{3}{13}$ for.
70 pag *font* 11 $\frac{2}{3}$ for.	70 pag *font* 10 $\frac{10}{13}$ for.
80 pag *font* 13 $\frac{1}{3}$ for.	80 pag *font* 12 $\frac{4}{13}$ for.
90 pag *font* 15 for.	90 pag *font* 13 $\frac{11}{13}$ for.
100 pag *font* 16 $\frac{2}{3}$ for.	100 pag *font* 15 $\frac{5}{13}$ for.
200 pag *font* 33 $\frac{1}{3}$ for.	200 pag *font* 30 $\frac{10}{13}$ for.
300 pag *font* 50 for.	300 pag *font* 46 $\frac{2}{13}$ for.
400 pag *font* 66 $\frac{2}{3}$ for.	400 pag *font* 61 $\frac{7}{13}$ for.
500 pag *font* 83 $\frac{1}{3}$ for.	500 pag *font* 76 $\frac{12}{13}$ for.
600 pag *font* 100 for.	600 pag *font* 92 $\frac{4}{13}$ for.
700 pag *font* 116 $\frac{2}{3}$ for.	700 pag *font* 107 $\frac{9}{13}$ for.
800 pag *font* 133 $\frac{1}{3}$ for.	800 pag *font* 123 $\frac{1}{13}$ for.
900 pag *font* 150 for.	900 pag *font* 138 $\frac{6}{13}$ for.
1000 pag *font* 166 $\frac{2}{3}$ for.	1000 pag *font* 153 $\frac{11}{13}$ for.

PARTIE I.
CHAP. I.
ARTICLE. IX.

A sept pages de manuscrit pour 1. forme de caractere.

1 pag	*fait*	$\frac{1}{7}$	de forme.
2 pag	*font*	$\frac{2}{7}$	for.
3 pag	*font*	$\frac{3}{7}$	for.
4 pag	*font*	$\frac{4}{7}$	for.
5 pag	*font*	$\frac{5}{7}$	for.
6 pag	*font*	$\frac{6}{7}$	for.
7 pag	*font*	1	for.
8 pag	*font*	1 $\frac{1}{7}$	for.
9 pag	*font*	1 $\frac{2}{7}$	for.
10 pag	*font*	1 $\frac{3}{7}$	for.
20 pag	*font*	2 $\frac{6}{7}$	for.
30 pag	*font*	4 $\frac{2}{7}$	for.
40 pag	*font*	5 $\frac{5}{7}$	for.
50 pag	*font*	7 $\frac{1}{7}$	for.
60 pag	*font*	8 $\frac{4}{7}$	for.
70 pag	*font*	10	for.
80 pag	*font*	11 $\frac{3}{7}$	for.
90 pag	*font*	12 $\frac{6}{7}$	for.
100 pag	*font*	14 $\frac{2}{7}$	for.
200 pag	*font*	28 $\frac{4}{7}$	for.
300 pag	*font*	42 $\frac{6}{7}$	for.
400 pag	*font*	57 $\frac{1}{7}$	for.
500 pag	*font*	71 $\frac{3}{7}$	for.
600 pag	*font*	85 $\frac{5}{7}$	for.
700 pag	*font*	100	for.
800 pag	*font*	114 $\frac{2}{7}$	for.
900 pag	*font*	128 $\frac{4}{7}$	for.
1000 pag	*font*	142 $\frac{6}{7}$	for.

A 7. pag. & demie de manuscrit pour 1. forme de caractere.

1 pag	*fait*	$\frac{2}{15}$	de forme.
2 pag	*font*	$\frac{4}{15}$	for.
3 pag	*font*	$\frac{2}{5}$	for.
4 pag	*font*	$\frac{8}{15}$	for.
5 pag	*font*	$\frac{2}{3}$	for.
6 pag	*font*	$\frac{4}{5}$	for.
7 pag	*font*	$\frac{14}{15}$	for.
8 pag	*font*	1 $\frac{1}{15}$	for.
9 pag	*font*	1 $\frac{1}{5}$	for.
10 pag	*font*	1 $\frac{1}{3}$	for.
20 pag	*font*	2 $\frac{2}{3}$	for.
30 pag	*font*	4	for.
40 pag	*font*	5 $\frac{1}{3}$	for.
50 pag	*font*	6 $\frac{2}{3}$	for.
60 pag	*font*	8	for.
70 pag	*font*	9 $\frac{1}{3}$	for.
80 pag	*font*	10 $\frac{2}{3}$	for.
90 pag	*font*	12	for.
100 pag	*font*	13 $\frac{1}{3}$	for.
200 pag	*font*	26 $\frac{2}{3}$	for.
300 pag	*font*	40	for.
400 pag	*font*	53 $\frac{1}{3}$	for.
500 pag	*font*	66 $\frac{2}{3}$	for.
600 pag	*font*	80	for.
700 pag	*font*	93 $\frac{1}{3}$	for.
800 pag	*font*	106 $\frac{2}{3}$	for.
900 pag	*font*	120	for.
1000 pag	*font*	133 $\frac{1}{3}$	for.

PARTIE I. CHAP. I. ARTICLE IX.

A huit pages de manuscrit pour 1. forme de caractere.

1 pag	*fait*	$\frac{1}{8}$	de forme.
2 pag	*font*	$\frac{1}{4}$	for.
3 pag	*font*	$\frac{3}{8}$	for.
4 pag	*font*	$\frac{1}{2}$	for.
5 pag	*font*	$\frac{5}{8}$	for.
6 pag	*font*	$\frac{3}{4}$	for.
7 pag	*font*	$\frac{7}{8}$	for.
8 pag	*font*	1	for.
9 pag	*font*	1 $\frac{1}{8}$	for.
10 pag	*font*	1 $\frac{1}{4}$	for.
20 pag	*font*	2 $\frac{1}{2}$	for.
30 pag	*font*	3 $\frac{3}{4}$	for.
40 pag	*font*	5	for.
50 pag	*font*	6 $\frac{1}{4}$	for.
60 pag	*font*	7 $\frac{1}{2}$	for.
70 pag	*font*	8 $\frac{3}{4}$	for.
80 pag	*font*	10	for.
90 pag	*font*	11 $\frac{1}{4}$	for.
100 pag	*font*	12 $\frac{1}{2}$	for.
200 pag	*font*	25	for.
300 pag	*font*	37 $\frac{1}{2}$	for.
400 pag	*font*	50	for.
500 pag	*font*	62 $\frac{1}{2}$	for.
600 pag	*font*	75	for.
700 pag	*font*	87 $\frac{1}{2}$	for.
800 pag	*font*	100	for.
900 pag	*font*	112 $\frac{1}{2}$	for.
1000 pag	*font*	125	for.

A 8. pag. & demie de manuscritpour 1. forme de caractere.

1 pag	*fait*	$\frac{2}{17}$	de forme.
2 pag	*font*	$\frac{4}{17}$	for.
3 pag	*font*	$\frac{6}{17}$	for.
4 pag	*font*	$\frac{8}{17}$	for.
5 pag	*font*	$\frac{10}{17}$	for.
6 pag	*font*	$\frac{12}{17}$	for.
7 pag	*font*	$\frac{14}{17}$	for.
8 pag	*font*	$\frac{16}{17}$	for.
9 pag	*font*	1 $\frac{1}{17}$	for.
10 pag	*font*	1 $\frac{3}{17}$	for.
20 pag	*font*	2 $\frac{6}{17}$	for.
30 pag	*font*	3 $\frac{9}{17}$	for.
40 pag	*font*	4 $\frac{12}{17}$	for.
50 pag	*font*	5 $\frac{15}{17}$	for.
60 pag	*font*	7 $\frac{1}{17}$	for.
70 pag	*font*	8 $\frac{4}{17}$	for.
80 pag	*font*	9 $\frac{7}{17}$	for.
90 pag	*font*	10 $\frac{10}{17}$	for.
100 pag	*font*	11 $\frac{13}{17}$	for.
200 pag	*font*	23 $\frac{9}{17}$	for.
300 Pag	*font*	35 $\frac{5}{17}$	for.
400 pag	*font*	47 $\frac{1}{17}$	for.
500 pag	*font*	58 $\frac{14}{17}$	for.
600 pag	*font*	70 $\frac{10}{17}$	for.
700 pag	*font*	82 $\frac{6}{17}$	for.
800 pag	*font*	94 $\frac{2}{17}$	for.
900 pag	*font*	105 $\frac{15}{17}$	for.
1000 pag	*font*	117 $\frac{11}{17}$	for.

A neuf pages de manuscrit pour 1. forme de caractere.

1 pag *fait*	1/9	de forme.
2 pag *font*	2/9	for.
3 pag *font*	1/3	for.
4 pag *font*	4/9	for.
5 pag *font*	5/9	for.
6 pag *font*	2/3	for.
7 pag *font*	7/9	for.
8 pag *font*	8/9	for.
9 pag *font*	1	for.
10 pag *font*	1 1/9	for.
20 pag *font*	2 2/9	for.
30 pag *font*	3 1/3	for.
40 pag *font*	4 4/9	for.
50 pag *font*	5 5/9	for.
60 pag *font*	6 2/3	for.
70 pag *font*	7 7/9	for.
80 pag *font*	8 8/9	for.
90 pag *font*	10	for.
100 pag *font*	11 1/9	for.
200 pag *font*	22 2/9	for.
300 pag *font*	33 1/3	for.
400 pag *font*	44 4/9	for.
500 pag *font*	55 5/9	for.
600 pag *font*	66 2/3	for.
700 pag *font*	77 7/9	for.
800 pag *font*	88 8/9	for.
900 pag *font*	100	for.
1000 pag *font*	111 1/9	for.

A 9. pag. & demie de manuscrit pour 1. forme de caractere.

1 pag *fait*	2/19	de forme.
2 pag *font*	4/19	for.
3 pag *font*	6/19	for.
4 pag *font*	8/19	for.
5 pag *font*	10/19	for.
6 pag *font*	12/19	for.
7 pag *font*	14/19	for.
8 pag *font*	16/19	for.
9 pag *font*	18/19	for.
10 pag *fout*	1 1/19	for.
20 pag *font*	2 2/19	for.
30 pag *font*	3 3/19	for.
40 pag *font*	4 4/19	for.
50 pag *font*	5 5/19	for.
60 pag *font*	6 6/19	for.
70 pag *font*	7 7/19	for.
80 pag *font*	8 8/19	for.
90 pag *font*	9 9/19	for.
100 pag *font*	10 10/19	for.
200 pag *font*	21 1/19	for.
300 pag *font*	31 11/19	for.
400 pag *font*	42 2/19	for.
500 pag *font*	52 12/19	for.
600 pag *font*	63 3/19	for.
700 pag *font*	73 13/19	for.
800 pag *font*	84 4/19	for.
900 pag *font*	94 14/19	for.
1000 pag *font*	105 5/19	for.

A 10. pages de manuscrit pour 1. forme de caractere.

1 pag	*fait*	$\frac{1}{10}$	de forme.
2 pag	*font*	$\frac{1}{5}$	for.
3 pag	*font*	$\frac{3}{10}$	for.
4 pag	*font*	$\frac{2}{5}$	for.
5 pag	*font*	$\frac{1}{2}$	for.
6 pag	*font*	$\frac{3}{5}$	for.
7 pag	*font*	$\frac{7}{10}$	for.
8 pag	*font*	$\frac{4}{5}$	for.
9 pag	*font*	$\frac{9}{10}$	for.
10 pag	*font*	1	for.
20 pag	*font*	2	for.
30 pag	*font*	3	for.
40 pag	*font*	4	for.
50 pag	*font*	5	for.
60 pag	*font*	6	for.
70 pag	*font*	7	for.
80 pag	*font*	8	for.
90 pag	*font*	9	for.
100 pag	*font*	10	for.
200 pag	*font*	20	for.
300 pag	*font*	30	for.
400 pag	*font*	40	for.
500 pag	*font*	50	for.
600 pag	*font*	60	for.
700 pag	*font*	70	for.
800 pag	*font*	80	for.
900 pag	*font*	90	for.
1000 pag	*font*	100	for.

A 10 pag. & demie de manuscrit pour 1. forme de caractere.

1 pag	*fait*	$\frac{2}{21}$	de forme.
2 pag	*font*	$\frac{4}{21}$	for.
3 pag	*font*	$\frac{2}{7}$	for.
4 pag	*font*	$\frac{8}{21}$	for.
5 pag	*font*	$\frac{10}{21}$	for.
6 pag	*font*	$\frac{4}{7}$	for.
7 pag	*font*	$\frac{2}{3}$	for.
8 pag	*font*	$\frac{16}{21}$	for.
9 pag	*font*	$\frac{6}{7}$	for.
10 pag	*font*	$\frac{20}{21}$	for.
20 pag	*font*	1 $\frac{19}{21}$	for.
30 pag	*font*	2 $\frac{6}{7}$	for.
40 pag	*font*	3 $\frac{17}{21}$	for.
50 pag	*font*	4 $\frac{16}{21}$	for.
60 pag	*font*	5 $\frac{5}{7}$	for.
70 pag	*font*	6 $\frac{2}{3}$	for.
80 pag	*font*	7 $\frac{13}{21}$	for.
90 pag	*font*	8 $\frac{4}{7}$	for.
100 pag	*font*	9 $\frac{11}{21}$	for.
200 pag	*font*	19 $\frac{1}{21}$	for.
300 pag	*font*	28 $\frac{4}{7}$	for.
400 pag	*font*	38 $\frac{2}{21}$	for.
500 pag	*font*	47 $\frac{13}{21}$	for.
600 pag	*font*	57 $\frac{1}{7}$	for.
700 pag	*font*	66 $\frac{2}{3}$	for.
800 pag	*font*	76 $\frac{4}{21}$	for.
900 pag	*font*	85 $\frac{5}{7}$	for.
1000 pag	*font*	95 $\frac{5}{21}$	for.

PARTIE II.
CHAP. I.
ARTICLE IX.

A onze pages de manuscrit pour 1. forme de caractere.			*A 11. pag. & demie de manuscrit pour 1. forme de caractere.*		
1 pag *fait*	$\frac{1}{11}$ de forme		1 pag *fait*	$\frac{2}{23}$ de forme.	
2 pag *font*	$\frac{2}{11}$	for.	2 pag *font*	$\frac{4}{23}$	for.
3 pag *font*	$\frac{3}{11}$	for.	3 pag *font*	$\frac{6}{23}$	for.
4 pag *font*	$\frac{4}{11}$	for.	4 pag *font*	$\frac{8}{23}$	for.
5 pag *font*	$\frac{5}{11}$	for.	5 pag *font*	$\frac{10}{23}$	for.
6 pag *font*	$\frac{6}{11}$	for.	6 pag *font*	$\frac{12}{23}$	for.
7 pag *font*	$\frac{7}{11}$	for.	7 pag *font*	$\frac{14}{23}$	for.
8 pag *font*	$\frac{8}{11}$	for.	8 pag *font*	$\frac{16}{23}$	for.
9 pag *font*	$\frac{9}{11}$	for.	9 pag *font*	$\frac{18}{23}$	for.
10 pag *font*	$\frac{10}{11}$	for.	10 pag *font*	$\frac{20}{23}$	for.
20 pag *font*	1 $\frac{9}{11}$	for.	20 pag *font*	1 $\frac{17}{23}$	for.
30 pag *font*	2 $\frac{8}{11}$	for.	30 pag *font*	2 $\frac{14}{23}$	for.
40 pag *font*	3 $\frac{7}{11}$	for.	40 pag *font*	3 $\frac{11}{23}$	for.
50 pag *font*	4 $\frac{6}{11}$	for.	50 pag *font*	4 $\frac{8}{23}$	for.
60 pag *font*	5 $\frac{5}{11}$	for.	60 pag *font*	5 $\frac{5}{23}$	for.
70 pag *font*	6 $\frac{4}{11}$	for.	70 pag *font*	6 $\frac{2}{23}$	for.
80 pag *font*	7 $\frac{3}{11}$	for.	80 pag *font*	6 $\frac{22}{23}$	for.
90 pag *font*	8 $\frac{2}{11}$	for.	90 pag *font*	7 $\frac{19}{23}$	for.
100 pag *font*	9 $\frac{1}{11}$	for.	100 pag *font*	8 $\frac{16}{23}$	for.
200 pag *font*	18 $\frac{2}{11}$	for.	200 pag *font*	17 $\frac{9}{23}$	for.
300 pag *font*	27 $\frac{3}{11}$	for.	300 Pag *font*	26 $\frac{2}{23}$	for.
400 pag *font*	36 $\frac{4}{11}$	for.	400 pag *font*	34 $\frac{18}{23}$	for.
500 pag *font*	45 $\frac{5}{11}$	for.	500 pag *font*	43 $\frac{11}{23}$	for.
600 pag *font*	54 $\frac{6}{11}$	for.	600 pag *font*	52 $\frac{4}{23}$	for.
700 pag *font*	63 $\frac{7}{11}$	for.	700 pag *font*	60 $\frac{20}{23}$	for.
800 pag *font*	72 $\frac{8}{11}$	for.	800 pag *font*	69 $\frac{13}{23}$	for.
900 pag *font*	81 $\frac{9}{11}$	for.	900 pag *font*	78 $\frac{6}{23}$	for.
1000 pag *font*	90 $\frac{10}{11}$	for.	1000 pag *font*	86 $\frac{22}{23}$	for.

A 12. pages de manuscrit pour 1. forme de caractere.

1 pag *fait* $\frac{1}{12}$ de forme.		
2 pag *font*	$\frac{1}{6}$	for.
3 pag *font*	$\frac{1}{4}$	for.
4 pag *font*	$\frac{1}{3}$	for.
5 pag *font*	$\frac{5}{12}$	for.
6 pag *font*	$\frac{1}{2}$	for.
7 pag *font*	$\frac{7}{12}$	for.
8 pag *font*	$\frac{2}{3}$	for.
9 pag *font*	$\frac{3}{4}$	for.
10 pag *font*	$\frac{5}{6}$	for.
20 pag *font*	1 $\frac{2}{3}$	for.
30 pag *font*	2 $\frac{1}{2}$	for.
40 pag *font*	3 $\frac{1}{3}$	for.
50 pag *font*	4 $\frac{1}{6}$	for.
60 pag *font*	5	for.
70 pag *font*	5 $\frac{5}{6}$	for.
80 pag *font*	6 $\frac{2}{3}$	for.
90 pag *font*	7 $\frac{1}{2}$	for.
100 pag *font*	8 $\frac{1}{3}$	for.
200 pag *font*	16 $\frac{2}{3}$	for.
300 pag *font*	25	for.
400 pag *font*	33 $\frac{1}{3}$	for.
500 pag *font*	41 $\frac{2}{3}$	for.
600 pag *font*	50	for.
700 pag *font*	58 $\frac{1}{3}$	for.
800 pag *font*	66 $\frac{2}{3}$	for.
900 pag *font*	75	for.
1000 pag *font*	83 $\frac{1}{3}$	for.

A 12. pag. & demie de manuscrit pour 1. forme de caractere.

1 pag *fait* $\frac{2}{25}$ de forme.		
2 pag *font*	$\frac{4}{25}$	for.
3 pag *font*	$\frac{6}{25}$	for.
4 pag *font*	$\frac{8}{25}$	for.
5 pag *font*	$\frac{2}{5}$	for.
6 pag *font*	$\frac{12}{25}$	for.
7 pag *font*	$\frac{14}{25}$	for.
8 pag *font*	$\frac{16}{25}$	for.
9 pag *font*	$\frac{18}{25}$	for.
10 pag *font*	$\frac{4}{5}$	for.
20 pag *font*	1 $\frac{3}{5}$	for.
30 pag *font*	2 $\frac{2}{5}$	for.
40 pag *font*	3 $\frac{1}{5}$	for.
50 pag *font*	4	for.
60 pag *font*	4 $\frac{4}{5}$	for.
70 pag *font*	5 $\frac{3}{5}$	for.
80 pag *font*	6 $\frac{2}{5}$	for.
90 pag *font*	7 $\frac{1}{5}$	for.
100 pag *font*	8	for.
200 pag *font*	16	for.
300 pag *font*	24	for.
400 pag *font*	32	for.
500 pag *font*	40	for.
600 pag *font*	48	for.
700 pag *font*	56	for.
800 pag *font*	64	for.
900 pag *font*	72	for.
1000 pag *font*	80	for.

A treize pag. de manuscrit pour 1. forme de caractere.		*A 13. pag. & demie de manuscrit pour 1. forme de caractere.*	
1 pag *fait*	$\frac{1}{13}$ de forme	1 pag *fait*	$\frac{2}{27}$ de forme.
2 pag *font*	$\frac{2}{13}$ for.	2 pag *font*	$\frac{4}{27}$ for.
3 pag *font*	$\frac{3}{13}$ for.	3 pag *font*	$\frac{2}{9}$ for.
4 pag *font*	$\frac{4}{13}$ for.	4 pag *font*	$\frac{8}{27}$ for.
5 pag *font*	$\frac{5}{13}$ for.	5 pag *font*	$\frac{10}{27}$ for.
6 pag *font*	$\frac{6}{13}$ for.	6 pag *font*	$\frac{4}{9}$ for.
7 pag *font*	$\frac{7}{13}$ for.	7 pag *font*	$\frac{14}{27}$ for.
8 pag *font*	$\frac{8}{13}$ for.	8 pag *font*	$\frac{16}{27}$ for.
9 pag *font*	$\frac{9}{13}$ for.	9 pag *font*	$\frac{2}{3}$ for.
10 pag *font*	$\frac{10}{13}$ for.	10 pag *font*	$\frac{20}{27}$ for.
20 pag *font*	1 $\frac{7}{13}$ for.	20 pag *font*	1 $\frac{13}{27}$ for.
30 pag *font*	2 $\frac{4}{13}$ for.	30 pag *font*	2 $\frac{2}{9}$ for.
40 pag *font*	3 $\frac{1}{13}$ for.	40 pag *font*	2 $\frac{26}{27}$ for.
50 pag *font*	3 $\frac{11}{13}$ for.	50 pag *font*	3 $\frac{19}{27}$ for.
60 pag *font*	4 $\frac{8}{13}$ for.	60 pag *font*	4 $\frac{4}{9}$ for.
70 pag *font*	5 $\frac{5}{13}$ for.	70 pag *font*	5 $\frac{5}{27}$ for.
80 pag *font*	6 $\frac{2}{13}$ for.	80 pag *font*	5 $\frac{25}{27}$ for.
90 pag *font*	6 $\frac{12}{13}$ for.	90 pag *font*	6 $\frac{2}{3}$ for.
100 pag *font*	7 $\frac{9}{13}$ for.	100 pag *font*	7 $\frac{11}{27}$ for.
200 pag *font*	15 $\frac{5}{13}$ for.	200 pag *font*	14 $\frac{22}{27}$ for.
300 pag *font*	23 $\frac{1}{13}$ for.	300 Pag *font*	22 $\frac{2}{9}$ for.
400 pag *font*	30 $\frac{10}{13}$ for.	400 pag *font*	29 $\frac{17}{27}$ for.
500 pag *font*	38 $\frac{6}{13}$ for.	500 pag *font*	37 $\frac{1}{27}$ for.
600 pag *font*	46 $\frac{2}{13}$ for.	600 pag *font*	44 $\frac{4}{9}$ for.
700 pag *font*	53 $\frac{11}{13}$ for.	700 pag *font*	51 $\frac{23}{27}$ for.
800 pag *font*	61 $\frac{7}{13}$ for.	800 pag *font*	59 $\frac{7}{27}$ for.
900 pag *font*	69 $\frac{3}{13}$ for.	900 pag *font*	66 $\frac{2}{3}$ for.
1000 pag *font*	76 $\frac{12}{13}$ for.	1000 pag *font*	74 $\frac{2}{27}$ for.

A 14. pages de manuscrit pour 1. forme de caractere.

1	pag *fait*	$\frac{1}{14}$	de forme.
2	pag *font*	$\frac{1}{7}$	for.
3	pag *font*	$\frac{3}{14}$	for.
4	pag *font*	$\frac{2}{7}$	for.
5	pag *font*	$\frac{5}{14}$	for.
6	pag *font*	$\frac{3}{7}$	for.
7	pag *font*	$\frac{1}{2}$	for.
8	pag *font*	$\frac{4}{7}$	for.
9	pag *font*	$\frac{9}{14}$	for.
10	pag *font*	$\frac{5}{7}$	for.
20	pag *font*	$1\frac{3}{7}$	for.
30	pag *font*	$2\frac{1}{7}$	for.
40	pag *font*	$2\frac{6}{7}$	for.
50	pag *font*	$3\frac{4}{7}$	for.
60	pag *font*	$4\frac{2}{7}$	for.
70	pag *font*	5	for.
80	pag *font*	$5\frac{5}{7}$	for.
90	pag *font*	$6\frac{3}{7}$	for.
100	pag *font*	$7\frac{1}{7}$	for.
200	pag *font*	$14\frac{2}{7}$	for.
300	pag *font*	$21\frac{3}{7}$	for.
400	pag *font*	$28\frac{4}{7}$	for.
500	pag *font*	$35\frac{5}{7}$	for.
600	pag *font*	$42\frac{6}{7}$	for.
700	pag *font*	50	for.
800	pag *font*	$57\frac{1}{7}$	for.
900	pag *font*	$64\frac{2}{7}$	for.
1000	pag *font*	$71\frac{3}{7}$	for.

A 14. pag. & demie de manuscrit pour 1. forme de caractere.

1	pag *fait*	$\frac{2}{29}$	de forme.
2	pag *font*	$\frac{4}{29}$	for.
3	pag *font*	$\frac{6}{29}$	for.
4	pag *font*	$\frac{8}{29}$	for.
5	pag *font*	$\frac{10}{29}$	for.
6	pag *font*	$\frac{12}{29}$	for.
7	pag *font*	$\frac{14}{29}$	for.
8	pag *font*	$\frac{16}{29}$	for.
9	pag *font*	$\frac{18}{29}$	for.
10	pag *font*	$\frac{20}{29}$	for.
20	pag *font*	$1\frac{11}{29}$	for.
30	pag *font*	$2\frac{2}{29}$	for.
40	pag *font*	$2\frac{22}{29}$	for.
50	pag *font*	$3\frac{13}{29}$	for.
60	pag *font*	$4\frac{4}{29}$	for.
70	pag *font*	$4\frac{24}{29}$	for.
80	pag *font*	$5\frac{15}{29}$	for.
90	pag *font*	$6\frac{6}{29}$	for.
100	pag *font*	$6\frac{26}{29}$	for.
200	pag *font*	$13\frac{23}{29}$	for.
300	pag *font*	$20\frac{20}{29}$	for.
400	pag *font*	$27\frac{17}{29}$	for.
500	pag *font*	$34\frac{14}{29}$	for.
600	pag *font*	$41\frac{11}{29}$	for.
700	pag *font*	$48\frac{8}{29}$	for.
800	pag *font*	$55\frac{5}{29}$	for.
900	pag *font*	$64\frac{2}{29}$	for.
1000	pag *font*	$68\frac{28}{29}$	for.

PARTIE I. CHAP. I. ARTICLE IX.

A 15. pages de manuscrit pour 1. forme de caractere.

Pages		Formes
1 pag *fait*	$\frac{1}{15}$	de forme.
2 pag *font*	$\frac{2}{15}$	for.
3 pag *font*	$\frac{1}{5}$	for.
4 pag *font*	$\frac{4}{15}$	for.
5 pag *font*	$\frac{1}{3}$	for.
6 pag *font*	$\frac{2}{5}$	for.
7 pag *font*	$\frac{7}{15}$	for.
8 pag *font*	$\frac{8}{15}$	for.
9 pag *font*	$\frac{2}{3}$	for.
10 pag *font*	$\frac{2}{3}$	for.
20 pag *font*	$1\frac{1}{3}$	for.
30 pag *font*	2	for.
40 pag *font*	$2\frac{2}{3}$	for.
50 pag *font*	$3\frac{1}{3}$	for.
60 pag *font*	4	for.
70 pag *font*	$4\frac{2}{3}$	for.
80 pag *font*	$5\frac{1}{3}$	for.
90 pag *font*	6	for.
100 pag *font*	$6\frac{2}{3}$	for.
200 pag *font*	$13\frac{1}{3}$	for.
300 pag *font*	20	for.
400 pag *font*	$26\frac{2}{3}$	for.
500 pag *font*	$33\frac{1}{3}$	for.
600 pag *font*	40	for.
700 pag *font*	$46\frac{2}{3}$	for.
800 pag *font*	$53\frac{1}{3}$	for.
900 pag *font*	60	for.
1000 pag *font*	$66\frac{2}{3}$	for.

A 15 pag. & demie de manuscrit pour 1. forme de caractere.

Pages		Formes
1 pag *fait*	$\frac{2}{31}$	de forme.
2 pag *font*	$\frac{4}{31}$	for.
3 pag *font*	$\frac{6}{31}$	for.
4 pag *font*	$\frac{8}{31}$	for.
5 pag *font*	$\frac{10}{31}$	for.
6 pag *font*	$\frac{12}{31}$	for.
7 pag *font*	$\frac{14}{31}$	for.
8 pag *font*	$\frac{16}{31}$	for.
9 pag *font*	$\frac{18}{31}$	for.
10 pag *font*	$1\frac{20}{31}$	for.
20 pag *font*	$1\frac{9}{31}$	for.
30 pag *font*	$1\frac{29}{31}$	for.
40 pag *font*	$2\frac{18}{31}$	for.
50 pag *font*	$3\frac{7}{31}$	for.
60 pag *font*	$3\frac{27}{31}$	for.
70 pag *font*	$4\frac{16}{31}$	for.
80 pag *font*	$5\frac{5}{31}$	for.
90 pag *font*	$5\frac{25}{31}$	for.
100 pag *font*	$6\frac{14}{31}$	for.
200 pag *font*	$12\frac{28}{31}$	for.
300 pag *font*	$19\frac{11}{31}$	for.
400 pag *font*	$25\frac{25}{31}$	for.
500 pag *font*	$32\frac{8}{31}$	for.
600 pag *font*	$38\frac{22}{31}$	for.
700 pag *font*	$45\frac{5}{31}$	for.
800 pag *font*	$51\frac{19}{31}$	for.
900 pag *font*	$58\frac{2}{31}$	for.
1000 pag *font*	$64\frac{16}{31}$	for.

A 16. *pages de manuscrit pour* 1. *forme de caractere.*		*A* 16. *pag. & demie de manuscrit pour* 1. *forme de caractere.*	
1 pag *fait*	$\frac{1}{16}$ de forme.	1 pag *fait*	$\frac{2}{33}$ de forme.
2 pag *font*	$\frac{1}{8}$ for.	2 pag *font*	$\frac{4}{33}$ for.
3 pag *font*	$\frac{3}{16}$ for.	3 pag *font*	$\frac{2}{11}$ for.
4 pag *font*	$\frac{1}{4}$ for.	4 pag *font*	$\frac{8}{33}$ for
5 pag *font*	$\frac{5}{16}$ for.	5 pag *font*	$\frac{10}{33}$ for.
6 pag *font*	$\frac{3}{8}$ for.	6 pag *font*	$\frac{4}{11}$ for.
7 pag *font*	$\frac{7}{16}$ for.	7 pag *font*	$\frac{14}{33}$ for.
8 pag *font*	$\frac{1}{2}$ for.	8 pag *font*	$\frac{16}{33}$ for.
9 pag *font*	$\frac{9}{16}$ for.	9 pag *font*	$\frac{6}{11}$ for.
10 pag *font*	$\frac{5}{8}$ for.	10 pag *font*	$\frac{20}{33}$ for.
20 pag *font*	$1\frac{1}{4}$ for.	20 pag *font*	$1\frac{7}{33}$ for.
30 pag *font*	$1\frac{7}{8}$ for.	30 pag *font*	$1\frac{9}{11}$ for.
40 pag *font*	$2\frac{1}{2}$ for.	40 pag *font*	$2\frac{14}{33}$ for.
50 pag *font*	$3\frac{1}{8}$ for.	50 pag *font*	$3\frac{1}{33}$ for.
60 pag *font*	$3\frac{3}{4}$ for.	60 pag *font*	$3\frac{7}{11}$ for.
70 pag *font*	$4\frac{3}{8}$ for.	70 pag *font*	$4\frac{8}{33}$ for.
80 pag *font*	5 for.	80 pag *font*	$4\frac{28}{33}$ for.
90 pag *font*	$5\frac{5}{8}$ for.	90 pag *font*	$5\frac{5}{11}$ for.
100 pag *font*	$6\frac{1}{4}$ for.	100 pag *font*	$6\frac{2}{33}$ for.
200 pag *font*	$12\frac{1}{2}$ for.	200 pag *font*	$12\frac{4}{33}$ for.
300 pag *font*	$18\frac{3}{4}$ for.	300 pag *font*	$18\frac{2}{11}$ for.
400 pag *font*	25 for.	400 pag *font*	$24\frac{8}{33}$ for.
500 pag *font*	$31\frac{1}{4}$ for.	500 pag *font*	$30\frac{10}{33}$ for.
600 pag *font*	$37\frac{1}{2}$ for.	600 pag *font*	$36\frac{4}{11}$ for.
700 pag *font*	$43\frac{3}{4}$ for.	700 pag *font*	$42\frac{14}{33}$ for.
800 pag *font*	50 for.	800 pag *font*	$48\frac{16}{33}$ for.
900 pag *font*	$56\frac{1}{4}$ for.	900 pag *font*	$54\frac{6}{11}$ for.
1000 pag *font*	$62\frac{1}{2}$ for.	1000 pag *font*	$60\frac{20}{33}$ for.

A 17. pages de manuscrit pour 1. forme de caractere.	*A 17. pag. & demie de manuscrit pour 1. forme de caractere.*
1 pag *fait* $\frac{1}{17}$ de forme.	1 pag *fait* $\frac{2}{35}$ de forme.
2 pag *font* $\frac{2}{17}$ for.	2 pag *font* $\frac{4}{35}$ for.
3 pag *font* $\frac{3}{17}$ for.	3 pag *font* $\frac{6}{35}$ for.
4 pag *font* $\frac{4}{17}$ for.	4 pag *font* $\frac{8}{35}$ for.
5 pag *font* $\frac{5}{17}$ for.	5 pag *font* $\frac{2}{7}$ for.
6 pag *font* $\frac{6}{17}$ for.	6 pag *font* $\frac{12}{35}$ for.
7 pag *font* $\frac{7}{17}$ for.	7 pag *font* $\frac{2}{5}$ for.
8 pag *font* $\frac{8}{17}$ for.	8 pag *font* $\frac{16}{35}$ for.
9 pag *font* $\frac{9}{17}$ for.	9 pag *font* $\frac{18}{35}$ for.
10 pag *font* $\frac{10}{17}$ for.	10 pag *font* $\frac{4}{7}$ for.
20 pag *font* 1 $\frac{3}{17}$ for.	20 pag *font* 1 $\frac{1}{7}$ for.
30 pag *font* 1 $\frac{13}{17}$ for.	30 pag *font* 1 $\frac{5}{7}$ for.
40 pag *font* 2 $\frac{6}{17}$ for.	40 pag *font* 2 $\frac{2}{7}$ for.
50 pag *font* 2 $\frac{16}{17}$ for.	50 pag *font* 2 $\frac{6}{7}$ for.
60 pag *font* 3 $\frac{9}{17}$ for.	60 pag *font* 3 $\frac{3}{7}$ for.
70 pag *font* 4 $\frac{2}{17}$ for.	70 pag *font* 4 for.
80 pag *font* 4 $\frac{12}{17}$ for.	80 pag *font* 4 $\frac{4}{7}$ for.
90 pag *font* 5 $\frac{5}{17}$ for.	90 pag *font* 5 $\frac{1}{7}$ for.
100 pag *font* 5 $\frac{15}{17}$ for	100 pag *font* 5 $\frac{5}{7}$ for.
200 pag *font* 11 $\frac{13}{17}$ for.	200 pag *font* 11 $\frac{3}{7}$ for.
300 pag *font* 17 $\frac{11}{17}$ for.	300 pag *font* 17 $\frac{1}{7}$ for.
400 pag *font* 23 $\frac{9}{17}$ for.	400 pag *font* 22 $\frac{6}{7}$ for.
500 pag *font* 29 $\frac{7}{17}$ for.	500 pag *font* 28 $\frac{4}{7}$ for.
600 pag *font* 35 $\frac{5}{17}$ for.	600 pag *font* 34 $\frac{2}{7}$ for.
700 pag *font* 41 $\frac{3}{17}$ for.	700 pag *font* 40 for.
800 pag *font* 47 $\frac{1}{17}$ for.	800 pag *font* 45 $\frac{5}{7}$ for.
900 pag *font* 52 $\frac{16}{17}$ for.	900 pag *font* 51 $\frac{3}{7}$ for.
1000 pag *font* 58 $\frac{14}{17}$ for.	1000 pag *font* 57 $\frac{1}{7}$ for.

PARTIE I. CHAP. I. ARTICLE IX.

A 18. *pages de manuscrit pour* 1. *forme de caractere.*

1 pag *fait*	$\frac{1}{18}$	de forme
2 pag *font*	$\frac{1}{9}$	for.
3 pag *font*	$\frac{1}{6}$	for.
4 pag *font*	$\frac{2}{9}$	for.
5 pag *font*	$\frac{5}{18}$	for.
6 pag *font*	$\frac{1}{3}$	for.
7 pag *font*	$\frac{7}{18}$	for.
8 pag *font*	$\frac{4}{9}$	for.
9 pag *font*	$\frac{1}{2}$	for.
10 pag *font*	$\frac{5}{9}$	for.
20 pag *font*	$1 \frac{1}{9}$	for.
30 pag *font*	$1 \frac{2}{3}$	for.
40 pag *font*	$2 \frac{2}{9}$	for.
50 pag *font*	$2 \frac{7}{9}$	for.
60 pag *font*	$3 \frac{1}{3}$	for.
70 pag *font*	$3 \frac{8}{9}$	for.
80 pag *font*	$4 \frac{4}{9}$	for.
90 pag *font*	5	for.
100 pag *font*	$5 \frac{5}{9}$	for.
200 pag *font*	$11 \frac{1}{9}$	for.
300 pag *font*	$16 \frac{2}{3}$	for.
400 pag *font*	$22 \frac{2}{9}$	for.
500 pag *font*	$27 \frac{7}{9}$	for.
600 pag *font*	$33 \frac{1}{3}$	for.
700 pag *font*	$38 \frac{8}{9}$	for.
800 pag *font*	$44 \frac{4}{9}$	for.
900 pag *font*	50	for.
1000 pag *font*	$55 \frac{5}{9}$	for.

A 18. *pag. & demie de manuscrit pour* 1. *forme de caractere.*

1 pag *fait*	$\frac{2}{37}$	de forme.
2 pag *font*	$\frac{4}{37}$	for.
3 pag *font*	$\frac{6}{37}$	for.
4 pag *font*	$\frac{8}{37}$	for.
5 pag *font*	$\frac{10}{37}$	for.
6 pag *font*	$\frac{12}{37}$	for.
7 pag *font*	$\frac{14}{37}$	for.
8 pag *font*	$\frac{16}{37}$	for.
9 pag *font*	$\frac{18}{37}$	for.
10 pag *font*	$\frac{20}{37}$	for.
20 pag *font*	$1 \frac{3}{37}$	for.
30 pag *font*	$1 \frac{23}{37}$	for.
40 pag *font*	$2 \frac{6}{37}$	for.
50 pag *font*	$2 \frac{26}{37}$	for.
60 pag *font*	$3 \frac{9}{37}$	for.
70 pag *font*	$3 \frac{29}{37}$	for.
80 pag *font*	$4 \frac{12}{37}$	for.
90 pag *font*	$4 \frac{32}{37}$	for.
100 pag *font*	$5 \frac{15}{37}$	for.
200 pag *font*	$10 \frac{30}{37}$	for.
300 Pag *font*	$16 \frac{8}{37}$	for.
400 pag *font*	$21 \frac{23}{37}$	for.
500 pag *font*	$27 \frac{1}{37}$	for.
600 pag *font*	$32 \frac{16}{37}$	for.
700 pag *font*	$37 \frac{31}{37}$	for.
800 pag *font*	$43 \frac{4}{37}$	for.
900 pag *font*	$48 \frac{24}{37}$	for.
1000 pag *font*	$54 \frac{2}{37}$	for.

PARTIE I.
CHAP. I.
ARTICLE. IX.

A 19. pages de manuſcrit pour 1. forme de caractere.

1 pag *fait*		$\frac{1}{19}$	de forme.
2 pag *font*		$\frac{2}{19}$	for.
3 pag *font*		$\frac{3}{19}$	for.
4 pag *font*		$\frac{4}{19}$	for.
5 pag *font*		$\frac{5}{19}$	for.
6 pag *font*		$\frac{6}{19}$	for.
7 pag *font*		$\frac{7}{19}$	for.
8 pag *font*		$\frac{8}{19}$	for.
9 pag *font*		$\frac{9}{19}$	for.
10 pag *font*		$\frac{10}{19}$	for.
20 pag *font*	1	$\frac{1}{19}$	for.
30 pag *font*	1	$\frac{11}{19}$	for.
40 pag *font*	2	$\frac{2}{19}$	for.
50 pag *font*	2	$\frac{12}{19}$	for.
60 pag *font*	3	$\frac{3}{19}$	for.
70 pag *font*	3	$\frac{13}{19}$	for.
80 pag *font*	4	$\frac{4}{19}$	for.
90 pag *font*	4	$\frac{14}{19}$	for.
100 pag *font*	5	$\frac{5}{19}$	for.
200 pag *font*	10	$\frac{10}{19}$	for.
300 pag *font*	15	$\frac{15}{19}$	for.
400 pag *font*	21	$\frac{1}{19}$	for.
500 pag *font*	26	$\frac{6}{19}$	for.
600 pag *font*	31	$\frac{11}{19}$	for.
700 pag *font*	36	$\frac{16}{19}$	for.
800 pag *font*	42	$\frac{2}{19}$	for.
900 pag *font*	47	$\frac{7}{19}$	for.
1000 pag *font*	52	$\frac{12}{19}$	for.

A 19. pag. & demie de manuſcrit pour 1. forme de caractere.

1 pag *fait*		$\frac{2}{39}$	de forme.
2 pag *font*		$\frac{4}{39}$	for.
3 pag *font*		$\frac{6}{39}$	for.
4 pag *font*		$\frac{8}{39}$	for.
5 pag *font*		$\frac{10}{39}$	for.
6 pag *font*		$\frac{12}{39}$	for.
7 pag *font*		$\frac{14}{39}$	for.
8 pag *font*		$\frac{16}{39}$	for.
9 pag *font*		$\frac{18}{39}$	for.
10 pag *font*		$\frac{20}{39}$	for.
20 pag *font*	1	$\frac{1}{39}$	for.
30 pag *font*	1	$\frac{21}{39}$	for.
40 pag *font*	2	$\frac{2}{39}$	for.
50 pag *font*	2	$\frac{22}{39}$	for.
60 pag *font*	3	$\frac{3}{39}$	for.
70 pag *font*	3	$\frac{23}{39}$	for.
80 pag *font*	4	$\frac{4}{39}$	for.
90 pag *font*	4	$\frac{24}{39}$	for.
100 pag *font*	5	$\frac{5}{39}$	for.
200 pag *font*	10	$\frac{10}{39}$	for.
300 pag *font*	15	$\frac{15}{39}$	for.
400 pag *font*	20	$\frac{20}{39}$	for.
500 pag *font*	25	$\frac{25}{29}$	for.
600 pag *font*	30	$\frac{30}{39}$	for.
700 pag *font*	35	$\frac{35}{39}$	for.
800 pag *font*	41	$\frac{1}{39}$	for.
900 pag *font*	46	$\frac{6}{39}$	for.
1000 pag *font*	51	$\frac{11}{39}$	for.

A 20. pages de manuſcrit pour 1. forme de caractere.

1	pag *fait*	$\frac{1}{20}$	de forme.
2	pag *font*	$\frac{1}{10}$	for.
3	pag *font*	$\frac{3}{20}$	for.
4	pag *font*	$\frac{1}{5}$	for.
5	pag *font*	$\frac{1}{4}$	for.
6	pag *font*	$\frac{3}{10}$	for.
7	pag *font*	$\frac{7}{20}$	for.
8	pag *font*	$\frac{2}{5}$	for.
9	pag *font*	$\frac{9}{20}$	for.
10	pag *font*	$\frac{1}{2}$	for.
20	pag *font*	1	for.
30	pag *font*	1 $\frac{1}{2}$	for.
40	pag *font*	2	for.
50	pag *font*	2 $\frac{1}{2}$	for.
60	pag *font*	3	for.
70	pag *font*	3 $\frac{1}{2}$	for.
80	pag *font*	4	for.
90	pag *font*	4 $\frac{1}{2}$	for.
100	pag *font*	5	for
200	pag *font*	10	for.
300	pag *font*	15	for.
400	pag *font*	20	for.
500	pag *font*	25	for.
600	pag *font*	30	for.
700	pag *font*	35	for.
800	pag *font*	40	for.
900	pag *font*	45	for.
1000	pag *font*	50	for.

A 20. pag. & demie de manuſcrit pour 1. forme de caractere.

1	pag *fait*	$\frac{2}{41}$	de forme.
2	pag *font*	$\frac{4}{41}$	for.
3	pag *font*	$\frac{6}{41}$	for.
4	pag *font*	$\frac{8}{41}$	for.
5	pag *font*	$\frac{10}{41}$	for.
6	pag *font*	$\frac{12}{41}$	for.
7	pag *font*	$\frac{14}{41}$	for.
8	pag *font*	$\frac{16}{41}$	for.
9	pag *font*	$\frac{18}{41}$	for.
10	pag *font*	$\frac{20}{41}$	for.
20	pag *font*	$\frac{40}{41}$	for.
30	pag *font*	1 $\frac{19}{41}$	for.
40	pag *font*	1 $\frac{39}{41}$	for.
50	pag *font*	2 $\frac{18}{41}$	for.
60	pag *font*	2 $\frac{38}{41}$	for.
70	pag *font*	3 $\frac{17}{41}$	for.
80	pag *font*	3 $\frac{37}{41}$	for.
90	pag *font*	4 $\frac{16}{41}$	for.
100	pag *font*	4 $\frac{36}{41}$	for.
200	pag *font*	9 $\frac{31}{41}$	for.
300	pag *font*	14 $\frac{26}{41}$	for.
400	pag *font*	19 $\frac{21}{41}$	for.
500	pag *font*	24 $\frac{16}{41}$	for.
600	pag *font*	29 $\frac{11}{41}$	for.
700	pag *font*	34 $\frac{6}{41}$	for.
800	pag *font*	39 $\frac{1}{41}$	for.
900	pag *font*	43 $\frac{37}{41}$	for.
1000	pag *font*	48 $\frac{32}{41}$	for.

ARTICLE X.

La veritable methode pour composer correctement.

ON doit avoir soin d'abaisser le [a] *mordant*, à mesure qu'on à composé la ligne qu'il renseigne, de crainte de composer deux fois la même chose.

Il y en a qui posent le *mordant* pardessus les lignes sur lesquelles ils composent, & d'autres qui le mettent par dessous; cependant la derniere methode est la meilleure, attendu qu'il est plus aisé d'ôter une chose qu'on auroit pû faire deux fois, que de remplacer ce qu'on auroit oublié: Cependant l'un & l'autre donne bien de la peine, & fait perdre beaucoup de têms; on trouvera le moyen d'y remedier dans l'*Article* de la [b] Correction.

Pour être bien correct dans sa composition, & pour avancer son ouvrage, un Compositeur ne doit pas jetter la vûe sur sa copie, à chaque mot qu'il compose; mais il en doit retenir plusieurs en sa memoire, à chaque fois qu'il regarde sa copie, & toutes les fois qu'il a composé le dernier mot qu'il a retenu par cœur, il regardera sa copie, pour voir la suite; de sorte qu'en retenant toûjours plusieurs mots par cœur, à chaque fois qu'il la regardera, il sera attentif à ce qu'il fait, & fera une fois plus d'ouvrage que ceux qui, faute de sçavoir l'ortographe, sont obligés de perdre tout leur têms à regarder à tout moment comment les mots sont ortographés, & les font de même comme ils les trouvent écrits sur leur copie, soit qu'ils soient bien ou mal.

Au surplus on doit être bien attentif à tout ce qu'on fait, car si on est distrait, en chantant, discourant ou autrement, je défie le plus habile ouvrier de faire une Composition correcte; par ces distractions, il arrive qu'ils prennent un sens pour un autre, ils oublient quantité de mots, & il est impossible qu'ils puissent bien observer la ponctuation de leurs periodes; de sorte qu'ils ne doivent point être étonnés qu'un

[a] C'est une petite reglette de bois d'un pied & demi de long, & d'un pouce de large, fendue par le milieu de son épaisseur, afin de faire tenir la copie sur le *Visorium*. Ce *Visorium* est une latte, longue d'un pied, & large de 3. à 4. doigts, qui sert à soutenir la copie du Compositeur par le moyen de la fente du *Mordant*.

[b] Voyez *Chap.* 3. *Article* 4. de la *seconde Partie*.

Correcteur, lorsqu'il corrige leurs épreuves, les envoye *à Saint* [a] *Jacques*, quelquefois *en* [b] *Germanie*, ou *en* [c] *Gallilée*. Ainsi pour éviter toutes ces peines, qui arrivent par ces distractions, ils doivent être fort attentifs à leur ouvrage, afin de bien entendre le sens des periodes de leur copie.

En justifiant sa ligne dans le *composteur*, il faut jetter la vûe sur ce qu'on a composé; & changer les lettres qu'on auroit pris pour d'autres; & ensuite porter sa ligne dans la *gallée*. Voilà le veritable moyen de composer habilement, & d'être correct dans ce que l'on fait.

a Quand un Correcteur corrige les épreuves & qu'il s'apperçoit qu'un Compositeur, par distraction a oublié *quelques mots* de sa copie, il fait un *bourdon* avec sa plume, afin que le Compositeur cherche lui-même les obmissions pour les placer aux endroits où on a placé ledit *bourdon*.

b C'est lorsqu'on est obligé de remanier quelques lignes d'une page pour remplacer celles qu'on a oubliées en composant.

c C'est quand on est contraint de porter *plusieurs pages* d'une forme sur sa *gallée*, pour les remanier, & y faire entrer plusieurs choses qu'on avoit laissé derriere en composant.

ARTICLE XI.

Du défaut de ceux qui couchent la Lettre dans le Composteur & dans la Gallée.

L'ON voit souvent, dans les pages d'une impression, des lettres qui ne sont imprimées qu'à moitié; & cela provient ordinairement de ce que les Compositeurs sont sujets à coucher la Lettre dans leur *composteur*, & de ce qu'ils transportent leurs lignes dans la *gallée*, sans avoir soin de les redresser: Ce défaut provient quelquefois aussi de ce que leur *composteur* n'est pas bien à l'équerre, ou que la lettre est plus épaisse par le pied que par la tête: quoi qu'il en soit, quand cela arrive, ils doivent, comme il est du devoir d'un bon ouvrier, redresser leur Lettre à chaque ligne qu'ils composent, avant que de la transporter dans la *gallée*.

Pour cela, un Compositeur doit s'accoûtumer de presser un peu sa Lettre par le pied, contre la branche du *composteur*, avec le pouce de la main gauche, à mesure qu'il la porte dans le *composteur*; de même, à chaque ligne qu'il met dans la *gallée*, il doit la presser par le pied avec la reglette, ou avec le doigt du milieu de la main droite s'il ne s'en sert point: En observant bien cette pratique, il ne se peut que la page ne se trouve droite; cependant il ne doit pas tant serrer sa Lettre avec le pouce en composant, qu'il empeche les espaces de s'abaisser ; car il est désagréable de les voir presqu'à la hauteur de la lettre.

Il y en a d'autres qui, quoi qu'ils ayent le soin de bien redresser la lettre dans le *composteur*, ne laissent pas de la coucher dans la *gallée* ; & cela provient ordinairement de ce que les *traingles*, autrement dit les *bords* de la *gallée* sont hors de leur équerre, ou par la faute du menusier, qui auroit fait lesdits *bords* en glacis, ou bien parce que le bois est rejetté par la chaleur ; en pareil cas, il la faut faire racommoder ; car quand ce défaut arrive à une *gallée*, il est presque impossible qu'on ne couche toutes les pages qu'on compose dessus, & le mal est aussi grand par ce défaut que par le précedent ; c'est à quoi ils doivent faire une grande attention, attendu qu'on a bien de la peine à redresser la lettre de ces pages, quand la forme est une fois imposée.

ARTICLE XII.

Comment on doit justifier les Titres de differens caracteres pour les rendre à une certaine égalité de lignes d'une page.

LORSQU'ON compose quelques *Titres*, soit d'une *premiere page*, d'un *Chapitre*, d'un *Article &c.* lesquels sont toûjours d'un caractere de differente épaisseur de *corps*, on doit avoir soin de rendre ces *Titres* égaux à quelques lignes de la *matiere de la page* du Livre, afin que cette *page* ne soit ni plus longue, ni plus courte que les autres ; pour cet effet, il faut prendre quelques lettres les plus épaisses du même *corps* dont on fait *la matiere* du livre, comme des *m* ou des *&*, & renger ces *m* tout le long des lignes que les *Titres* contiendront, & rendre lesdits *Titres* bien justes à une certaine égalité de ces *m*, soit en diminuant, ou augmentant les lignes de *cadrats* qui se trouveront dans ces *Titres* ; si on n'a point de *cadrats* convenables pour rendre lesdits *Titres* à cette égalité, on doit les justifier avec des minces reglettes de bois ou des bandes de cartes à jouer ; autrement si ces

Titres n'étoient pas bien justifiés, cela feroit un trés-mauvais effet à la *retiration*, en ce que les lignes de *matiere* ne se rencontreroient point directement les unes sur les autres.

ARTICLE XIII.

Des Titres courants du haut des pages.

LES *Titres courants*, que l'on met au dessus de chaque page d'un Livre, doivent être d'un caractere different de celui dont on fait le corps de l'ouvrage ; comme, si c'est à une *Epître dédicatoire*, qui est ordinairement de caractere Italique ; on doit faire le *Titre courant* de Romain ; si au contraire la matiere est de Romain, le *Titre* doit être d'Italique ; bien entendu que lesdits *Titres* doivent être de grandes Capitales, ou du moins de petites Capitales, d'un caractere un peu plus gros que celui dont on fera les pages du Livre ; par exemple, si on fait les pages de St. Augustin, on fera les *Titres* de gros Romain ; afin que le blanc, que portent ordinairement les petites Capitales, fasse une espece de separation entre les *Titres* & la matiere des pages dudit Livre.

Si on étoit trop gené par la longueur des *Titres*, on pourroit les faire du bas de casse, d'un caractere different de celui, dont on fait les pages du Livre ; & même on peut les diviser en deux, en mettant la moitié sur les pages paires & l'autre moitié aux pages impaires, de la même maniere qu'on les a disposés dans cet ouvrage.

On peut aussi faire les *Titres* des pages d'un *In-Folio* ou d'un *In-quarto* de Romain du bas de casse, quoique la matiere desdits pages soit de Romain ; pourvû qu'on le fasse d'un caractere beaucoup plus gros, que n'est ladite matiere ; pour lors la grosseur du caractere en fait assez la difference.

Quant aux *chiffres*, personne n'ignore que ceux qui sont de nombre pair, doivent être toûjours au commencement de la ligne du *Titre courant*, & les impairs à la fin.

Il y en a qui ne comprennent point les *chiffres* pour le blanc qui est aux côtés du *Titre*, cependant c'est une erreur; car s'ils mettent, par exemple, un cadrat de note entre un folio de trois *chiffres*, & le *Titre*; & de l'autre côté du *Titre*, un seul cadrat de la même largeur, il est certain que le *Titre* ne sera pas au milieu de la ligne; c'est à quoi il faut prendre garde, car rien n'est plus désagréable de voir qu'un *Titre*, n'est pas au milieu de la ligne.

Mais quand le *Titre* est si long, qu'il remplit presque la ligne, ce qui arrive quelquefois, principalement lorsqu'on est contraint de transporter ce qui reste de la matiere d'un *Titre* à une page impaire; ou lors qu'il y a de differents *Titres* de matiere à faire à une page impaire; de sorte que si on vouloit comprendre les *chiffres* pour du blanc, il ne pourroit entrer quelquefois qu'une espace entre lesdits *chiffres* & la matiere du *Titre*, il faut dans ce cas, partager le blanc moitié par moitié, sans comprendre lesdits *chiffres* pour le blanc, & même on peut abréger quelques mots du *Titre*, afin que tout ce *Titre courant* entre entiérement dans ladite ligne de la page paire, comme on le peut voir au *Titre courant* de la derniere page de la premiere Partie de ce Livre.

Quand on fait quelques *Titres* d'une *Premiere* ou *seconde Partie* d'un livre, où on met des *Vignettes*, soit de graveure ou de fonte, on doit mettre seulement une ligne de cadrats avec le *chiffre*, du même *corps* que les *Titres courants*, lesquels on met à la fin de ladite ligne de cadrats; & on doit placer le *Titre courant* à la page suivante, laquelle doit être toûjours une page paire.

ARTICLE XIV.

ARTICLE XIV.

Des Signatures & Reclames d'un Livre.

LES *Signatures* de chaque feuille, que l'on dénote ordinairement par les lettres alphabetiques, sont pour servir de guide aux Relieurs ; elles se placent de cette maniere, sçavoir ; à un *In-folio*, qui a deux feuilles l'un dans l'autre, on met au bas de la premiere page la *Signature seule*, comme A, & à la premiere page de la seconde feuille, *qui est la page* 3. on y ajoute le nombre de deux en chiffre romain, lequel est le plus en usage pour cela, comme il se voit ici : A ij. On en fait de même aux autres cayers suivants ; & si on met trois feuilles l'une dans l'autre, on doit mettre aussi une *Signature à la premiere page* de la troisiême feuille, en cette maniere, A iij, & s'il y en a davantage, on continuera de mettre toûjours *une Signature* à chaque feuille, avec les *chiffres*, suivant le nombre des feuilles qu'on mettra l'une dans l'autre ; c'est-à-dire, à la premiere, A seul, à la seconde, A ij, à la troisiême A iij, & ainsi du reste. On observera la même chose aux *In-quarto*.

Aux *In-octavo* par feuille entiere, on doit mettre *les Signatures* de cette maniere ; à la *premiere page*, A, à la troisiême page, A ij, à la cinquiême page, A iij, & à la septiême A iiij : Et quand c'est un *In-octavo* par demi-feuille, on ne met que *la Signature seule à la premiere page*, & la deuxiême *Signature* à la *troisiême page*.

Aux *In-douze* en un seul cayer, on en met *aux pages* 1, 3, 5, 7, 9, & 11. Aux *In-douze* en deux cayers, on en met *aux pages* 1. 3, 5, 7 : mais on change de *signature* à la page 17, comme B seul, & à la page 19 on met B ij.

Aux In-seize par demi-feuille, on doit observer la même chose comme aux *In-octavo* par feuille entiere.

Pour règle génerale, on doit mettre à toutes sortes d'impositions *des Signatures aux pages impaires*, jusqu'à celle qui fait le milieu du cayer : C'est ce qu'on trouvera plus facilement à toutes les Impositions, que nous avons placées au commencement de la deuxième partie de ce Livre.

Quand un Livre contient plusieurs volumes, on doit observer de mettre à chaque *premiere page* de chaque feüille, où est la *Signature* seule, *Tome I. Tome II.* &c. afin que les Relieurs ne mêlent point une partie d'un volume avec celle d'un autre : On doit mettre *Tome I. Tome II.* &c. presque au commencement de la ligne, où est la *Signature*, comme il se voit au bas de la page précedente, que l'on a fait seulement pour faire voir comment cela se pratique lors qu'un Livre contient plusieurs volumes.

Pour les *a Reclames*, les Hollandois en mettent à chaque page ; mais en France, on se contente d'en mettre une au bas de la derniere page de chaque cayer, ceci est arbitraire.

a C'est le premier mot de la page qu'on imprime au bas de la page précedente.

S'il se rencontre des *Notes* en hachure au bas des pages, on doit toûjours mettre les *Signatures* & *Reclames* selon la volonté de l'auteur, car les uns les placent devant *lesdites Notes*, & d'autres font le contraire.

ARTICLE XV.

Comment on doit lier ses Pages dans la gallée.

SITÔT qu'on à composé une *Page*, il faut avoir soin de la redresser, parce que les lignes sont ordinairement un peu courbées du côté de la tête ; c'est pourquoi on doit pousser tout doucement les lignes avec la main du côté de la queuë de la *Page* ; ensuite serrer ladite *Page* par en bas avec une reglette, afin que les lignes se redressent, en prenant bien garde de ne point faire tomber aucune lettre au bout des lignes ; cela fait, on prend une ficelle & on lie la *Page*, en commençant par en bas ; & quand on a arrêté ladite ficelle, on doit avoir soin de l'abaisser en sorte, qu'elle soit directement dans le milieu de la hauteur de la lettre ; car si on laissoit la ficelle tout en haut de la lettre, ou à l'extrémité d'une ligne de cadrats, la *Page* seroit en danger de casser, dans le têms qu'on la voudroit élever avec les mains, ou qu'on la glisseroit sur le marbre : Cet accident arrive assez souvent à ceux qui n'ont point la précaution d'abaisser leur ficelle, de la maniere que nous venons de dire.

ARTICLE XVI.

Des Lignes courtes au commencement d'une page.

LORSQU'UNE *Ligne courte* arrive au commencement d'une page, il la faut placer au bas de la précedente; car il vaut mieux qu'une page soit d'une ligne plus longue, que de voir un bout de ligne au commencement d'une autre; & si à la page, à laquelle on reporte cette *Ligne courte*, il falloit une *Signature*, ou une *Reclame*, on pourroit mettre l'une & l'autre dans ladite *Ligne courte*, pourvû qu'il y eût une distance raisonable de l'un à l'autre; cependant s'il ne s'en falloit que d'un demi-cadrat, ou d'un cadrat, que la *Ligne courte* ne fût pleine, on la pourroit placer au commencement d'une page. En parlant des *Lignes courtes* au commencement d'une page, il est bon de dire qu'une demi-ligne peut se souffrir dans des ouvrages en *deux colomnes*, soit à la premiere *colomne*, soit à la seconde.

Si aprés une ligne de matiere au commencement d'une page, on étoit obligé de faire un *Titre*, soit de lettres capitales, ou de caractere italique, il faudroit absolument reporter cette ligne à la page précédente; & remanier plûtôt, s'il en étoit besoin, quelques pages, pour y faire entrer ladite ligne, que de laisser une chose, qui est contre l'usage & la regle.

ARTICLE XVII.

De l'usage des Lettres de deux points.

CES *Lettres de deux points* servent pour faire quelques lignes d'une premiere page, ou autres semblables *Titres* d'un ouvrage : Ils servent encore pour commencer la matiere d'un *Chapitre*, d'un *Article*, d'une *Section* &c.

On doit observer que, quand on fait quelques *Titres* vers la fin d'une page, il faut qu il y ait pour le moins une ligne de matiere aprés la *Lettre* a *de deux points*; & en cas qu'elle eût de la peine à y entrer, il faudroit ou diminuer le blanc qui est entre les lignes & les *Vignettes* ou les *Reglets* du *Titre*, ou (si l'on y étoit contraint) faire le *Titre* d'un caractere un peu plus petit que celui des autres, mais cette irrégularité ne se doit souffrir que dans une grande nécessité.

a C'est une double lettre majuscule qui est de l'épaisseur de deux corps d'un caractere, & chaque different caractere a son alphabet de doubles lettres majuscules.

La Lettre qui suit immédiatement la *Lettre de deux points*, doit être de grande capitale, & le reste du mot de bas de Casse, & pour un plus bel ornement, on peut le faire de petit capital.

Quand une semblable matiere commence par un J consonne de *deux points*, on doit observer de mettre au commencement de la troisiême ligne du blanc de l'épaisseur de la queuë de ladite *Lettre de deux points*; autrement, les lettres qui se trouveroient dessous la queuë de cette *Lettre de deux points*, laquelle surpasse ordinairement l'épaisseur de deux lignes, ne marqueroient point, & feroit que la plûpart de ces lignes seroient de travers.

L'ors qu'il y a dans un ouvrage quantité de simples articles, comme des *interjections*, on ne doit point se servir de *Lettres de deux-points*, mais on doit faire les *Titres* d'italique entre deux lignes de cadrats, & commencer la *matiere* avec une lettre capitale, comme à un simple *ad lineam*. On peut voir pour exemple les pages 12. & 14. de cette premiere partie, où on trouvera des semblables *Titres*.

ARTICLE XVIII.

Des Culs de lampe, & des Sommaires.

LE [a] *Cul de lampe*, ſuivant l'uſage d'aujourd'hui, n'eſt que pour les *Titres*, ſoit de frontiſpice, ſoit de quelques *Chapitres*, *Articles*, *&c.* d'un Livre, & ne doit contenir que trois lignes, dont la premiere doit être de la longueur de la juſtification, la ſeconde un peu plus courte & au milieu du *compoſteur*, en obſervant que le blanc ſoit égal des deux côtés; & la troiſiême encore plus courte que la ſeconde, & auſſi dans le milieu du *compoſteur*.

On peut faire la premiere ligne d'un *Cul de lampe* de capitale, du même caractere dont on veut faire le reſte de bas de caſſe; principalement dans les pages de frontiſpice dans le têms qu'il eſt précedé d'une ligne courte de lettres capitales plus groſſes que celles dont on fait ledit *cul de Lampe*.

Autrefois il ſe faiſoit des *Culs de lampe* d'une demi-page *In-folio*, & on finiſſoit ordinairement la derniere page d'un Livre de cette maniere; mais à préſent cette methode n'eſt plus en uſage, & quand un *Titre* contient plus de trois lignes, on le doit faire en [b] *Sommaire*.

Sommaire ſignifie un abrégé qui contient la ſubſtance d'un diſcours en peu de mots, devant lequel il doit être placé; & pour lors ce *Sommaire* ſe fait de caractere Italique; la premiere ligne doit être de toute la longueur de la juſtification de la page; & il faut laiſſer du blanc de l'épaiſſeur d'un cadratin au commencement des autres lignes qu'il contient.

Il faut obſerver que, quand un Auteur fait placer tous les *Sommaires* de ſon ouvrage au commencement de chaque Livre, on doit, en ce cas, les faire d'un caractere [c] italique, ſans laiſſer aucun blanc au commencement des lignes qui ſuivent la premiere.

Le *Sommaire* ſe fait auſſi, ſoit pour les *Titres* des premieres pages, ſoit pour ceux qui ſe rencontrent dans la *matiere* d'un

[a] Ce mot ſe dit non ſeulement de la partie exterieure d'une lampe, mais auſſi par comparaiſon des ornemens d'Architecture ou de Menuiſerie, qu'on met aux voutes & aux planchers pour finir & terminer le deſſus d'un ouvrage, & qui ont la figure de l'extremité d'une lampe. *On ſe ſert de cette expreſſion pour dire qu'on faſſe quelques lignes de ſuite d'un* Titre *qui abontiſſent en pointe.*

[b] En terme d'Imprimerie, on dit faire un *Titre* en *Sommaire*, lorſqu'il eſt un peu long, en ſorte que la 1. ligne avance de 2. à 3. lettres, & les autres ſont en retraite, d'un cadrat d'épaiſſeur à leur commencement. Ce mot ſe dit auſſi par oppoſition à *cul de lampe*, dont les lignes vont en diminuant de part & d'autre.

[c] Voyez les quatre *Sommaires* qu'on a placé au commencement de la *I. Partie* de cet Ouvrage.

PARTIE I.
CHAP. I.
ART. XVIII.

Livre, lorſqu'il ne ſe peut faire en *Cul de lampe*; en ce cas, on doit faire ledit *Sommaire* d'un caractere italique, quand il eſt précedé de quelques lignes de romain, & au contraire, ſi la matiere qui le précéde eſt de romain, on le doit faire d'un caractere italique.

On doit encore obſerver de faire toûjours de caractere italique les *Sommaires* & les *Culs de lampe* qui ſont les plus proches de la *matiere* du Livre, à moins qu'on les fit d'un caractere beaucoup plus gros que celui du corps de l'ouvrage, pour en faire la diſtinction; mais cela ne ſe doit pratiquer que dans les *Titres* des *Edits*, *Arrêts*, *Declarations du Roi &c.* Voilà ce qu'il y a à obſerver au ſujet des *Sommaires* & des *Culs de lampe*.

ARTICLE XIX.

De l'uſage des Vignettes & des Fleurons.

LES [a] *Vignettes* de bois ou de taille douce, doivent toûjours être placées à la tête d'une page, qui commence une nouvelle matiere d'un Livre; comme à chaque *Partie*, aux *Prefaces*, *Epitres*, *Eloges*, &c. on en peut mettre auſſi aux *Avertiſſemens* & aux *Sommaires*.

[a] Ce ſont des petits ornemens de graveure que l'on place au commencement de quelque nouvelle matiere d'un Livre; il y en a qui ſont de fonte, de differens deſſeins, & de groſſeurs differentes.

Il faut obſerver que des ſemblables pieces doivent commencer aux pages impaires, quand on devroit laiſſer une page blanche à ce deſſein, & ſi on les met à des *pages paires*, cela ne ſe doit faire que dans une trés grande néceſſité, attendu que cela n'eſt nullement en pratique parmi les bons Ouvriers.

On ne doit jamais mettre du blanc entre la *Vignette* de bois & la ligne du *Titre courant*, où eſt ordinairement le *chiffre* de la premiere face.

Quand on veut mettre quelques *Vignettes*, *Fleurons*, ou *Armoiries* en taille douce dans l'impreſſion d'un Livre, on doit obſerver de prendre leur juſte grandeur, pour ne pas laiſſer moins de blanc, aux endroits où elles doivent être placées, qu'elles en contiendroient, afin que le Tailledoucier puisse imprimer ces Planches avec plus de facilité.

Les *Fleurons* de bois ou de *taille douce* devroient être placés à la fin d'une partie entiere de la division d'un Livre ; c'est-à-dire, devant une page qui commence par une *Vignette* de bois ou de *taille douce* ; car il me semble qu'un *Fleuron* de bois à côté d'une page, où il n'y a qu'un simple filet à la tête, ne fait pas un effet agréable à la vûe, & qu'il conviendroit mieux d'y mettre un *Fleuron* de fonte.

Il faut que les *Fleurons* soient beaucoup moins larges que la justification de la page, & qu'il y ait le double de blanc davantage au dessous, qu'il y en aura au dessus ; aussi ne doivent-ils jamais descendre jusqu'en bas de la page, mais il faut qu'il y ait pour le moins une ligne de cadrats au dessous, sans compter celle du bas, où l'on met les *Signatures* & *Reclames*.

Les *Fleurons* de fonte se peuvent mettre à la fin de toutes sortes de matieres differentes, lorsque la place qui reste ne suffit pas pour commencer un autre titre ; & même à la fin d'une partie entiere, lorsqu'il n'y a point assez de place pour y mettre un *Fleuron* de bois ; cela empêche ces pages de fouler par en bas plus que de raison, & tient lieu de support.

ARTICLE XX.

Des Lettres grises & Passe-par-touts.

COMME les [a] *Lettres grises* font une partie de l'accompagnement des *Vignettes* gravées en bois ou en *taille douce*, elles sont, par consequent, inseparables l'une de l'autre ; c'est pourquoi je serois d'avis avec plusieurs Imprimeurs, qu'il seroit plus naturel de commencer la matiere avec une *Lettre grise*, aux pages où il y a une *Vignette* de bois ou de *taille douce* à la tête, que de se servir seulement des *Lettres de deux points*.

[a] Ce sont des Lettres qui sont entourrées d'ornemens de graveure.

Quand la *Lettre grise* ne porte pas d'elle même son blanc,

à côté & par en bas ; il y faut mettre des reglettes ou des minces cadrats, plutôt que des espaces ; parce que quand l'Imprimeur vient à élever lesdites *Lettres grises*, qui sont ordinairement plus basses que le caractere, ces espaces viennent à tomber, & en voulant les relever, il est en danger de faire tomber plusieurs lettres, ce qui lui fait perdre du têms à les remettre.

Il faut aussi faire en sorte qu'il y ait pour le moins cinq à six lignes de matiere aprés la *Lettre grise*, & si le *Titre* étoit trop long, il faudroit diminuer le blanc d'entre les lignes de capitales, ou faire quelques lignes du *Titre* de plus petit caractere.

On doit faire le premier mot qui suit la *Lettre grise* de grandes capitales ; lorsqu'on se sert de petites capitales aprés une Lettre *de deux-points*.

On peut aussi employer les *Lettres grises* pour le commencement des *Edits*, *Declarations*, *Ordonnances*, *Mandemens* ou autres semblables Affiches, ausquels on pose les Armoiries à la tête, attendu que ces Armoiries tiennent lieu de *Vignettes* gravées.

Les [a] *Passe-par-touts* ont le même usage que les *Lettres grises*, cependant on ne devroit s'en servir qu'à leur deffaut, & nous voyons aisément que c'est pour cette raison qu'ils ont été inventés. On doit avoir soin de bien justifier la Lettre capitale qui entre dans le *Passe-par-tout*, de crainte que l'Imprimeur ne l'enleve avec ses Balles, principalement en hyver lorsque le vernis de l'encre est un peu fort.

[a] Ce mot signifie une planche de Graveure qui a au milieu une ouverture dans laquelle on place telle Lettre qu'il est nécessaire pour le comencement du discours d'une Page : On s'en sert au défaut d'une lettre grise.

Quand on n'a point de *Vignettes* gravées en bois convenables à la justification des pages, dans cette néceffité, il est permis d'employer differens *Fleurons* de fonte pour la construction d'une *Vignette* d'un bel ornement, & de se servir d'une *Lettre grise* pour commencer la *matiere* d'une pareille page.

ARTICLE XXI.

ARTICLE XXI.

Des Guillemets. [“]

IL y a des Imprimeries, où les *Guillemets* sont liés ensemble, mais dans celles où ils ne le sont point on se sert de deux virgules renversées. L'usage des [a] *Guillemets*, est de distinguer quelques passages dans le corps de la matiere d'un Livre, lorsqu'il y en a de differentes langues, dont on fait les uns de caractere italique, & les autres, qui sont en la même langue que la matiere du Livre, doivent être distingués avec des *Guillemets*, pour marquer que ces passages, ou autres semblables discours ne sont pas de l'Auteur.

[a] L'étimologie de ce mot vient d'un nommé *Guilemet*, qui s'en est servi le premier.

Ces *Guillemets* doivent toûjours être placés à la marge du côté des chiffres des pages, comme il se voit dans l'exemple suivant.

On soutient que le meilleur vin de l'Europe, est celui qui croît prés de Monte-Fiascone, à trente milles de Rome; on l'appelle *Moscatello*, autrement *Lacrima Christi*; à cette occasion, on lit dans les Epîtres *Obscurorum Virorum*, qu'un “ Maître és Arts de la ville de Cologne, allant “ à Rome, bût au même endroit une bouteille de ce *Lacrima*, & le “ trouva si bon, que de l'abondance du cœur il s'écria à haute voix: “ *Utinam Christus vellet etiam flere in Patria nostra!*

On se sert encore des *Guillemets* quand un Auteur rapporte des passages, des preuves, ou discours qui contiennent quelquefois une page ou plus, & cela se fait pour épargner le caractere italique qui se doit employer en d'autres endroits où il est plus nécessaire.

Quand un ouvrage est rempli de citations de l'Ecriture Sainte, ou des S. S. Peres, avec d'autres citations des Prétendus Reformés, ou autres semblables, & qu'on n'a point suffisamment des petites capitales pour distinguer les veritables d'avec celles qui sont supposés, on peut faire celles des S. S. Peres d'un caractere italique, & celles des Prétendus

Reformés de romain du même caractere que celui de l'ouvrage, en observant de mettre des *Guillemets* à la marge, depuis le commencement jusqu'à la fin.

REMARQUE HISTORIQUE.

Le Sieur Moreau Imprimeur du Roi à Paris, avoit inventé vers l'an 1640. un nouveau caractere qui approche assez l'écriture à la main, & quoi qu'il ait imprimé plusieurs livres entiers de ce caractere, je crois néanmoins que sa principale idée étoit pour s'en servir particulierement lors qu'il y a deux sortes de *discours*, ou *citations* dans le corps d'un ouvrage, afin de les distinguer avec ce nouveau caractere; il seroit à souhaiter, pour l'utilité & le bel ornement de l'Imprimerie que ce dessein eut été suivi; mais les grandes depenses qu'un Imprimeur auroit été obligé de faire pour avoir un pareil caractere, sur chaque proportion de corps de tous les autres caracteres qu'il auroit dans son imprimerie, a été la cause, comme je crois, qu'on ne l'a pas imité, & qu'on a preferé les *guillemets* au dessein du sieur Moreau.

REFLEXION POLITIQUE.

Quoique l'on voye que le dessein du sieur Moreau n'a point été suivi à cause des grandes dépenses qu'un maître Imprimeur auroit été obligé de faire pour un caractere distingué de ceux qui sont à present en usage, on voit cependant encore aujourd'hui quelque chose de semblable parmi les Imprimeurs Anglois, Allemands, Hollandois & même les Flamands, lesquels se servent de trois sortes de caracteres dans les ouvrages, où il faut distinguer deux differens passages, ou autres choses semblables dans la matiere generale d'un Livre, ils employent le caractere italique pour la distinction de l'une, & de la lettre Flamande pour la distinction de l'autre; certainement ils ont sujet de le faire, & ils sont bien dédemnisés de la dépense que les Imprimeurs François n'ont osé entreprendre, car par ce moyen ils empechent l'établissement de quantité de petits Compagnons, dont la plûpart ont rendu le profit des ouvrages si modique, qu'ils empêchent les uns & les autres de renouveller leurs Fontes plus souvent; & la quantité des mauvaises impressions qui paroissent à nos yeux, est en cela une preuve certaine.

ARTICLE XXII.

Des Notes qui se placent au bas des pages, & des Additions à la marge.

LES *Notes* qui se placent au bas des pages, se peuvent faire de romain ou d'italique, pourvû que ce soit d'un caractere plus petit que celui dont on se sert pour la matiere du Livre; & lorsqu'il y en a de deux sortes de langues, on doit faire les unes de romain & les autres d'italique.

On distingue ces *Notes* de diverses manieres, comme par des a *lettrines*, lorsqu'elles sont en grand nombre, & quand il ne s'en rencontre que trés-peu, on peut les distinguer par des étoiles *, des croix †, ou autres semblables signes, suivant la volonté de l'Auteur.

a Les *lettrines* en terme d'Imprimerie, ce sont des petites lettres de bas de casse que l'on met à côté du mot qui est expliqué à la marge.

Quand un ouvrage est rempli de *Notes* & de quelques *Additions*, on doit placer les *Additions* à la marge, vis-à-vis le renvoi, autant qu'il sera possible, & les *Notes* au bas des pages, en distinguant les *Additions* par des *lettrines*, & d'autres signes pour les *Notes*; mais quand les *Notes* sont d'une grande étendue, comme si elles tenoient lieu de Glose, ou d'interprétation d'un Auteur, pour lors on les place au bas des pages avec un reglet de séparation sans aucun signe de *lettrine*.

Les *Additions* se peuvent aussi faire de caractere romain ou d'italique, & lorsqu'il y en a de deux sortes de langues, on doit faire les unes de romain & les autres d'italique. Elles se placent à la marge, & c'est de là qu'on les appelle *marginales*.

On peut aussi placer ces *Additions* au bas des pages lorsqu'il n'y en a qu'un nombre mediocre, & cette methode est à present fort en usage dans les Imprimeries, par rapport à la grande commodité des compagnons: Et comme cette disposition est arbitraire, on doit suivre en cela la volonté de celui qui fait la dépense de l'impression; cependant si on commence une fois à les placer soit au bas des pages, soit à la marge, on doit observer la même disposition dans tout l'ouvrage. Si on voit cette irregularité dans l'article 2. du second chapitre de cette premiere partie, c'est qu'on l'a fait à dessein de servir de modele aux Apprentifs.

Pour la même raison, on s'est servi dans ces deux articles d'une partie de la matiere du texte de cet ouvrage pour faire voir la disposition des *Notes* au bas des pages, & des *Additions* en *hache*, qui commencent ici.

NOTE INSTRUCTIVE.

Pour les *additions* aux pages impaires, on compose toute la matiere de la page dans la gallée, ensuite on pose une reglette de bois qui fait la séparation de la matiere de la page d'avec celle des *additions*, aprés on compose les *additions* les unes aprés les autres; mais quand aux pages paires, on doit premierement mettre deux cadrats de la largeur des *additions* dans la gallée; sçavoir, une au commencement de la reglette d'*addition* & l'autre à la fin, laquelle reglette on pose contre ces deux cadrats; cela

On doit obſerver de mettre les *lettrines* qui ſeront dans
1723. la matiere de la page, d'un caractere à petit œil; on peut
auſſi mettre ces *lettrines* entre deux crochets, ou parentheſes lorſqu'on n'a point de caractere à petit œil, du même corps de celui de la matiere de l'ouvrage.

Il faut avoir ſoin de couper bien juſte les reglettes d'*additions*, il eſt même plus à propos de les couper tant ſoit peu plus courtes, que de les laiſſer ſi juſtes, car pour peu qu'elles ſoient trop longues, la page ne ſera point ſerrée comme les autres, & les lignes d'embas pourroient faire le cercle.

On doit auſſi obſerver de mettre une ligne de cadrats devant & aprés chaque bois d'*addition*, ſans quoi, les lignes d'une ſemblable *addition* ſe rencontreroient quelquefois tout de travers, parce qu'aſſez ſouvent ces ſortes de bois ne ſont point dreſſés à l'équerre par les deux bouts.

Quant aux livres d'Hiſtoires, de Chronologies &c. où un Auteur place les années au commencement de la marge de chaque page, on doit obſerver de mettre un reglet devant la datte deſdites années; ce reglet doit être directement vis-à-vis la premiere ligne aprés le titre courant du haut des pages, comme il ſe voit à la marge de cette page, que l'on a fait uniquement pour ſervir d'exemple.

S'il ſe rencontre des *additions* à la marge de ſemblables ouvrages, on doit toûjours les mettre aprés la datte de l'année, quand bien même ces *marginales* auroient leur renvoi devant la datte de l'année, & ne point les bouger de place, ſinon qu'il ſe rencontrât une *addition* en hache tout au commencement de ladite page.

Enfin on doit encore obſerver de ne jamais prendre la juſtification des *additions* avec un bois d'*addition*, parce qu'ils

---

ſe fait afin que l'on ait une ouverture libre pour poſer les *additions*, leſquelles on compoſe à meſure que l'on avance la compoſition de la matiere de ladite page. Si les *additions* ſont éloignées l'une de l'autre, où s'il ne s'en rencontre que fort peu, on doit également remplir le vuide de ces marginales à meſure qu'on avance la matiere de la page, ſoit avec des cadrats, ſoit avec des bois d'*additions*. Lorſqu'il ſe rencontre des pages où il n'y a point d'*additions*, on doit également poſer les bois d'*additions* avec leur reglette avant que de commencer la compoſition de ſa page, car en les mettant aprés qu'une page eſt compoſée, on eſt en danger de faire coucher la lettre de toute la page entiere.

soint sujets à se resserrer, principalement quand ils ont dejà servi ; mais on doit prendre sa justification avec une ligne de cadrats, dont on se sert pour justifier ces marginales. *a*

ARTICLE XXIII.

Des Additions en hache.

ON appelle *Addition* en hache *b*, lorsqu'il y a plusieurs *Additions* de suite, de sorte que la matiere de quelqu'unes se rencontreroit si longue, qu'elle éloigneroit les autres d'une trop grande distance de leur renvoi ordinaire, si on les posoit seulement à la marge ; quand ce cas arrive, on doit faire regner la matiere de semblables *Additions* dans la justification de toute la grandeur de la page, précisement autant qu'il se peut aprés la fin d'une periode, où sera le renvoi d'une si longue *Addition* ; & pour cet effet on ôte autant de lignes de la matiere du Livre qu'il sera nécessaire pour faire entrer ladite *Addition*, & on commence une nouvelle page avec les lignes qu'on aura ôtées à la fin de la page précedente, selon les *c* lettres alphabetiques des renvois qui seront marquées dans la matiere qu'on aura transportée sur cette nouvelle page.

Mais s'il ne se trouvoit point de place suffisante aprés une periode finie, pour placer une longue *Addition* en hache, ou bien même, s'il ne se rencontroit point de discours fini dans ladite page, on doit en ce cas, rétrancher autant de lignes de matiere de ladite page qu'il sera nécessaire pour faire entrer ladite *Addition* en hache, sans prendre garde si la matiere de la page commence par un *ad lineam* ou point ; c'est ce qui se voit au bas de la matiere de la page précedente. *d*

a *Marginale*, veut dire *Addition* à la marge d'un Livre.

b Les uns disent *Additions en hache* & d'autres les appellent *Additions en hachure*.

c Les lettres alphabetiques signifient le mot de *Lettrine*.

d Quand on transporte les lignes de matiere d'une page pour faire entrer une *Addition* en *hache*, on doit observer de laisser les lignes où sont les renvois des *Additions* à la même page où lesdites *Additions* en *hache* ont leur commencement ; mais s'il arrivoit qu'on ne pourroit point mettre toutes les *Additions* dans la même page où elles ont leur renvoi, on peut porter leur suite au commencement de la page suivante, supposé qu'il y ait encore d'autres *additions* dans lad. page suivante, & les poser dans la même disposition que sera leur commencement, c'est-à-dire, si le commmencement de ces *Additions* est en *hache*, au bas d'une page, on fera leur suite aussi en *hache* au commencement de la page suivante ; mais s'il ne se rencontroit aucune *Addition*, soit en *hache* ou autrement, à la page où il faudroit transporter le restant d'une *Addition*, qui seroit à la fin de la page précedente, on pourra, en ce cas, mettre la suite d'une semblable *Addition* en *hache* au bas de la page précedente, comme on le peut voir par le reste de la matiere de la *Note instructive* qu'on a transportée ci-devant au bas de la page précedente. On doit en ce observer la même chose, soit pour les Notes ou pour les autres remarques qui sont distinguées d'un autre caractere que celui de la matiere du corps de l'ouvrage. Nous finirons cette *Addition* en *hache*, en disant que le mot d'*ad lineam*, signifie le commencement d'une periode, comme il se voit à la premiere ligne de matiere de cette page.

Quand il se rencontre plusieurs *e Additions* dans une page, où il y a un nouveau titre, comme un Chapitre, Article &c. on doit mettre devant ce titre les *Additions* en hache qui ont rapport à la matiere qui devance ledit titre; & les *Additions* qui ont rapport à la matiere du nouveau titre, se doivent placer au bas de ladite page, supposé qu'elles ne peuvent entrer dans la marge: la disposition de cette page servira de modele à ce sujet.

e Quand on a des *marginales* sujettes à entrer le long de la matiere du Texte; on doit composer la matiere du Texte en gallée, pour plusieurs pages si l'on veut, ensuite composer la matiere des *marginales*, laquelle on pose aussi dans la gallée à la marge du côté du Texte qui sera composé, jusqu'à ce qu'il soit nécessaire de faire regner les *marginales* tout le long du Texte; pour lors on fait une ouverture dans la matiere dudit Texte avec un couteau, & on compose la matiere de ses *marginales* dans un Composteur qui sera de la justification de toute la page, la largeur des *marginales* y comprise, lequel Composteur ne doit servir qu'à cet usage seulement. On doit encore observer de laisser du blanc pour la separation de la matiere du Texte, & de celle des *marginales* en *hachure*, d'une ligne de cadrats de l'épaisseur, que la chose le permettra pour rendre la page à sa longueur ordinaire, tout comme on fait pour justifier les titres de differents caracteres qui se trouvent devant la matiere du Texte, & ce pour la même raison qui a été dite dans l'Article 12. de ce present Chapitre.

ARTICLE XXIV.

Des Ouvrages de differentes Langues, en deux colomnes.

LORSQU'UN ouvrage est en deux langues differentes, on doit d'abord presumer que la traduction court plus loin que le *a* Texte original; sur ce principe on peut regler la disposition d'un pareil ouvrage en deux manieres.

La premiere, en faisant la colomne du Texte original en caractere italique, & celle de la traduction en romain, l'un & l'autre du même corps; en observant néantmoins de faire la *colomne* de *traduction* d'une justification plus large que la colomne du *b Texte*, c'est ce qui se voit dans la démonstra-

a Texte terme rélatif opposé à *commentaire*, c'est un discours original sans glose, note, ni interprétation.

b Quand on fait un Ouvrage en 2. colomnes d'une seule langue, comme sont la plûpart des In-folio, & quelquefois des In-quarto, on doit prendre la justification de ces deux colomnes égale, & s'il se rencontre des *additions* dans un semblable Ouvrage, on doit les placer à chaque côté desdites colomnes; si on est obligé d'en faire quelques unes en *hachure*, on doit laisser le nombre des lignes desdites colomnes égales, & prendre garde de ne point transporter la suite d'une colomne sur une autre.

tion suivante; pour cet effet on a trouvé à propos de se servir d'un petit trait d'histoire qui regarde nôtre Profession.

Demonstration d'un ouvrage en Latin & en François.

CUM autem anno 1455. *Gutembergium inter & Faustum ob divisionem lucri, ex libris, super numerum ab ipso definitum, quos Faustus in suum quæstum (quod hodie adhuc patrium pseudotypographicorum vitium est) superaddidisset,* den Suschuss *vocant, lites inde simultatesque ortæ essent, alter alterum Moguntiæ in jus vocavit; partibus auditis, ubi Judicis sententiâ, ex voto Gutembergii res minime complanatæ fuissent, factum hinc, ut societati, quam cum Fausto inierat renunciaret, inque patriam Argentinam se conferret, & aliquot operas ex officina secum traheret. Post hanc ergo separationem Faustus primùm & tempus & locum libris à se expressis præfigere, eosque nomine suo insignire cœpit. Quis verò hos inter primitivus fœtus fuerit, difficile est affirmare.*

EN l'année 1455. le partage du gain, qui étoit provenu des livres qui avoient été imprimés par Gutemberg & Fauste, avoit fait naître entre eux-deux des inimitiés & même des procès sur le nombre que Gutemberg en avoit donné, & que Fauste avoit retenu à son profit (ce qui se pratique encore aujourd'hui par les premiers Imprimeurs, à cause, disent-ils, des avances qu'ils ont fait) ils s'appellerent l'un l'autre en justice à Mayence, où aprés divers plaidoyers, la Sentence qui fût renduë n'ayant pas été favorable à Gutemberg, il renonça à la societé qu'il avoit fait avec Fauste, & retourna à Strasbourg lieu de sa naissance, emportant avec lui quelques ouvrages de leur boutique; aprés donc cette séparation, Fauste commença à mettre son nom aux Livres qu'il avoit imprimé; mais il seroit fort difficile d'asseurer quel Livre à été mis le premier sous la presse.

Biblia Latina, quorum translatio divo Hieronymo vulgo tribuitur, circà annum 1450. & sequentem Moguntiæ in membrana impressa, quorum Faustus exemplar nummis uncialibus, seu thaleris septingentis quinquaginta Parisiis venum dederat, ut supra ex Abbate Spanhemensi narravimus, inter primordia meritò numerari Cornelius à Beughem *memorat. Similiter &* Henr. Salmuth *alium Bibliorum codicem*

Cornelius de Beughem conte parmi les premiers qui ont paru (& avec quelque raison) la Bible latine, dont on attribue communement la traduction à S. Hierome. Laquelle fut imprimée à Mayence environ l'an 1450 & 1451. dont Fauste avoit vendu l'exemplaire à Paris 750. thalers ou écus; & pareillement Henri Salmuth raconte qu'il à paru au même endroit un autre volume de la Bible à la fin duquel on lisoit ces mots. *Le présent*

PARTIE I. CHAP. I. ART. XXIV.

cayer qui traite des choses divines à été achevé par Jean Fust, Bourgeois de Mayence & Pierre Gernsheim, Clerc du même Diocese en l'année 1459. *le sixième Octobre.* Mais il est certain par la raison ci-devant deduite que Salmuth se trompe en ce qu'il croit que ce cayer soit la sainte Ecriture, puisque ce n'étoit qu'un manuscrit fort succinct de Guilliaume Durant que Bernard de Mallinkrot rapporte avoir aussi eu. Je ne veux pas aussi nier tout à fait que la Bible latine que l'on avoit cette année là traduite en Langue vulgaire, n'ait été de rechef imprimée, puisque Jean Sauber avoue qu'il en a veu huit exemplaires en la Bibliotéque de Munick, mais qu'il n'y avoit point à la fin le nom de Fauste comme en celle dont parle Salmuth.

On doit mettre aussi du nombre des Livres qui ont été imprimés des premiers, la Bible latine, qui fut également imprimée à Mayence, en caracteres vulgaires (je veux dire Allemands) en deux volumes, à la fin desquels étoient ajoûtés ces mots : *Presens hoc Opusculum &c.* qui en nôtre Langue veulent dire : *Ce présent ouvrage ainsi fait à Mayence, par l'ingenieuse invention d'imprimer ou former des caracteres sans plumes, à été achevé pour la gloire de Dieu, par l'addresse de Jean Fust & de Pierre Schefer de Gernsheim, Clerc du même Diocese, en l'année* 1462. *le jour de la veille de l'Assomption de la sainte Vierge* 2. *volumes in fol.* Le Consul Embricense, & avec lui Cornile de Beughem, asseure qu'il y a dans sa Bibliotéque un exemplaire de cette Bible que l'on y garde comme un

ibidem lucem vidisse denarrat, cui hac in fine verba erant apposita: Præsens rationalis divinorum codex consummatus est per Joannem Fust civem Mogunt. & Petrum Gernsheim Clericum Diœcesis ejusdem anno 1459. die 6. Octob. *Sed errare hac parte Salmuthum, quod rationale illud Sacram Scripturam esse putet, cum tantum breve aliquod Guilielmi Duranti scriptum sit, quod se quoque possidere* Bernar. à Mallinkrot *refert. Neque tamen prorsus negaverim, Biblia Latina hoc ipso anno vulgata typis denuo fuisse: Quandoquidem* Joan. Saubertus *fatetur, se in Bibliotheca Norica octo exemplaria vidisse; at subscriptionis Faustiniana notis caruisse; haud dubie ob causam paulò ante à nobis adductam.*

Non minus inter primordialia hujus artificii numeranda Biblia Latina, vulgata illa, Moguntia itidem duobus voluminibus procusa, quibus sub calcem operis hæc addita est adscriptio: Præsens hoc Opusculum artificiosa adinventione imprimendi, seu characterizandi absque calami exaratione, in Civitate Moguntii sic effigiatum, & ad eusebiam DEI, industriâ per Joannem FUST & Petrum Schefer de Gersheim, Clericum Diœcesis ejusdem est consummatum Anno Domini M CCCC LXII. in vigilia Assumptionis Virginis Mariæ. in fol. 2. volum. *Horum Bibliorum exemplar in Consulis Embricensis Bibliotheca, tanquam singulare patria sua ornamentum asservari, idem Corn. à Beughem, & ipse*

ipse Embricensis testatur.

Nec postremum inter libros, qui cum ipsis typographiæ incunabulis in scenam prodiere, merentur locum Ciceronis Officia, *quæ cum colophone suo & apice finali supra jam laudavimus. Possidebat horum exemplar P. Ramus, pro genio seculi in membrana expressum, & habentur adhuc in* Bibliotheca Augustana; *quæ licet ante omnes alios libros, cum ipsis typorum primordiis in lucem prodiisse Zwingerus & alii eruditi opinentur; tamen Chronologia & temporis series, anni nimirum 1466. editi scripti, clare evincit codicem hunc à primogenituræ honore quam longissime abesse, & inter libros in Europa excusos, sacro Bibliorum codici, post alia quædam minoris momenti, primitias tam salutaris instituti, boni omnis causa deberi, admodum verisimile.*

Minime quoque silentio prætereunda Biblia Germanica, *ut typo rudiori, sic & idiomate, diu ante Lutherum Noribergæ anno 1483. cum figuris ligno incisis edita, quæ sequenti mox anno in Saxoniæ inferioris dialectum translata,* Lubecæ *in vicino Maris Balthici emporio, aperta per Stephanum Arnoldi typorum ibidem officina, recusa sunt. Eadem typis descripta prodierunt Augustæ Vindelicorum anno 1493. quæ alÿ ad annum 1449. sed erronea & contra annorum seriem opinione referunt.*

un singulier ornement de sa Patrie.

Les *Offices de Ciceron* ne doivent pas tenir le dernier rang parmi les Livres qui ont paru au commencement de l'Imprimerie. P. Ramus en avoit un exemplaire écrit sur du parchemin selon qu'il se pratiquoit alors, & il s'en trouve encore présentement dans la *Bibliotheque Imperiale*, quoique Zwinger & quelques autres sçavants soient d'avis qu'ils ont paru devant tout autre Livre; cependant la Chronologie & le temps qu'ils ont été achevé d'imprimer, à sçavoir en l'année 1466. font clairement voir que ce Livre est fort éloigné d'avoir l'honneur d'être le premier qui soit sorti de la presse, & il est vrai-semblable que de tous les Livres qui ont paru en Europe, le premier, aprés quelques autres de peu de consequence, à été la sainte Bible, & cela encore à cause du bon augure qu'on en peut tirer.

Je ne dois pas passer nullement sous silence la *Bible Allemande*, qui étant d'un langage fort grossier, a été imprimée en l'année mille quatre cens quatre-vingt-trois, en carractere aussi fort grossier & gothique, avec des figures gravées grossiérement sur du bois, long-têms avant que Luther ait paru, & qui l'année suivante, fût traduite en langage de la Saxe inferieure à *Lubec*, dans la place voisine de la Mer Baltique, où elle fut de réchef imprimée par Etienne Arnould, qui avoit levé une Imprimerie. La même *Bible* à paru imprimée à Ausbourg, en l'année mil quatre cent quatre-vingt treize, ce que d'autres rapportent à l'année mil quatre cent quarant-neuf; mais ils se trompent, & leur sentiment est tout-à-fait contraire à la suite des têms.

Exemple où la matiere de la traduction est portée sur la colonne du texte, parce qu'un reste de traduction ne se peut souffrir au commencement d'une page dans sa colonne ordinaire, s'il n'y a du texte à côté.

PARTIE I. CHAP. I. ART. XXIV.

DES HOMMES ILLUSTRES DANS L'IMPRIMERIE.

Les Muses aiment l'alternative ; & comme l'Imprimerie doit beaucoup à la Mathématique, & aux autres Sciences ; aussi la Mathématique & toute Science divine & humaine a des grandes obligations à l'Imprimerie, qu'elle a fait naître. L'Italie, qui a été la mere des grands esprits, & comme la pepiniere de tous les Arts, reçût avec plaisir cette nouvelle invention qui passa incontinent & au plus vite les Alpes, & alla en droiture se retirer à Rome, où non seulement les Cardinaux, mais le Souverain Pontife lui-même porterent beaucoup d'affection à l'Imprimerie & à tout ce qui en dépend, & eurent la curiosité de voir souvent avec beaucoup de satisfaction cette nouvelle maniere d'écrire sans plume.

Amant alterna Camœnæ, & quemadmodum typi plurimum debent Mathematicæ, omnique adeo eruditioni ; ita Mathematica, divina & humana sapientia, typis quoque à se primum repertis. Italia ingeniorum Mater & Mechanicarum artium altrix, actutum concitato passu ars hæc Alpes transierat, lætabunda eandem hospitio excepit. Et Romæ quidem, non modo Purpurati Ecclesiæ, sed & summus Pontifex typorum & rerum ad eos pertinentium amantissimi erant, & novitium hoc institutum, magna cum Voluptate ipsimet sæpius spectarunt.

Exemple où on laisse le blanc nécessaire aux colomnes du texte.

Sixte de Strasbourg ayant en l'année 1471. établi une Imprimerie en la ville de Naples capitale de ce Royaume, il fut recû du Roi Ferdinand avec tant de témoignages de joye & d'affection, qu'il lui offrit plusieurs fois des charges les plus considerables, & même des Evêchés ; car cet Imprimeur étoit fort sçavant.

Cum Sixtus Argentinensis *typos urbi Neapolitanæ, regni Metropoli primum anno* 1471. *intulisset, tanta illic à Ferdinando Rege exceptus fuit gratulatione, ut etiam amplissimæ dignitates, atque adeò Episcopatus (erat enim Typographus hic litteris egregie doctus) sæpius eidem à summo Principe oblati fuerint.*

Aldus Pius Manutius, Romain de nation, s'est rendu si célebre par la pureté de ses caracteres, qu'il s'embloit qu'on ne put rien y ajouter pour leur perfection, ce qui fait qu'on les apelloit par exellence Venitiens, pour les distinguer des autres qui étoient dans les differens endroits de l'Europe : Et comme les anciens Imprimeurs avoient coûtume de laisser en blanc des espaces pour écrire à la main les mots grecs & hebreux, ce fut lui le premier qui fit vers l'année 1500. des

Aldus Pius Manutius, *patria Romanus, nitidissimis typis suis adeò per Orbem inclaruit, ut ad elegantiam formæ nihil addi iis posse videtur ; hinc ad differentiam reliquorum per Europam per excellentiam* Veneti *dicebantur. Et cum antiquissimi typographi, pro inscribendis calamo Græcis Hebraicisque litteris vacua spatia relinquere solerent, ut paulò ante dictum est, hic ipse primus fuit, qui Græcos & Hebraicos characteres in officina sua*

PARTIE I. CHAP. I. ART. XXIV.

circa an. 1500. *adhibuit.* caracteres grecs & hebreux. *Ange Rocha*, fait son éloge en ces termes: ALDUS PIUS MANUTIUS à été un homme veritablement fort sçavant, " qui ne fut pas moins pieux d'effet que de nom, & qui merite certaine- " ment toute sorte de louange; il a rétabli dans leur premier lustre par " ces caracteres les Langues grecque & latine, qu'il possedoit parfaite- " ment & qui de son têms alloient fort en décadence, en s'appliquant " avec beaucoup de soin à l'Imprimerie. " Il a vécu selon le témoignage de *Tirinus* à Venise, & il y mourut environ l'an 1516.

Exemple où il y a un reste de la matiere du texte au commencement d'une page avec la matiere de la traduction en bache.

Optimo parenti continua typorum & eruditionis gloria superimponi meretur PAULUS *Filius. Hic in Gymnasiis & academiis Italiæ aliquandiu bonas litteras docuit; mox à Pontifice Romam vocatus, typograficam artem, quam in juventute à Patre didiecerat, jucundissima musarum alternatione ibidem una cum* ALDO *juniori, gnato suo, ornavit, excoluit, perfecit; non typographus modo excellens, sed insignis Orator & Epistolarum argutiarumque mirus artifex.*

PAUL son fils merite d'avoir autant, & même plus de part à la gloire que son pere s'est acquit par son érudition & dans l'Art, il a enseigné quelque têms les Humanités dans les Universités & Colleges d'Italie: Ensuite ayant été appellé à Rome, par le Souverain Pontife, il s'appliqua fort avec ALDUS le plus jeune son fils, à embellir, cultiver & perfectionner l'Art d'imprimer, qu'il avoit appris de son pere dans sa jeunesse; car il étoit non seulement un excellent Imprimeur & trés-bon Orateur, mais encore il avoit un talent particulier pour écrire des Lettres fort sublimes.

Proximum ab his locum occupant ævo ferè æquales & amœnioribus litteris ALDIS *suppares, Græcanicis verò studiis etiam superiores* ROBERTUS STEPHANUS *ejusque in arte successor* HENRICUS *non degener Filius, Parisienses typographi. Multa Pater in conscribendis & edendis variæ eruditionis codicibus præstitit, quæ inter* Latinæ linguæ thesaurus *principatum obtinet; sed majora filius illustrando & commentando in diversos autores: Maxime verò Herculea ejus industria & infinitus fere labor ex prægrandi opere, cui* thesaurus Græcæ linguæ, *laudabili æmulatione, nomenclatura.*

On doit placer immediatement aprés, deux Imprimeurs de Paris, ROBERT ETIENNE, & son fils qui lui a succedé en l'Art, & qui n'a point dégeneré à son pere, lesquels étoient presque contemporains aux ALDES & aussi sçavans dans les belles Lettres, mais qui les surpassoient dans la parfaite connoissance qu'ils avoient de la langue Grecque. Le pere a travaillé beaucoup en écrivant & donnant au public des Livres de differentes Sciences, entre lesquels le principal est celui qui a pour titre, *Latinæ linguæ Thesaurus*; mais le fils a beaucoup plus fait que le pere, en expliquant & en commentaant plusieurs

PARTIE I. CHAP. I. ART. XXIV.

Auteurs. On voit particuliérement son adresse admirable, & son infatigable travail dans ce grand Ouvrage qu'il a fait, & qu'il a nommé *Thesaurus linguæ Græcæ* à l'imitation de celui qui avoit été fait par son pere. Il est déplorable que par l'infidélité de *Jean Scapule*, qui tenoit de lui une maison à louage, & qui étoit son correcteur d'Imprimerie, pendant que l'on travailloit à ce grand & vaste volume, il en sortit tout d'un coup & secretement à *Basle* un Abrégé que l'on donna au public : Si bien que cette anticipation du livre, ou plûtôt cette imposture causa une perte considerable aux Libraires, & par consequent à nôtre *Henry Etienne*, qui tira plus d'honneur, de ce grand travail, que de profit.

indita est, elucet. Dolendum verò, fraude & perfidia Joannis Scapulæ, *inquilini ædium suarum & typographici correctoris, interea dum vasta hæc volumina procuduntur, totum hoc opus in epitomen quandam redactum, occultate mox publici juris Basileæ factum fuisse; quæ operis anticipatio, vel potiùs impostura Bibliopolas Parisienses, ipsumque adeò Henr. Stephanum incredibili damno mactavit, ut pro tanto studio & labore plus gloriæ, quam lucri reportaverit.*

Les MORELLES aussi Parisiens, ne cédent en rien aux *Etiennes*. Le plus illustre étoit GUILLAUME, le pere des autres, qui possedoit le Grec à fond, & qui aprés la mort du sçavant *Adrien Turnerus*, fut mis au nombre des Professeurs de l'Université, où, selon *Thuanus*, il se rendit fameux, tant en enseignant la jeunesse en qualité de Professeur, comme il étoit, qu'en mettant au jour les ouvrages des meilleurs Auteurs de son têms.

Stephaniis in Gallia haudquaquam inferiores MORELLI, *& ipsi Parisii, quorum princeps & genitor* GUILIELMUS, *Græcanicæ litteraturæ culmen, qui post fata præstantissimi viri* Adriani Turneri *in Ordinem Professorum Academiæ allectus, & docendo juventutem pro cathedra, & scriptores melioris notæ typis suis in lucem proferendo, summam utrobique industriæ laudem*, Thuano *teste, reportavit.*

ETIENNE DOLET s'est signalé aussi à Lyon, tant par son érudition que par la netteté de son impression. Ses Commentaires sur la langue Latine sont tout ce qu'on peut voir de plus beau & de plus accompli sur cette matiere. Je passe sous silence ses autres ouvrages sur le même sujet qui sont principalement opposés à *Erasme* de Roterdam, & qui font voir par tout son esprit vif & son profond sçavoir. Il aima mieux à imprimer le reste de sa vie qu'à composer, ou feuilleter les

Magnum sibi quoque Lugduni Gallorum, qua litteris, qua typorum elegantia nomen paravit STEPHANUS DOLETUS, *cujus Commentariis de Latina lingua nihil accuratius, nihil in dicendi genere perfectius. Sileo alia ejusdem in hoc genere scripta Erasmo Roterodamo potissimum opposita, quæ exactam viri eruditionem, & acre ubivis judicium loquuntur. Hic ergo, ut fortunas suas melius tueretur, reliquum vitæ excudendis potius, quam com-*

ponendis, aut interpretatione evolvendis libris impendere praeoptavit.

Nulli quoque humaniorum disciplinarum scientia secundus habetur JOANNES FROBENIUS *Basileensis, ipsi etiam Litteratorum Phoenici* ERASMO *familiarissimus; cujus officina praesens non modo correctioni revisionique edendorum librorum praefuit, sed ad quem absens quoque plures epistolas scripsit: Libellum familiarium Colloquiorum filiolo ejus* J. ERASMO *dedicavit, multisque quam emendatissime emissis Autoribus typographeum ejus aeternitati consecravit, inque eo tandem, variam in orbe expertus fortunam, fatis concessit.*

Cingant latera triumviri sapientiae studiis & typorum laude non incelebres: HIERON. COMELINUS, *natione Gallus, vere praestans & mitioribus in litteris versatissimus typographus. Injuria temporis patrio solo excessit, & Heidelbergae Larem tenuit, inque officina sua tot egregios scriptores procudit, ut non facile palmam alicui concesserit: à Josepho Scaligero intime adamatus, multisque elogiis in Epistolis ejus celebratus,* RUTGERIUS RESCIUS *&* JOAN. OPORINUS, *non morum sanctitate magis, quam doctrina inclyti: horum prior per aliquot lustra, in Gymnasio Lovaniensi Erasmi consilio erecto, Graecae linguae Professionem cum laude sustinuit, tandemque typographeo propriis sumtibus erecto, editis suis aliorumque scriptis, non minorem ex Impressoria quam Professoria functione fructum*

livres pour les expliquer.

JEAN FROBENIUS de *Basle* en Suisse, n'a pas son pareil pour son profond sçavoir dans les belles Lettres; aussi étoit-il grand ami avec ERASME ce PHOENIX des hommes sçavans, à qui il a, non seulement servi de Correcteur dans l'Imprimerie, mais encore il lui a écrit plusieurs belles & sçavantes Lettres, pendant son absence; & il a dedié à son petit fils JEAN ERASME, un petit livre de Colloques familiers, & il a immortalisé son Imprimerie par plusieurs Auteurs qu'il a mis au jour fort correctement: où il a enfin payé le tribut à la nature, aprés avoir essuyé plusieurs revers de fortune dans le monde.

On peut mettre à côté de ces sçavants personages, trois hommes qui ne se sont pas acquis peu de reputation dans l'Imprimerie & dans les sciences. Le premier est JEROME COMELINUS François de nation, certainement excellent Imprimeur. La rigeur des temps le fit sortir de son païs & il vint s'établir à Heidelberg, où il imprima tant de bons & sçavans Livres, qu'il ne cede à aucun la gloire, d'avoir plus travaillé que lui. SCALIGER l'aimoit passionnément & il lui a donné plusieurs éloges dans ses lettres. Les deux autres sont RUTGER RESCIUS & JEAN OPORINUS, également recommandables par la pureté de leurs mœurs & par leur sçavoir, le premier a enseigné avec beaucoup de gloire la langue Grecque dans un College fondé à Louvain par le conseil d'ERASME: Enfin ayant dressé une Imprimerie à ses dépens, il imprima

Exemple où il y a un reste de la traduction en ligne courte au commencement d'une page, & par consequent on doit en agir de la même maniere pour la colomne du texte lorsque le cas arrive.

PARTIE I. CHAP. I. ART. XXIV.

beaucoup de ses écrits & de ceux des autres Auteurs, ce qui ne lui apporta pas un moindre profit que sa chaire de Professeur. L'autre à été ce JEAN OPORINUS, qui ayant enseigné quelque têms dans l'Université des Rauraques qui est à Basle en Suisse (dans les Rauraques sont compris le Canton de Basle, Porentru & les quatre Villes Forestieres de Souabe.) Cette langue que parloient nos premiers Peres, aprés la Création du Monde, & ayant tiré de l'antiquité de la langue Grecque & Hebraïque les Oracles sacrés avec l'applaudissement de la jeunesse qui venoit même des pays étrangers en grand nombre pour l'écouter, parce que sa rénommée étoit répandue dans tout l'Univers, & étant devenu ensuite de Théologien Imprimeur, il à mis au jour des ouvrages concernants les Sciences, par des Livres que lui, & des autres avoient composés, qui dureront éternellement, & par là il a immortalisé sa memoire. *Zwinger* son grand ami raporte, qu'il étoit si liberal envers tous ceux qui excelloient en quelque science, qu'il pouvoit passer pour le Mecénas de son têms & pour le Prytannée des sciences. Si ses richesses avoient égalé son grand cœur, il n'eût pas moins fait par sa magnificence à Basle que Gillas autrefois en avoit fait à Syracuse; de sorte que ce celébre Auteur du *Théatre de la vie humaine*

reportavit. Posterior verò hic JOAN. OPORINUS, *cum illam linguam, quæ circà mundi originem atque incunabula jam florebat, in Academia Rauracorum, quæ Basileæ est, aliquandiu tradidisset, & divina Oracula è profundo Hebraicæ Græcanicæque vetustatis, magno exteræ etiam juventutis applausu & frequentia eruisset, mox ex Theologo Typographus factus, victuris æternum ingenii, & sui & aliorum monumentis Musarum pomœria produxit, indeque immortale nomen sibi peperit. Tanta eum ergà doctos omnes liberalitate usum fuisse familiaris ejus* Zwingerus *refert, ut domus illius veluti prytaneum Musarum dici poterit. Cui animo si domesticæ facultates pares obtigissent, non minùs ille Basilienses, quàm Gillias Syracusanos olim magnificentia sua ornasset.* Fecit nimirum hæc ipsa hospitalitas, ut dum magis bonis atque doctis sese officiosum & humanum, quam bonum patremfamilias suis se comprobare nititur (quod illud veri philosophi & hominis Christiani, hoc etiam fœneratoris cujusvis proprium esse arbitraretur) & sub finem vitæ magna rei familiaris angustia laboravit; & moriens Arionis ominoso symbolo locum fecit amplissimum, *inquit laudatus theatri humanæ vitæ Auctor.*

Exemple où la matiere de la colomne de traduction regne sur celle du texte au bas d'une page, & qui commence la page suivante en la même disposition.

parle de lui en ces termes: Fecit nimirum &c. *Le bon acceuil qu'il faisoit chez lui à tous les gens de bien, & à toutes sortes de personnes sçavantes a fait que pendant qu'il s'efforçoit à paroître plus obligeant & civil à leur endroit que bon pere-de-famille envers ses enfans (ce qu'il croyoit être le propre d'un veritable Philosophe, & d'un parfait Chrêtien) il devint si pauvre à la fin de ses jours,* qu'à sa mort on pouvoit dire de lui ce que la fable dit d'Arion ; " *cela veux dire, que les personnes charitables " furent obligées de se cotiser pour les frais de ses funerailles.*

Invenio in Burdigalorum urbe Typographum doctissimum & in Mechanicâ arte mirum in modum versatum SIMONEM *cognomine* MILANGIUM. *Hic enim, postquam in eâ Aquitaniæ parte, quæ vulgo* Guienne *dicitur, Gymnasia & Academias rexisset, juventutemque in omni arte & disciplinâ egregiè instituisset, tandem Religionis causa ab officio remotus, typographicam Artem, quam in juventute didicerat, exul jugiter exercebat, sibi suisque vitæ præsidia ex illâ paravit, libros uberrima fœtatione subinde procreando. Nullum unquam ex officina sua cocidem emisit, quem non ipsemet recensendo accuratissime correxisset, quam laudem etiam Oporinus & Plantinus merentur; imo, de posteriori hoc referunt, privatim revisa exemplaria, priusquam preli pressurâ multiplicarentur, singulas plagulas publice exponere solitum fuisse, proposito lectoribus præmio, ut pro numero erratorum, quæ quisque observasset, muneratus discederet.*

Je trouve dans la ville de Bordeaux un Imprimeur trés-sçavant, nommé SIMON MILANGE, merveilleusement versé dans la Mécanique ; car aprés avoir regi des Colleges & des Universités dans cette Patrie d'Aquitaine, que l'on nomme communement *La Guienne*, & aprés avoir parfaitement instruit la jeunesse dans toutes sortes d'Arts & de Sciences ; ayant enfin été privé de son emploi à cause de la religion, il pratiqua continuellement dans son exil l'Imprimerie, qu'il avoit appris dans sa jeunesse, & par là, il gagna de quoi s'entrétenir, lui & les siens, en mettant au jour, de têms en têms un grand nombre de livres. Il n'est jamais sorti de son Imprimerie aucun livre qu'il ne l'ait soigneusement revû & corrigé lui même ; ce que l'on peut aussi dire à la louange d'*Oporin* & de *Plantin*, & même l'on assure de ce dernier, qu'il avoit coûtume d'exposer publiquement chaque épreuve qui sortoit de sa presse, aprés l'avoir revû en son particulier auparavant que d'en tirer tous les exemplaires, promettant & donnant une bonne récompense à tous ceux, qui en la lisant, y auroient trouvé quelques fautes, & même il les recompensoit, selon le nombre des fautes qu'ils remarquoient.

La seconde maniere de disposer les ouvrages en deux langues, est de faire l'une & l'autre *Colomne* de caractere Romain ; en faisant la *colomne* de *traduction*, d'un caractere plus petit ou plus gros, pour la distinguer de celle du *texte*, suivant la volonté de ceux qui font les frais de l'impression, & même plus large selon qu'on jugera qu'elle chassera de plus.

Dans le cas de pareilles dispositions, on doit toûjours

PARTIE I. CHAP. I. ART. XXIV.

mettre *du côté du chiffre de la page*, la *colomne* de la même justification, & ne s'en écarter jamais, autrement le défaut en seroit sensible à cause de la rencontre des pages ; ceci doit être observé, tant pour les ouvrages que l'on nomme d'*usages*, que pour les *traductions*, soit de Latin, Italien, Espagnol en François ; soit pour ceux des Auteurs Grecs en Latin.

Il est à propos d'avertir ici pour l'ornement des ouvrages d'*usages*, de ne jamais souffrir un grand vuide dans une *colomne* ; il faut plutôt faire regner sur les deux ce qui excede des versets de l'une des deux, aprés avoir néanmoins mis une ligne de blanc aprés le verset le plus court, pour laisser un interval, & ne jamais confondre le *texte* avec la *traduction* ; cependant on doit se dispenser de faire regner ainsi sur les deux *colomnes*, ce qui excede, lorsque l'excès ne va qu'a deux ou trois lignes, à moins que cela ne se rencontrât au haut d'une page ; car pour lors il faut agir avec rigueur, & ne jamais souffrir au commencement d'une page un reste de *traduction*, s'il n'y a du *texte* à côté, & en ce cas, on doit faire suivre ce restant de *traduction* dessous le *texte*, comme si c'estoit une addition en hache, & commencer la page suivante de même, avec la fin de ce restant de *traduction* ; on trouvera des exemples de la disposition de tous ces sortes d'ouvrages dans ce présent article, & pour un plus grand éclaircissement, nous avons fait des annotations, en caractere italique, que nous avons placé à la marge, vis-à-vis de chaque differente disposition.

On doit aussi avoir un grand soin de bien justifier les lignes de cadrats que l'on met entre les deux *colomnes*, & il est même plus à propos de les justifier tant soit peu plus courtes ; car pour peu que ces lignes de cadrats soient trop longues, la page ne sera point serrée, & les lignes d'embas seroient aussi toutes de travers.

Mais quand on justifie ces lignes de cadrats, qui font la séparation des deux colomnes, aux endroits, où on doit faire regner la matiere d'une colomne sur l'autre, il faut justifier ces lignes de cadrats bien justes à l'égalité des lignes de la colomne sur laquelle on doit faire regner la matiere la plus longue en hache, afin qu'aucune lettre de la premiere

miere ligne, qui se trouve directement contre ces lignes de cadrats ne s'enfoncent dans le milieu de la separation de ces colomnes: C'est à quoi on doit bien faire attention.

LA SUITE DES HOMMES ILLUSTRES DANS L'IMPRIMERIE.

Démonstration d'un Ouvrage en deux langues tout de caractere romain.

INsigniter quoque aliò sub Cæli climate inque peregrino solo rem typicam promovit CHRISTOPHORUS PLANTINUS, in Galliis & ipse natus educatusque. Licet enim Græcas Latinasque Musas tam propitias non haberet atque nominati supra Cives ejus; scientiis tamen Mathematicis & cognitione Hebrææ linguæ, studioque Antiquitatis eos certe longe antecessit.

Dignus à Philippo II. Hispaniarum Monarcha habitus fuit, ut amplissimo stipendio conductus BIBLIA REGIA, quæ PLANTINIANA dicuntur, typis suis nitidissimis, Aria Montano Curatore exprimeret, atque ob id *Architypographi* titulo à Principe redonaretur. Flectenda hac occasione noxia laudatio ad FRANCISCUM RAPHELENGIUM, Belgam qui postquam in Academia Cantabrigensi juventutis Moderator Hellenisticæ orationis majestate veterum scriptorum gloriam aliquandiu revocasset, Antuerpiam ad Plantinum secessit; cumque eidem variis consiliis, morum ingenuitate, & assidua in delegatæ sibi typographicæ correcturæ, quam vocant, Provincia, aliisque rebus exequendis egregiè se probasset, Filiam suam natu majorem nuptum eidem locavit, inque commercium librarium, ut *Meursius* in Athenis Batavis refert, socium adscivit.

Hic ergo, postquam Lugdu-

CHRISTOPHLE PLANTIN qui avoit été né (*a*) & élevé en France a aussi beaucoup travaillé dans un autre climat hors de son pays; & quoiqu'il ne possedât pas parfaitement le Grec & le Latin comme ses confreres dont nous avons parlé ci-dessus, il les a cependant tous surpassé dans la parfaite connoissance qu'il avoit de la Mathématique, de l'Hebreux & de l'Histoire.

Philippe II. Roi d'Espagne lui fit l'honneur de le choisir, aprés lui avoir assigné une pension considerable, pour imprimer, sous la direction d'*Aria Montan*, la Bible Royale, que l'on appelle communement PLANTINIENNE; & pour ce sujet le Roi l'honora du titre de (*b*) premier Imprimeur du Royaume: L'occasion se presente ici de dire quelque chose à la louange de FRANÇOIS RAPHELINGIUS du pays bas, qui aprés avoir enseigné dans le College de Cantabre, en qualité de Professeur de la Jeunesse Espagnole, & avoir rappellé la gloire des anciens Ecrivains pendant quelque espace de têms, & cela par l'élevation de ses discours, il se retira à Anvers auprés de *Plantin*, à qui s'étant fait connoître, tant par les bons conseils qu'il lui à donnés, & ses belles qualités, que par sa diligence à s'acquiter de toutes les commissions qu'il lui donnoit, & particulierement à revoir & corriger toutes les épreuves d'impression qui se faisoient dans toute la Province qui étoit sous sa direction, il lui donna sa Fille aînée en mariage, & se l'associa dans son commerce de Livres, selon que le rapporte *Meursius* dans ses Athenes Hollandoises.

Ce RAPHELINGIUS ayant été appellé

(*a*) *Il étoit natif de Tours, il mou- à Anvers en* 1589.

(*b*) *Philippe II. lui donna le titre* d'Archi-Imprimeur.

PARTIE I. CHAP. I. ART. XXIV.

par les Etats des Provinces Unies, pour enseigner à Leiden la langue Hebraïque, il y transporta aussi une bonne partie des caracteres de son beau pere, & y ayant dressé une Imprimerie nouvelle, il se fit admirer d'un chacun également par ses ouvrages & sa vertu.

Plantin a eu un autre gendre nommé (c) JEAN MORET, homme certainement fort sçavant, grand ami à *Justus Lipsius*; & qui hérita de toute la boutique de *Plantin* son beau pere dans Anvers. Ses descendans y sont encore présentement en grande estime; on peut juger de la beauté & de l'excellence de son Imprimerie, en ce que tous les jours on y employoit quarante-huit Presses, (d) d'où on peut facilement inférer qu'il faloit des sommes immenses pour l'entretenir, & pour payer le grand nombre d'ouvriers qui y étoient employés, puisque chaque jour on y tiroit jusqu'à 200. rames de papier; si bien que ceux qui en étoient les maîtres y pouvoient faire un gain considerable; de sorte que *Cl. Mallincrot* dit que *c'étoit la plus belle Imprimerie de l'Europe; car* dit-il, *outre la beauté & la diversité des caracteres choisis, dont cette Imprimerie de* MORET-PLANTIN *excelloit par dessus toutes les autres* (e) *Imprimeries du monde, elle avoit encore cet avantage particulier, qu'il sembloit qu'elle fut entierement consacrée à la vertu, puisqu'elle ne s'employoit plus volontiers à aucuns ouvrages anciens qu'à ceux qui regardoient le service de Dieu, & l'honneur de ses Saints, & elle a rempli de ces sortes de livres toute l'Europe, principalement l'Italie, la Pologne & l'Espagne.* Ce que je puis dire sans blesser la verité, tous les livres qui portent le nom & le titre de *Plantin* ne sont pas sortis de sa boutique; car l'envie insatiable du gain a fait dire à plusieurs li-

num Batavorum, ad Professionem Hebraicæ linguæ à præpotentibus fœderatæ Belgicæ Ordinibus vocatus esset, bonam etiam typorum nitidissimorum Soceri sui partem secum illuc transtulit, apertaque nova officina, iisdem pariter ac virtute sua omnium oculos in se convertit.

Alter Plantini Gener JOAN. MORETUS erat, vir multæ doctrinæ, Justi Lipsii familiaris, & officinæ Plantinianæ in Urbe patria Antuerpiensi ex asse hæres, cujus posteri adhuc insigniter ibidem florent. Hujus typographei dignitas & præstantia vel inde æstimanda, quod octo & quadraginta prelis operarum ministerio quotidie ferveret; unde facile colligere est, quanto impendio hæc officina constiterit, quamque numerosas sibi typothetarum manus depoposcerit, quarum ope ad ducenta volumina minora, 200. *Riss Papier*, singulis diebus typis describi, & regiæ hinc opes in possessores redundare potuerint. Inde etiam intér officinas typographicas, quotquot in Europa sunt *Cl. Mallincrot* principatum ei his verbis tribuit: *Præter elegantiam inquiens, & varietatem lectissimorum typorum, quibus omnibus universi Orbis Chalcographeis hoc Moreto-Plantinianum amistat, hæc insuper singularis ejusdem officinæ gloria est, quod pietati fere se totam addixisse videatur, quando non ullis jam inde ab antiquo operibus libentius insudet, quam his quæ divino cultui & cœlitum honori deserviunt; cujus generis voluminibus Catholicas Europæ provincias, atque ipsam Italiam, Poloniam, Hispaniasque replevit.* Sed quod præfiscine dixerim non omnes illi libri Plantinianam officinam matrem habent, quæ ejus nomen in fronte, seu titulo præ se ferunt. Insatiabilis lucri cupido mentiri nomina locorum docuit, & multa voluminum millia, vel vicinæ Poloniæ & Lithuaniæ Ecclesiis hac specie & fallacia obtrusit.

(c) Ses descendans y sont encore presentement en grande estime, & demeurent dans la même maison de Plantin.

(d) ce recit paroit être un peu apocryphe; car si on considere que pour l'entretien de 48. presses, il falloit qu'il eut eu plus de deux cens ouvriers, & au moins 6. ou 7. correcteurs, ce recit, dis-je, ne paroit aucunement vraisemblable; car comment Plantin, *auroit-il pû corriger 400. épreuves en si peu de tems: & si cela étoit, on pourroit dire qu'il lui auroit été facile d'achever un livre in-folio de quatre cens feuilles en douze jours. Je laisse à juger si cela est possible.*

(e) personne ne disconviendra que l'impression du Sr. Moret, *pour les usages d'Eglise, ne soit préferée à toute autre. Son imprimerie consiste à present en 12. Presses à imprimer en lettres.*

vres qu'ils avoient été faits dans des Imprimeries où ils ne l'ont jamais été, & a présenté par cette tromperie, plusieurs milliers de livres aux Eglises de Pologne & de Lithuanie.

Avant de finir l'article des ouvrages de differentes langues en deux *colomnes*; il est à propos de dire un mot sur la nouvelle methode qui s'introduit aujourd'hui sur l'arrangement de ces ouvrages : *a* Cette methode est par exemple, dans un Ouvrage en François avec sa *traduction* Latine, de faire le François d'un caractere Romain de la longueur de deux tiers d'une page, & l'autre tiers de ladite page se remplit avec la *traduction* Latine, aussi de caractere romain, mais d'une moindre epaisseur, en faisant une separation d'un cadrat entre ces deux différentes langues : Je ne doute pas que cette methode ne soit suivie de beaucoup de Maîtres, attendu qu'elle est beaucoup plus aisée pour les Compagnons que celle de deux *colomnes*; mais cela ne pourroit point être exécuté dans les ouvrages d'une Bible ou autres semblables, où il est absolument nécessaire de les faire en deux *colomnes*, parce qu'il convient de mettre toûjours la *traduction* à côté de chaque verset du *texte* original; ainsi cette methode ne doit servir, que dans les ouvrages où l'explication d'une langue continue toûjours de suite sans interruption, depuis un chapitre jusqu'à l'autre, comme il se voit dans l'excellent ouvrage de l'Auteur que nous venons de citer à la marge.

a Voyez les Antiquités du P. Montfaucon.

ARTICLE XXV.

Des Ouvrages en deux colomnes accompagnés de Dissertations.

QUAND il y a des *dissertations* sur chaque chapitre ou autres parties d'un Livre, on doit faire la matiere des *dissertations* d'un caractere romain different de celui dont on fera la matiere du *texte* & de la *traduction* de l'original; & les faire suivre aprés la matiere sur laquelle on aura fait ces *Dissertations*, en observant néanmoins de faire la plus longue

PARTIE I. CHAP. I. ART. XXV.

matiere d'un plus petit caractere. La Démonstration suivante fera assez comprendre l'arrangement de semblables ouvrages sans qu'il soit nécessaire de m'étendre d'avantage sur cette matiere.

Démonstration d'un ouvrage dont le texte est en Latin, & sa traduction en François avec la Dissertation à la fin, extrait du 2. chap. de l'Exode.

Nota qu'il faut orner le titre de chaque Chapitre d'une vignette de fonte comme nous l'enseignerons dans l'art. 4. du troisiéme chap. de cette premiere partie.

1. QUelques têms aprés un homme de la maison de Levi ayant épousé une femme de sa tribu.

2. Sa femme conceut & enfanta un fils, & voyant qu'il étoit beau, elle le cacha pendant trois mois;

3. Mais comme elle vit qu'elle ne pouvoit plus empêcher que le secret ne se découvrît, elle prit une corbeille de jonc, & l'ayant enduite de bitume & de poix, elle mit dedans le petit enfant, l'exposant parmi des roseaux sur le bord du fleuve;

4. & fit tenir sa sœur loin de là, pour voir ce qui en arriveroit.

5. En même têms la fille de Pharaon vint au fleuve pour se baigner, suivie de ses filles, qui alloient le long du bord de l'eau: Et ayant apperçû cette corbeille parmi les roseaux, elle envoya une de ses filles qui la lui apporta.

6. Elle l'ouvrit, & trouvant dedans ce petit enfant qui crioit, elle fut touchée de compassion, & elle dit: C'est un des enfans des Hebreux.

1. EGressus est post hac vir de domo Levi & accepit uxorem stirpis suæ.

2. Quæ concepit, & peperit filium: & videns eum elegantem, abscondit tribus mensibus.

3. Cùmque jam celare non posset, sumpsit fiscellam scirpeam, & linivit eam bitumine ac pice: posuitque intus infantulum, & exposuit eum in carecto ripæ fluminis,

4. stante procul sorore ejus, & considerante eventum rei.

5. Ecce autem descendebat filia Pharaonis, ut lavaretur in flumine, & puellæ ejus gradiebantur per crepidinem alvei. Quæ cùm vidisset fiscellam in papyrione, misit unam è famulabus suis: & allatam

6. aperiens cernensque in ea parvulum vagientem, miserta ejus, ait: De infantibus Hebræorum est hic.

On continue de faire toute la matiere des Versets dans la même disposition que ceux-ci jusqu'à la fin de chaque chapitre, où commencent les Dissertations.

DISSERTATION

SUR LA VIE DE MOYSE.

On doit mettre une petite vignette de fonte ou un filet au commencement des titres de chaque Dissertation, comme on a mis à celui-ci, & continuer la matiere en la même disposition que ce commencement.

MOïse nâquit en Egypte dans un têms où les Princes de ce pays n'ayant plus de souvenir des services importans que le Patriarche Joseph avoit rendu à l'Etat, avoient conçû contre les Israëlites des soupçons de quelque revolte, à cause de leur nombre qui s'augmentoit tous les jours: Ils les réduisirent donc dans une dure servitude, & ils chercherent à les oprimer de la maniere la plus cruelle. L'on donna ordre aux Sages-Femmes de faire mourir tous les enfans mâsles qui naîtroient des femmes Israëlites. Pour soustraire Moïse à ses violences, ses parens furent obligez &c.

Mais si un Auteur fait des *dissertations* à chaque verset d'un Chapitre en particulier, on doit en ce cas construire tout l'ouvrage en trois *colomnes*, de la maniere suivante,

Premierement, supposez que le *texte* soit en Latin & la *traduction* en François, on mettra le *texte* à la premiere *colomne* d'une justification & d'un caractere romain plus petit que les deux autres.

Secondement on mettra la *traduction* Françoise à la seconde *colomne* d'un caractere italique du même corps de celui dont on fera les *dissertations*, en observant de ne point faire regner la matiere de cette *colomne* sur celle du *texte* & encore moins sur celle des *dissertations*, si ce n'est que dans une nécessité.

Troisièmement, les *dissertations* se feront de romain du même corps que la *traduction* Françoise, que l'on placera dans la troisième *colomne*, en observant de tenir la justification de cette *colomne* plus large que celle des deux autres, selon qu'elle chassera de plus. Lorsque cette matiere court plus loin de beaucoup que celle de la *traduction* on la fera regner dessus ladite *colomne* de *traduction*, aprés y avoir mis une ligne de cadrats pour laisser un interval entre les deux.

on doit enfin observer de faire regner le commencement de chaque *colomne* vis-à-vis l'une de l'autre & ne s'en écarter jamais: l'ordre & la beauté de l'ouvrage dependent de cette disposition.

Démonstration d'un Ouvrage où les Dissertations sont à côté de chaque Verset.

11. In fraude circumvenientium illum affuit illi, & honestum fecit illum.	12. *Elle l'a assisté contre les embûches de ceux qui vouloient le surprendre, & elle l'a enrichi.*	Jacob, qui avoit épousé la fille de Laban, gardoit les troupeaux de son beau-pere, qui tâchoit par adresse de frustrer son gendre du prix dont ils étoient convenus. Mais Jacob instruit par la Sagesse, évita les pieges de Laban, & fit tellement multiplier ses troupeaux, qu'il devint trés-riche au bout de quelques années.
12. Custodivit	12. *Elle l'a delivré*	Laban avoit resolu de tuer

illum ab inimicis, & à seductoribus tutavit illum, & certamen forte dedit illi ut vinceret, & sciret quoniam omnium potentior est sapientia.

de ses ennemis, & l'a défendu des seduteurs: elle l'a engagé dans un rude combat, pour lui donner occasion de vaincre, & afin qu'il sçût que la Sagesse est plus puissante que tout le reste.

Jacob, parce qu'il avoit emporté les Idoles de son pere. Esaü avoit aussi pris la resolution de le massacrer. Mais Dieu le délivra de tous ces dangers. Il fut engagé dans un rude combat, puis qu'il lutta pendant toute une nuit contre un Ange qui lui apparut, & il ne le laissa point aller, qu'il ne lui eût donné sa benediction.

13. Hæc venditum justum non dereliquit, sed à peccatoribus liberavit eum: Descenditque cum illo in foveam.

13. Elle n'a point abandonné le juste, qui fut vendu; mais elle l'a délivré des pecheurs: elle est descenduë avec lui dans la fosse.

Joseph est ce juste qui fut vendu par ses propres freres à ces Marchands étrangers, qui le revendirent à un Egyptien. Il est accusé injustement d'avoir attenté à l'honneur de sa Maîtresse.

14. Et in vinculis non dereliquit illum, donec afferret illi sceptrum regni, & potentiam adversus eos, qui eum deprimebant: & mendaces ostendit, qui maculaverunt illum & dedit illi claritatem æternam.

14. Elle ne l'a point delaissé dans les chaînes jusqu'à ce qu'elle lui eût mis entre les mains le Sceptre royal, & qu'elle lui eût donné la puissance contre ceux qui l'opprimoient: Elle a fait voir l'imposture de ceux qui l'avoient deshonoré; & elle lui a donné une reputation éternelle.

Sur ce faux soupçon on l'emprisonne. Dieu n'abandonne point ce juste dans ces chaînes, ni dans cette infortune, où il sembloit qu'il devoit perir. Il fit éclater la vertu & la science de son serviteur dans l'explication qu'il donna au songe du Prince. On retire Joseph de la prison pour lui donner la conduite des plus importantes affaires de l'Egypte: il ne lui manquoit que le titre de Roi; tant il est vrai que Dieu protege tôt ou tard ceux qui se confient en lui, & qui ne perdent pas l'esperance dans leurs infortunes.

S'il y a des *Objections*, des *Exemples*, des *Remarques*, des *Notes historiques*, des *Reflexions politiques* &c. dans le corps d'un ouvrage on peut les faire d'un caractere romain, different de celui dont on se sert pour la matiere du corps de l'ouvrage, comme il se voit dans toutes les *Démonstrations* que l'on a inserré dans ce Livre pour servir de modele.

CHAPITRE II.

De l'Ornement des premieres pages, & de la disposition de differens Ouvrages.

ARTICLE PREMIER.

De la construction des premieres pages d'un Livre.

IL est plus difficile qu'on ne se l'imagine, de bien faire une premiere page, & autres titres d'un Livre; comme aussi de bien construire & orner dans un ordre naturel & agréable, les divisions d'un Livre, telles que sont les *Parties*, *Chapitres*, *Articles*, & autres semblables; & on peut dire que c'est ici qu'on connoît la science d'un Compositeur. C'est pourquoi je m'étendrai un peu davantage sur cette matiere, & pour rendre ces instructions plus intelligibles, je donnerai des Demonstrations, qui pourront servir de modéle, lorsqu'il surviendra quelques doutes sur les manuscrits qui tomberont entre les mains des Compositeurs.

Comme on ne sçauroit donner de regles générales pour la construction des premieres pages d'un Livre, vû que tous les sujets sont differens les uns des autres, on s'est contenté d'en donner plusieurs Démonstrations de differentes constructions, avec une instruction sur les choses qu'il faut observer pour les rendre dans leur ordre naturel.

OBSERVATIONS.

1. Les mots essentiels d'une premiere page ou titre, doivent être du plus gros caractere qu'il y ait dans la page. On doit rarement faire deux longues lignes essentielles, un peu voisines, de même grosseur; & si l'on fait, par exemple, la premiere de lettres de deux points de S. Augustin, l'autre qui

eſt auſſi une ligne eſſentielle, ſe doit faire de deux points de petit Romain ou de deux points de Ciceró, en cas que le petit Romain ne ſuffiſe pas pour remplir ladite ligne.

2. Quand il y a deux nominatifs dans un titre de Comedie, Tragedie, &c le ſecond doit être de lettres de deux points de groſſes capitales Italiques, comme il ſe voit ci-aprés à la Démonſtration du titre de THEODORE *Tragedie.*

3. On ne doit jamais faire pluſieurs lignes de lettres de deux points en cul de lampe, ni d'autres capitales d'une même groſſeur.

4. Il ne faut jamais faire ſuivre deux lignes également courtes au commencement d'une premiere page ou d'autre titre; & lorſque la premiere eſt courte, la ſeconde doit être de la longueur de la juſtification de la page; ſi au contraire la premiere eſt longue, la ſeconde doit être courte; ainſi les lignes de capitales doivent être l'une courte, & l'autre longue, alternativement, & de differente groſſeur de caractere, ſuivant la place que l'on peut avoir.

5. Lorſqu'il arrive trois lignes courtes entre deux longues, toutes de capitales, on doit faire la ſeconde un peu plus longue, & d'un caractere tant ſoit peu plus gros que les deux autres, afin que la groſſeur de la lettre correſponde aux deux lignes longues, où ſont les deux mots *a* eſſentiels.

a Voyez les nombres 2. 3. & 4. de la cinquiême Démonſtration des premieres pages.

6. Il eſt trés-important à un Compoſiteur de bien proportionner les blancs entre les lignes de capitales d'un titre; il doit pour cela mettre toûjours plus de blanc devant une ligne de capitales qu'aprés, parceque, comme l'on ſçait, les capitales portent plus de blanc par le bas que par le haut; & par ce moyen, le blanc ſe trouvera égal entre chaque ligne: Mais quand il y a des interponctions dans un titre, il faut mettre plus de blanc aprés la ligne des capitales, où ſera cette interponction, qu'on n'en aura mis entre les lignes des capitales qui précedent la ligne où eſt ladite interponction. Il en faut faire de même à chaque ſeparation de differentes periodes, ſoit qu'elles ſoient en cul de lampe, ou en ſommaire; c'eſt-à-dire qu'on doit mettre un peu plus de blanc entre chaque differente periode, qu'il n'y en aura entre les lignes qui ſont toutes de capitales.

7. Les

7. Les mots, qui doivent être de plus gros caractere dans un Titre, sont les mots essentiels; & ceux qui doivent être d'un caractere plus petit, sont ordinairement ceux-ci : *La*, *de*, *le*, *sur*, *avec*, *contenant*, *devant*, *aprés*, & autres semblables; excepté, quand on les joint dans la même ligne d'un mot essentiel, car pour lors ils doivent être du même caractere des mots essentiels, ausquels ils seront joints.

8. Quand il survient deux noms essentiels de suite, il faut faire le premier de la longueur de la page, & le second plus court, & d'un moindre caractere; comme il se voit au titre de *Déclaration du Roi*, &c. à l'article 3. de ce 2. *chap.*

9. Quand il y a plusieurs [a] periodes qui suivent les mots essentiels, & autres lignes de capitales, on doit faire la premiere du bas de casse de romain, & la seconde d'italique, & ainsi alternativement; en observant de les faire de differente grosseur de caractere, soit en cul de lampe ou en sommaire.

10. Mais s'il arrive que la derniere ligne de ces mots essentiels en lettres capitales soit de la longueur de la page, on doit faire le commencement du sommaire ou cul de lampe qui les précede de capitales [b] en ligne courte, & faire ensuite le reste en sommaire ou en cul de lampe du bas de casse; car de faire deux lignes longues de suite, cela n'est point de regle.

11. Il semble à plusieurs Ouvriers de mauvais goût, que le plus gros caractere dans une premiere page, est toûjours le plus agréable à la vuë; car on en voit qui mettent les mots essentiels dans une page In-douze de deux points de gros romain, & je crois qu'ils les mettroient de deux points de petit canon, s'il pouvoient les y faire entrer: Cependant les personnes de bon sens conviendront que cela est ridicule, & que, comme il faut de la proportion en toute chose, on doit user d'un caractere gros ou petit, à proportion que les pages sont grandes ou petites: On pourra se conformer sur les Démonstrations qui sont ci-aprés pour cet effet, en se servant d'un caractere convenable à la grandeur des pages qu'on aura à faire.

12. Il est de regle essentielle de faire toûjours les premieres pages plus larges que celles de la matiere; & pour la lon-

[a] Voyez les nombres 5. 6. & 7. de la quatriême Démonstration des premieres pages.

[b] Voyez le nombre 3 de la seconde démonstration des premieres pages.

gueur, elles doivent être aussi longues qu'une page, y compris la ligne du titre courant, & celle de la signature d'en bas.

13. Quand on met *Tome I. Tome II.* ou *premiere Edition*, &c. on doit placer ces sortes de mots tout à la fin du titre de la premiere page : On les fait de capitales romaines, [a] lorsqu'ils suivent une periode de bas de casse d'italique ; & de capitales italiques aprés une de romain, ou aprés un titre qui est entierement de lettres capitales : On verra aussi cet exemple dans la quatriême Démonstration des titres des premieres pages.

[a] voyez le nomb. 2. de la septiême Démonstrat. des premieres pages.

14. Le *nom* des *Auteurs* [b] doit être toûjours de grandes ou de petites capitales du même corps que celles du bas de casse dont on fait leurs *qualités*, & lorsqu'il arrive que ces *noms* & *qualités* d'*Auteurs* suivent une periode de caractere romain, on doit faire les *noms* de capitales italiques & les *qualités* du bas de casse du même corps.

[b] voyez les nomb. 7. de la troisiême & quatriême Démonstrations des premieres pages.

15. Pour les *noms* de *Ville* que l'on met ordinairement au bas des premieres pages, on doit les faire de plus gros caractere que celui qu'on employera pour le *nom* du *Libraire*, lequel on peut faire de petites capitales lorsqu'on n'a point de place suffisante pour le faire de grosses capitales.

16. Immediatement aprés le *nom*, l'*enseigne* & la *demeure* du *Libraire*, on doit poser un reglet de cuivre, ou de fonte, un peu plus court que la largeur de la page ; ensuite on doit mettre la *datte* de l'année de capitales en chiffre romain, en observant de laisser un peu de blanc devant & aprés ledit reglet.

17. Enfin les mots de *Privilege*, d'*Approbation* ou de *Permission*, [c] se placent toûjours aprés la *datte* de l'année de l'impression du livre, & se font de bas de casse italique, & même de lettres capitales, lorsqu'on a suffisamment de la place pour faire entrer le tout dans une ligne.

[c] Voyez les nombres 9. de la troisiême & quatriême Démonstration des premieres pages.

ARTICLE II.

Contenant plusieurs Démonstrations des premieres Pages d'un Livre.

COMME il est beaucoup plus facile à concevoir une chose par une Démonstration oculaire que par une ample description, plusieurs de mes Confreres ont jugé à propos que je donnasse des Démonstrations sur tout ce que nous venons d'enseigner ci-devant au sujet de l'ornement, & de la construction des titres des premieres pages d'un Livre (autrement dit, des titres de frontispice) c'est pourquoi nous avons inseré ici expressement neuf sortes de titres, tous d'une construction differente l'une de l'autre, afin de mieux faire comprendre cette connoissance à ceux qui pourroient avoir quelques doutes sur les observations precedentes, & qui leur serviront pour autant de modeles dans le besoin.

Le nombre des chiffres qu'on a mis à la marge de chaque titre des premieres pages, servent à démontrer l'ordre, & l'arrangement des lignes où sont les mots essentiels; comme aussi pour faire voir plus facilement la difference des caracteres qu'on doit employer pour les periodes qui sont de bas de casse, soit de caractere romain, soit d'italique; le tout conformement aux observations & explications que nous avons données à ce sujet.

Puisque nous avons proposé *a* ci-devant de faire voir la disposition des *additions* au bas des pages, il est têms à present d'avertir que ces *additions* se placent de plusieurs manieres, les uns les placent au bas des pages, aprés avoir mis une ligne de cadrats, pour ne pas confondre la matiere de la page avec celle des *additions*. On les place aussi en plusieurs colomnes en nombre de lignes égales, excepté, quand le cas arrive en lignes impaires; alors on pose une ligne de cadrats au bas de la derniere colomne, pour la rendre à l'égalité des

a Voyez l'article des additions page 59.

autres, & on laiſſe un peu de blanc pour ſervir d'interval entre chaque colomne. Les autres obſervent de ſeparer leſdites *additions* avec des reglets de cuivre ou de fonte, & en pluſieurs colomnes, de même que les premiers; mais comme cette diſpoſition dépend du goût de l'Auteur ou d'un Maître, cela doit être arbitraire; c'eſt pourquoi nous nous contenterons de faire ces *additions* de differentes manieres, afin de faire voir la diſpoſition de l'un & de l'autre; cependant ſi on commence une fois à les diſpoſer ſans reglets, on doit continuer la même methode dans tout l'ouvrage: Cette irregularité que l'on voit ici n'eſt que pour ſervir de modele aux Apprentifs.

Explication de la premiere Démonſtration, & qui ſervira de modele pour les Additions au bas des pages, en deux colomnes ſans reglets; mais cette methode n'eſt point en pratique parmis les bons Ouvriers.

LORSQU'ON aura un titre à faire où il y aura trois mots eſſentiels * entre deux lignes courtes, on pourra ſe ſervir de cet exemple, lorſque la matiere de chaque partie du livre† ſera dénoncée dan sla premiere page comme il ſe voit au *nombre* 4. on le fera comme il eſt dans cette démonſtration, quoiqu'on puiſſe cependant le faire de capitales ſi la matiere le permet, en obſervant une fois pour toutes, de mettre la groſſeur des caracteres à proportion de la grandeur des pages qu'on aura à faire.

On peut auſſi remarquer que les blancs ſont d'une égale diſtance entre chaque ligne eſſentielle, depuis le *nombre* 1. juſqu'au *nombre* 3. où eſt la fin de cette periode.

* *Les mots eſſentiels ſont les* nomb. 1. 2. 3.

† *La matiere de chaque partie ſont les mots de l'*Exiſtence de Dieu. *nomb.* 4.

TRAITÉ 1.

DE LA VERITÉ
DE
LA RELIGION 2.
CHRÊTIENNE. 3.

PREMIERE PARTIE.

De l'Existence de Diêu. 4.

Nouvelle Edition, revûe, corrigée, & augmentée d'un grand nombre de Notes.

A BRUGES,
Chez JEAN-BAPTISTE MOERMAN, Imprimeur & marchand Libraire.

M. DCC. XIV.

PARTIE I.
CHAP. II.
ARTICLE II.

Explication de la seconde Démonstration, & qui servira d'exemple pour les Additions au bas des pages, en deux colonnes, séparées d'un reglet.

CETTE premiere page pourra servir d'exemple lorsqu'on aura un titre à faire, où il y aura deux mots essentiels, *a* suivis de deux periodes en culs de lampe, dont on pourra faire une ligne courte *b* avec le commencement de la premiere periode.

Si on ne pouvoit point faire ces periodes en cul de lampe, on les fera en sommaire, en observant de les faire de caractere different l'une de l'autre; sçavoir la premiere periode de romain *c* & la seconde d'italique.

Le *nom* de *Ville* *d* se doit faire, comme nous avons dit ci-devant, d'un caractere un peu plus gros que celui qu'on employera pour faire le *nom* de l'*Imprimeur* ou du *Libraire*.

Le *nom* de l'*Imprimeur* ou du *Libraire* *e*, se peut faire de petites capitales, lorsqu'il est fort long, & on doit faire en sorte que la ligne finisse par le commencement de ses *qualités*, qui se font de bas de casse. Quand il n'y a point les mots d'*Approbation* ou de *Privilege* aprés les *qualités* de l'*Imprimeur*, on peut faire la *datte* de l'année *f* de lettres capitales italiques.

a *Les mots essentiels sont les lignes des* nomb. 1. & 2.

b *Le commencement de la periode est la ligne du* n. 3.

c *Les deux periodes de romain & d'italique sont les nombres* 4. & 5.

d *Le nom de Ville est* Viterbe nomb. 6.

e *Le nom de l'Imprimeur est au* nomb. 7.

f *Voyez le* nombre 8.

DISSERTATIONS 1.

SUR

LA MUSIQUE, 2.

AVEC UN DISCOURS 3.

Sur les Inſtrumens dont on ſe ſervoit 4.
du têms du Prophete David.

Le tout repreſenté par des Figures en tailles-douces 5.
dans leurs formes naturellès.

A VITERBE, 6.

Chez FRANÇOIS JOSEPH DANGLIERY, Impri- 7.
primeur & marchand Libraire, vis-à-vis le Marché.

M. DCC. XVII. 8.

PARTIE I.
CHAP. II.
ART. II.

Explication de la troisiéme Démonstration, avec un modele pour les Additions au bas des pages, distinguées par des lettrines entre deux parentheses.

QUAND il y a plusieurs periodes dans une premiere page & que la premiere a quelque rapport aux mots essentiels *(a)* du titre, on peut faire cette premiere periode de lettres capitales de differente grosseur, en faisant une ligne courte avec les premiers mots de ladite *(b)* periode, lorsqu'elle arrive immediatement aprés une ligne longue, comme il se rencontre dans cette Démonstration.

Les autres *(c)* periodes suivantes, doivent être du bas de casse, les unes de caractere romain, & les autres d'italique alternativement, & de differens corps.

Lorsque le *nom* & les *qualités* d'un *Auteur* se rencontrent immediatement aprés quelques lignes de caractere romain du bas de casse, on doit faire les *qualités* du bas de casse italique & le *nom* de *l'Auteur* de capitales du même caractere, en observant de séparer les lettres capitales d'une grosse ou d'une fine espace, suivant que le terrain de la place le permettra.

Quand il y a à la fin d'un titre les mots de *nouvelle Edition &c.* qui ne peuvent entrer en une ligne de capitales, comme il se voit dans la cinquiéme Démonstration de ces premieres pages, on doit les faire du bas de casse italique lorsqu'ils suivent quelques lignes de romain de bas de casse: Si au contraire, ils sont precedés d'une periode qui sera de bas de casse italique, on doit faire ces mots *(d)* de *nouvelle Edition &c.* du bas de casse d'un caractere romain, comme il se voit dans la presente Démonstration.

(a) *Voyez les lignes des nombres 4. & 5.*

(b) *Voyez le mot de* Communion, *qui est le mot le plus essentiel du titre au* nomb. 3.

(c) *Voyez les trois* periodes *qui sont les* nomb. 6. 7. *&* 8.

(d) *Pour les mots* de nouvelle Edition &c. *voyez le* nomb. 8.

INSTRUCTION

INSTRUCTION
POUR FAIRE SA PREMIERE
COMMUNION, 3.
TRÉS-UTILE
POUR LA JEUNESSE 4.
CHRÊTIENNE. 5.

AVEC UNE ADDITION DE TROIS LEÇONS 6.
pour ceux qui sont plus avancés.

Par le Reverend Pere CHIFFLET, *de la Compagnie* 7.
de JESUS.

Nouvelle Edition, augmentée de plusieurs Actes de Vertus, & 8.
de Prieres pour assister à la Sainte Messe.

A BRUXELLES,
Chez EUGENE HENRY FRICX, Imprimeur du Roy,
vis-à-vis de l'Eglise de la Madeleine.

M. DCC. VII.

Avec plusieurs Approbations, & Privilege du Roy.

☞ Cette page est la Signature M

Explication de la quatriême Démonstration, laquelle pourra servir d'exemple pour les Additions en plusieurs colomnes au bas des pages ; mais cette disposition ne se doit pratiquer que quand il ne se trouve point suffisamment de place au bas d'une page pour faire entrer toutes les Additions en deux colomnes ; en ce cas, on pourra faire ces Additions d'un caractere plus petit que les autres.

CETTE Démonstration pourra servir de modele, lorsqu'il se rencontrera trois ou quatre mots essentiels dans un Titre (*a*) & que le dernier de ces mots se trouvera en lignes courte ; (*b*) pour lors on fera la premiere ligne de la periode qui suit le dernier mot essentiel, de capitales de romain (*c*) & le reste du bas de casse ; ensuite les autres periodes de caractere italique & romain (*d*) alternativement.

Si le Titre contient plusieurs *Volumes*, comme celui-ci, on doit mettre le nombre du *Volume* tout à la fin de la matiere du Titre (*e*) & le faire de capitales d'italique, lorsque la derniere periode est de caractere romain.

Quand il y a seulement le mot d'*Approbation* ou de *Privilege du Roy* (*f*) on doit le faire de lettres capitales d'italique, comme il se voit au bas de la présente Démonstration.

(*a*) *Les mots essentiels sont les lignes des* nomb. 1. 2. 3. 4.

(*b*) *Voyez la ligne du* nomb. 4.

(*c*) *Voyez le* nomb. 5.

(*d*) *Voyez les* nomb. bre 6. & 7.

(*e*) *Voyez le* nombre 8.

(*f*) *Voyez le* nombre 9.

SENTIMENS 1.

QUE DOIT AVOIR

UN HOMME-DE-BIEN 2.

SUR LES VERITEZ

DE LA RELIGION 3.

ET

DE LA MORALE. 4.

CONTENANT UNE EXPLICATION DES
Proverbes de Salomon & autres Livres de l'Ecriture, 5.
appellés SAPIENTIAUX.

On y trouvera aussi les Maximes de la Sagesse divine, avec les
Devoirs de la Vie civile. 6.

Par Monsieur l'Abbé DE BELLEGARDE. 7.

TOME PREMIER. 8.

A PARIS,
Chez JEAN & MICHEL GUIGNARD, rue Saint Jacques, devant
la rue du Platre, à l'Image Saint Jean.

M. DCC. IV.

AVEC APPROBATION ET PRIVILEGE DU ROY. 9.

Explication de la cinquiéme Demonstration.

CETTE Démonstration pourra servir de modele lorsqu'il se rencontrera dans un Titre trois lignes courtes *(a)* entre-deux longues de mots essentiels ; & dans ce cas on doit faire la ligne du milieu de ces trois lignes courtes, plus longue que les deux autres, & d'un caractere plus gros, *(b)* comme il se voit dans cette Démonstration entre les mots d'OBSERVATION & de CHEVALERIE.

Quoique les mots d'*ancienne & moderne*, *seculiere & reguliere*, soient de capitales ; on pourroit cependant les faire du bas de casse, en cul de lampe, dont la premiere ligne devroit être plus courte que le mot de CHEVALERIE, mais étant de capitales, comme ils sont, ils ont encore meilleure grace, d'autant plus qu'ils sont en quelque maniere des mots essentiels.

S'il y a des *notes* dans un Livre, où quelque chose de particulier, & qu'on veuille l'énoncer devant les *qualités* d'un *Auteur*, on fera ces mots *AVEC DES NOTES*, *(c)* où autres choses semblables, de lettres capitales d'italique, & la matiere qui suivra immediatement lesdits mots de capitales d'italique se fera de caractere romain, & les mots de nouvelle *Edition*, ou *Tome I.* &c. se feront d'italique, soit de capitale, soit de bas de casse.

(a) Voyez les mots, Historiques & Critiques sur la, *qui sont au nombre 2. 3. & 4.*

(b) Voyez la ligne du nombre 3.

(c) Voyez la ligne du nombre 5.

OBSERVATIONS

HISTORIQUES 2.

ET CRITIQUES 3.

SUR 4.

LA CHEVALERIE,

ANCIENNE ET MODERNE,

SECULIERE ET REGULIERE;

AVEC DES NOTES. 5.

Par le R. Pere DE SAINTE MARIE, Carme Dechaussé.

NOUVELLE EDITION.

A TOULOUSE;

Chez JEAN-BAPTISTE CAMUS, Imprimeur & marchand Libraire rue des Dominicains.

M. DCC. XIV.

AVEC APPROBATION ET PRIVILEGE DU ROY.

Explication de la sixiême Démonstration.

LES Titres d'une premiere page pour les *Heures*, *Catechismes*, *Instructions Pastorales* & autres Ouvrages semblables à l'usage des Dioceses particuliers, se peuvent faire tous de lettres capitales jusqu'au *nom propre* de l'*Evêque*, excepté, quand le *nom* ou les *qualités* sont d'une grande étendue; car pour lors, on doit faire seulement les mots essentiels de l'intitulation du Livre, de lettres capitales, comme il se voit dans la présente Démonstration que nous avons pris pour exemple.

Lorsqu'on aura un Titre à faire, tout de lettres capitales, l'on pourra prendre aussi pour modéle, l'arrangement de cette premiere page : Ces sortes de Titres ne se font que quand ils sont fort courts, & qu'on a suffisamment de la place pour les faire de cette maniere, & si l'on veut placer le *nom* & les *qualités* de l'*Auteur*, on les fera du bas de casse de romain, excepté le *nom* de *l'Auteur* qui doit toûjours être de grosses ou de petites capitales, selon que la place le permettra.

S'il y a aprés le *nom* & les *qualités* de *l'Auteur* les mots de *Tome I.* ou de *premiere Edition*, ou autres choses semblables, on les fera de bas de casse d'italique, en cas qu'on ne les puisse faire entrer de capitales en ligne courte, comme il se voit au *nombre* 8. de la quatriême Démonstration.

CATECHISME
DU DIOCESE
DE SAINT OMER.

CONTENANT

L'ABRÉGÉ DE LA FOY,

ET DES

VERITEZ CHRÊTIENNES.

Fait par l'ordre de Monſeigneur l'Illuſtriſſime & Reverendiſſime LOUIS ALPHONSE DE VALBELLE Evêque de S. Omer.

Pour être ſeul enſeigné dans ſon Dioceſe.

A SAINT OMER,
Chez BENOIT COMBE, Imprimeur de Monſeigneur l'Evêque, & Marchand Libraire, rue des Epéers.

AVEC PRIVILEGE DU ROY.

Explication de la septiême Démonstration.

LORSQU'ON veut énoncer le sujet de la matiere des *Parties* ou *Chapitres* d'un Livre dans une premiere page aprés l'intitulation du Livre, on les doit faire d'un caractere different de celui des autres periodes ordinaires, * soit de petites capitales de romain ou d'italique.

Si le sujet de la matiere qu'on veut énoncer est fort long, on le peut faire en deux colomnes, & les periodes qui suivent, doivent être, l'une de romain, & l'autre d'italique, alternativement; & si le Livre contient plusieurs *Volumes*, on doit mettre *Tome I.* &c. de capitales de romain, supposé que la derniere periode soit d'italique.

Cette Démonstration pourra servir de modele, lorsqu'on aura quelque Titre semblable à faire.

---

* *Le sujet de la matiere des parties ou chapitres de cette premiere page, sont les mots*, la Religion, l'Astrologie *&c. lesquels on ne sçauroit moins distinguer que par des petites capitales, comme il se voit au* nombre 1.

LA SCIENCE

LA SCIENCE
DES PERSONNES
DE LA COUR,
DE L'ÉPÉE ET DE LA ROBE,

DU SIEUR DE CHEVIGNI,

Dans laquelle, outre les matieres contenues dans les deux Editions précédentes, on trouvera une Instruction plus ample

SUR

LA RELIGION.	LA GUERRE.
L'ASTRONOMIE.	LES FORTIFICATIONS.
LA CHRONOLOGIE.	LE BLASON.
LA GEOGRAPHIE.	LES FABLES.

OUVRAGE TOUT NOUVEAU;

Augmenté dans cette cinquiême Edition de divers Traités, & de plusieurs Tables de Chronologie.

Par H. P. DE LIMIERS, *Docteur en Droit.*

TOME PREMIER.

A AMSTERDAM,

Chez L'HONORE' & CHATELAIN, Marchands Libraires, rue de nieuwe Breuge.

M. DCC. XVII.

Explication de la huitiême Démonstration, qui pourra servir d'exemple pour faire voir la disposition des Notes au bas des pages, laquelle est la plus suivie parmi les sçavans Auteurs modernes.

IL arrive assez souvent qu'un Auteur fait placer, immediatement aprés l'intitulation *(a)* de son Ouvrage, l'abbrégé du contenu de chaque partie, (b) dont il a divisé son Livre, afin d'en faciliter d'abord l'intelligence au Lecteur, & ces sortes de Titres se font de cette maniere. Premierement on fait le Titre de l'intitulation de lettres capitales jusqu'à la derniere ponctuation, (c) & si la derniere ligne des lettres capitales est longue; on doit faire suivre une ligne courte avec le premier mot (d) de la continuation du discours, & faire le reste du bas de casse de caractere romain; cela fait on doit mettre le nombre des *parties* que le Livre contiendra en lettres capitales italiques, & placer ensuite le sujet, ou le contenu de chaque *partie* en caractere romain, soit en cul de lampe, soit en sommaire; (e) mais si la matiere de chaque *partie* ne contenoit que trois ou quatre mots, on devroit les faire de petites capitales, comme il se voit au nombre 1. de la Démonstration précedente.

Si aprés cela il se rencontre d'autres periodes, comme pour le nom de l'*Auteur*, ou de *nouvelle Edition*, &c. on les fera en cul de lampe ou en sommaire, d'un caractere different l'un de l'autre; comme il se voit ici aux nomb. 10 & 11.

(a) *L'intitulation de cette premiere page sont les lignes des* nomb. 1. 2. 3. & 4.

(b) *Le contenu de chaque* partie *sont aux* nomb. 7. 8. & 9.

(c) *La derniere ponctuation qu'il y a dans l'intitulation est aprés le mot de* PHISIQUES nomb. 4.

(d) *Le premier mot de la continuation du discours est le mot de* Sur *au milieu de la ligne du* nomb. 5.

(e) *Le sujet de chaque* Partie *qui est énoncé dans cette premiere page sont les lignes des* nombres 7. 8. & 9.

NOUVEAUX ELEMENS 1.

DE MEDECINE, 2.

OU 3.

REFLEXIONS PHISIQUES, 4.

SUR 5.

Les divers Etats de l'Homme. 6.

DIVISÉ EN TROIS PARTIES.

LA PREMIERE, traite du Corps Humain & de ses Operations 7.
en particulier.

LA SECONDE, des Maladies, de la Mort, & de leurs causes. 8.

ET LA TROISIEME, des Moyens de prolonger la Vie, & de 9.
conserver la Santé.

Par C. M. * * * *Docteur en Medecine, & Professeur à Francfort* 10
sur l'Oder.

Nouvellement traduit en François par un Maître Chirurgien Juré. 11

A BRUXELLES,
Chez EUGENE HENRY FRICX, Imprimeur du Roy,
vis-à-vis de l'Eglise de la Madeleine. 1721.

AVEC PRIVILEGE DU ROY.

Explication de la neuviême Démonstration.

L'ON voit dans cette derniere Démonstration que, quand les mots essentiels d'un Titre sont suivis d'une periode fort longue, on la doit faire en sommaire, (a) & s'il y a encore d'autres periodes, qui suivent ce sommaire, (b) on les fera d'un caractere different, comme il se voit dans cette Démonstration.

Il me semble que ces neuf Démonstrations doivent suffire pour servir de modele à bien faire la premiere page d'un Livre quelque Titre qu'on ait à faire; pourvû qu'on ait tant soit peu d'industrie pour aider au changement des mots essentiels, & des differentes periodes des nouveaux Titres; ainsi nous finirons cette matiere, pour entrer en celle des Titres des Placards.

(a) *Voyez les lignes qui correspondent au* nombre 1.

(b) *Voyez le sommaire du* nomb. 2. *& le nom de l'Auteur au* nomb. 3.

CONCORDE
DES QUATRE
EVANGELISTES.

REPRESENTANT

L'HISTOIRE DE N. S. JESUS-CHRIST, SELON
l'ordre Cronologique, & dans un seul tissu, où par le moyen
de certaines marques fort naturelles non seulement on voit
tout d'un coup ce que chaque EVANGELISTE a de particulier, & ce qui est commun ou à deux, ou à trois ou à quatre; 1.
mais aussi on peut sans aucune peine les lire un chacun séparement, & voir en quoi ils sont semblables, & en quoi ils
sont differens.

*Avec plusieurs Tables fort utiles, une Carte de la Terre Sainte, & des remar-
ques qui expliquent les plus importantes difficultés de l'Evangile.* 2.

Par Monsieur LE ROUX, Curé d'Andeville dans le Diocése 3.
de Chartre.

A PARIS,
Chez ALEXIS DE LA ROCHE, marchand Libraire
à l'Esperance

M. DCC. IV.

AVEC APPROBATION ET PRIVILEGE DU ROY.

PARTIE I.
CHAP. II.
ART. III.

ARTICLE III.

Contenant les Démonstrations des Titres de Placards.

ON doit faire les mots de *Declaration*, *Edit*, *Arrêt*, *Ordonnances*, *&c.* du plus gros caractere qu'il y ait dans le Titre ; & si les noms de *Roi* ou de *Prince Souverain* suivent immediatement ces mots de *Declaration*, *Edit &c.* qui sont essentiels, on les doit faire d'un caractere un peu plus petit ; mais s'il y a quelque mots entre *Declaration*, *Arrêt &c.* & les noms de *Roi* ou *Prince Souverain*, pour lors, les noms de *Roi* ou *Prince Souverain* se doivent faire du même caractere que les premiers mots essentiels, comme il se voit dans la seconde Démonstration suivante.

Démonstration d'un Titre de Declaration du Roy.

DECLARATION

DU ROY.

Pour le Reglement des Imprimeurs & Libraires de Paris, & le moyen de rétablir l'ordre & la discipline dans l'impression & réimpression des Livres.

Registrée à Paris en Parlement le 10. *Janvier* 1702.

On pourra ensuite commencer la matiere par une lettre grise, passe-par-tout ou d'une lettre de quatre points, du même caractere que celui dont on fera l'ouvrage ; si cependant on vouloit réduire un Placard en un format in-folio ou autre plus petit, on peut se servir d'une lettre de deux points au défaut d'une lettre grise.

Démonstration pour un Titre d'Arrêt du Roy.

ARREST
DU CONSEIL D'ETAT
DU ROY.

Qui fixe le nombre des Imprimeurs-Libraires dans les Villes du Royaume où il y en doit avoir.

Du vingt-un Juillet 1704.

Extrait des Registres du Conseil d'Etat Privé du Roy.

Les Titres des *Edits du Conseil d'Etat du Roy*, se font d'une même construction que les Titres des *Arrêts* : Si cependant on vouloit réduire le titre d'un semblable Placard en un format in-folio ou autre plus petit, on pourroit mettre les mots d'*Arrêt du Conseil d'Etat* en une seule ligne, & laisser le reste du titre comme il est dans cette Démonstration, en observant de poser une vignette de bois, ou de fonte au commencement du titre, & commencer la matiere comme nous l'avons expliqué au bas de la Démonstration précedente.

ARTICLE IV.

Démonstrations des Titres de Mandemens des Evêques, & des billets d'Indulgence.

ON observera la construction de ces Titres, conformement aux Démonstrations cy-dessous, soit pour un Placard, un In-folio, ou un In-quarto; en changeant seulement la grosseur du caractere à proportion de la grandeur de leur justification, & en observant d'y mettre les Armoiries ou vignettes à la tête, & de commencer la matiere de ces ouvrages par une lettre grise ou un passe-par tout.

Démonstration des Titres de Mandemens d'Evêques.

MANDEMENT
DE MONSEIGNEUR
L'ARCHEVEQUE
DUC DE CAMBRAY
POUR LA CONVOCATION d'un Synode.

MANDEMENT
DE MONSEIGNEUR
L'EVEQUE D'ARRAS.

POUR LE CAREME.

ORDONNANCES SYNODALES DE MONSEIGNEUR L'EVÊQUE DE S. OMER.

TOUCHANT

Les Cas reservés, de l'obligation d'assister à la Messe Paroissiale, de la Confession en la maladie, & de la Benediction du Saint Sacrement.

Démonstration des Titres des Billets d'Indulgences.

INDULGENCE PLENIERE POUR LA FÊTE DE S. DOMINIQUE,

ACCORDÉE

Par N. Saint Pere le Pape Clement XI.

☞ Cette page est la Signature O

LA SOLEMNITÉ DE LA FÊTE DE SAINT ANTOINE DE PADOUE.

EN L'EGLISE DES REVERENDS Peres Recolets.

On peut auſſi commencer la matiere de ces Billets par une lettre griſe ou par un paſſe-par-tout; cela dépend de la volonté d'un maître.

ARTICLE V.

Contenant les Demonſtrations des Titres d'Ordonnances d'une Ville, & autres Ouvrages du public.

POUR les *Ordonnances* de Police d'une Ville, on doit mettre les *qualités* du Magiſtrat d'un caractere proportionné à leur dignité, c'eſt-à-dire que le *nom* du *Chéf* doit être d'un plus gros caractere que celui de ceux qui en compoſent le corps; & comme le *nom* de ces *qualités* eſt different en France, en Flandre & dans d'autres Provinces, on obſervera de les faire d'un caractere à peu prés ſemblable à la Démonſtration ſuivante, & de mettre les Armoiries à la tête; aprés quoi on commencera la matiere de ces Ordonnances par une lettre griſe, ou bien par un paſſe-par-tout.

Démonstration d'un Titre d'Ordonnance d'un Magistrat.

ORDONNANCE

DE MESSIEURS

LES MAYEUR

ET ÉCHEVINS

DE LA VILLE ET CITÉ

DE SAINT OMER.

Pour l'Embellissement des Bâtimens de ladite Ville.

Quant aux Titres des ouvrages du Public, comme des *Argumens*, *Theses*, *Factums*, *Requêtes*, ou pour des *Terres*, *Seigneuries*, *& autres semblables Biens à vendre*, on doit toûjours observer de faire les mots essentiels du plus gros caractère qu'il y aura dans le Titre, & de construire le reste de même que si c'étoit pour une premiere page d'un livre, comme il se voit dans ces dernieres Démonstrations suivantes, qu'on a placées pour la satisfaction de ceux qui n'en ont point de connoissance.

Pour les *Theses* qui sont dediées à quelqu'un, on doit faire le *nom* & les *qualitées* d'icelui de la même construction qu'à un titre d'une *Epître-dedicatoire*, & le Titre general de la *These*, d'un caractere presque aussi gros que la longueur de la justification le permettra.

Quant aux Titres de chaque *Proposition d'une These*, on les doit faire d'un plus gros caractere que celui qu'on employera pour faire la matiere generale.

Quand une *These* est divisée en plusieurs *Parties*, on doit faire le Titre de chaque *Partie* de plus gros caractere que les

Titres des *Propositions*, en observant de mettre les Titres de *chaque Partie* entre-deux filets ou petites vignettes, comme il se voit à la seconde Démonstration suivante.

Démonstration d'un Titre d'Argument.

THEODORE.

TRAGEDIE.

DEDIÉE A MESSIEURS

MESSIEURS

LES MAYEUR

ET ÉCHEVINS

DE LA VILLE D'AIRE.

REPRESENTÉE

Par les Ecoliers du College de la Compagnie de JESUS à Aire le cinq Septembre 1721. à deux heures aprés-midi.

Les Prix seront distribués par la liberalité desdits Messieurs.

Ensuite on doit mettre quelque fleuron ou l'Enseigne de l'Imprimerie au milieu, & faire suivre le nom de la Ville avec celui de l'Imprimeur, & ce en la même disposition qu'on a observé au bas de chaque premiere page des Démonstrations précedentes.

Démonstration d'un Titre de These.

ILLUSTRIS. ECCLESIÆ PRINCIPI

MARTINO DE RATABON

IPRENSIUM EPISCOPO.

Titre Dédicatoire.

PHILOSOPHIA

RATIONALIS.

Titre general de la These.

LOGICA.	MORALIS.	METAPHISICA.
I. De Natura Logicæ.	*I. De primis Qualitatibus.*	*I. De Natura Metaphisicæ.*

Titre des parties de la These.

Titre de chaque Proposition.

Quant aux Titres d'en bas, où sont le *nom* & *qualités* du *Professeur*, *&c.* on les doit faire de caractere italique, plus gros que celui de la matiere de la *These*; & le petit sommaire, où est le *nom* de celui qui soutient la *These*, doit être de romain, & de plus petit caractere, comme il se voit ici.

Præside Rev. D. ANTONIO MARESCHAL, Artium Doctore, Regio, Historiæ, atque Philosophiæ Professore Primario.

Titre des qualités du Professeur.

Propugnabit in Aula Collegii Regii D. JACOBUS ANTONIUS DEFFOSSE, Audomarensis, Primum Bacalaureus. Die 29. Junii ad medium nonæ matutinæ.

Titre de celui qui soutient la These.

DUACI, Typis &c.

PARTIE I.
CHAP. II.
ARTICLE V.

Des Titres de Factums ou autres Ouvrages de pareille nature.

Pour les Ouvrages de procedures, comme *Factums*, *Memoires*, *Réponses* ou autres ſemblables, qui ſont ordinairement In-folio, on commencera le Titre, en faiſant les mots ſuſdits de capitales, en ligne courte de deux-points de parangon, ou plus petit, ſelon que la juſtification des pages le permettra, & faire leurs petits ſommaires *a* de romain de bas de caſſe, ſoit en forme de cul de lampe ou en ſommaire; & l'intitulation de la partie adverſe ſe doit faire de caractere italique, diſpoſé auſſi en cul de lampe ou en ſommaire, ſelon que la matiere l'ordonnera.

On peut mettre le mot de *CONTRE*, qui eſt le commencement du petit ſommaire de la partie adverſe, de lettres capitales d'italique en ligne rompue *b*, & faire le reſte du bas de caſſe d'italique.

a Le mot de *Sommaire*, doit s'entendre dans ce ſens, pour un abbregé qui contient la ſubſtance d'un diſcours en peu de mots.

b En terme d'Imprimerie on dit *en ligne rompue* quand on fait une ligne ſeulement avec le premier mot d'un diſcours, comme il ſe voit ici au mot de *CONTRE*.

Démonſtration d'un Titre de Factum.

FACTUM

POUR Mr. Alexandre Bontemp, Eſchevin à ſon tour de la Ville d'Aire, Deffendeur au principal, & ſeul Demandeur en enterinement des Lettres de Reſciſſion.

CONTRE

Damoiſelle Agnes Delefaut, Demandreſſe au principal, & Deffendreſſe ſur leſdites Lettres.

Si le cas arrivoit que le premier mot d'un ſemblable Titre étoit tout de la longueur de la juſtification, comme s'il falloit faire, FACTUM SIGNIFIE' *pour Mr. Alexandre, &c.* on doit faire, FACTUM SIGNIFIE', de lettres de deux-points, d'un caractere convenable, pour que les deux mots puissent entrer dans une ligne, & faire la ligne suivante avec le mot de *Pour* de capitales du même caractere qu'on se servira pour faire le reste du petit sommaire du demandeur, & dans la même disposition que nous venons de dire du mot de *CONTRE.*

Cela fait, on commence la matiere par une lettre grise, ou par une lettre de deux-points selon la volonté du Maître; cependant si on vouloit suivre mon sentiment en cela, on se conformeroit sur ce que j'ai avancé à l'article vingt, page cinquant-cinq; néanmoins la chose peut être arbitraire.

Lorsque l'on travaille sur des gros *Factums* ou *Memoires*, divisés en *deux*, *trois*, ou *quatre Parties*, on doit couper chaque *Partie* d'une petite vignette de fonte ou d'un reglet, aprés lequel on met *premiere*, *seconde*, ou *troisiéme Partie* en lettres de deux-points bien proportionnées & espacées; ensuite on doit faire le petit sommaire, s'il y en a, de lettres italiques plus grosses que le corps de la matiere; aprés quoi, on commence la matiere par une lettre de deux-points; mais quand il se rencontre plusieurs Titres fort prés l'un de l'autre, comme *Objection*, *Réponse*, *&c.* on doit faire les *Objections* de capitales de romain, & les *Réponses* de capitales d'italique, avec quelque blanc dessous & dessus suivant le terrain que l'on a, sans commencer la matiere par une lettre de deux-points.

Les noms du *Rapporteur*, *Avocat*, *Procureur*, qui se mettent toûjours à la fin, doivent être de capitales, d'une grosseur differente l'une de l'autre, comme il se voit ici.

Monsieur DEGRAVAL, Raporteur.

Mre. DASSENOY, Avocat,

Le ROUX, *Procureur.*

Enfin pour tels Titres que ce puisse être de ces sortes de matieres, on pourra se conformer sur la construction de ceux ci; en changeant seulement les mots differents qui se rencontrent dans une matiere nouvelle, & la grandeur du caractere à proportion de la justification que l'on prendra pour cet effet.

CHAPITRE III.

Des differents Titres dont un Livre eſt diviſé, & des pieces qui ſont détachées du corps d'un Ouvrage.

ARTICLE PREMIER.

De la conſtruction en général de differents Titres, qui ſe rencontrent dans un Ouvrage.

COMME les Auteurs diviſent leurs Livres par differents Titres, qu'ils donnent à chaque commencement d'une nouvelle matiere, c'eſt le devoir d'un bon Ouvrier de prendre ſes meſures, avant que d'y travailler, & de regler poſitivement l'ornement des Vignettes, & la varieté des caracteres convenables à chaque Titre different, & de prendre garde à ne point faire deux Titres d'une même valeur de different ornement, ſoit en Vignettes ou en caracteres.

Il faut obſerver que les moindres Titres des matieres ſe font toûjours de plus gros caractere, que n'eſt celui dont on fait la matiere du Livre, tant pour les lettres capitales, que celles du bas de caſſe, ſoit de romain ſoit d'italique; mais comme il arrive quelquefois que de ſemblables Titres ſe rencontrent à la fin d'une page, & qu'on auroit de la peine à couvrir la lettre de deux-points d'une ligne de matiere, en ce cas on peut faire le Titre d'un moindre caractere qu'on aura fait les autres qui lui ſont ſemblables; mais cela ne ſe pratique que dans une néceſſité, comme lorſqu'on auroit obmis quelque choſe dans ſa copie.

Autrefois, quand il arrivoit qu'un Titre ne pouvoit être placé entierement à la fin d'une page, on faiſoit la moitié du Titre au bas d'icelle, & le reſte au commencement de la page ſuivante; mais dans le bon goût du ſiécle où nous ſommes

mes, on a aboli cette mauvaiſe methode; & quand on ne peut mettre, pour le moins, que trois ou quatre lignes de matiere aprés un Titre, on les tranſporte à la page ſuivante, & on met quelque fleuron en ſa place, pour rendre la page de la longueur des autres; & afin de rendre cette inſtruction plus intelligible, nous traiterons de chaque diviſion en particulier.

ARTICLE II.

Ce qu'il faut obſerver, quand un Ouvrage eſt diviſé par Livres ou Parties, où quand il contient pluſieurs Volumes.

ON doit exactement obſerver de mettre une vignette, gravée en bois ou en taille douce, à chaque page, où commence une nouvelle *Partie* d'un Livre, laquelle doit toûjours être placée ſur une page impaire, comme nous l'avons dit à l'article de vignettes [a]. Lorſqu'on n'a point des vignettes gravées, on ſe ſervira de quelques doubles vignettes de fonte bien ordonnées.

[a] Voyez l'Article des *Vignettes* page 54.

Ces premieres pages commencent toûjours par la répetition des premiers mots eſſentiels du titre de frontiſpice du livre, en obſervant à peu prés la même regularité des lignes longues & courtes, en ſe ſervant d'un caractere un peu plus petit, qu'ils ne le ſont dans ledit titre de frontiſpice.

On doit obſerver trois manieres differentes dans l'ornement de ces premieres pages: La premiere eſt, quand un Auteur fait placer ſeulement un petit ſommaire aprés la répetition du titre de frontiſpice; & dans ce cas, on doit faire ces mots de *LIVRE I.* ou *PREMIERE PARTIE &c.* de lettres capitales d'italique, d'un plus gros caractere, dont on ſe ſervira pour faire les *Articles* ou autres titres ſemblables; & s'il y a un petit ſommaire aprés ces mots de *PREMIERE PARTIE, &c.* qui eſt l'abregé du contenu de ces *Parties*, on le doit faire du bas de caſſe auſſi d'italique; enſuite on commence la matiere du Livre par une lettre griſe ou paſſe-par-tout d'une grandeur proportionnée à celle de ses pages.

Secondement, si un Auteur fait mettre immediatement aprés la répetition du titre de frontispice, ces mots de PREMIERE PARTIE & *CHAPITRE PREMIER*, avec chacun leur petit sommaire, on les doit faire de bas de casse, le premier de romain & le second d'italique.

La troisiême methode, est quand il arrive plusieurs differentes divisions aprés l'intitulation d'*une premiere Partie*, comme par exemple, s'il y avoit *PREMIERE PARTIE, De tout ce qui concerne la Composition.* CHAPITRE I. *Des noms des Caracteres &c.* ARTICLE ou SECTION I. *De la comparaison des Caracteres &c.* en ce cas, on doit mettre une vignette à peu prés de l'épaisseur d'un cadrat de petit texte aprés le petit sommaire de la *premiere Partie* & un petit filet entre le sommaire du *Chapitre* & celui de l'*Article* ou *Section*, en observant de faire en sorte que le sommaire le plus prés de la matiere generale du livre soit d'un caractere different de ladite matiere. On peut voir pour modele la disposition de la premiere page de la matiere de cet ouvrage.

Mais si un Livre, où il y a plusieurs *Parties* ne fait qu'un seul volume, on peut mettre la répetition du titre de frontispice qu'une seule fois, si l'on veut, qui est à la *premiere Partie*, & pour les autres, on mettra seulement les mots de *Seconde Partie &c.* de plus gros caractere que celui dont on se servira pour les titres des *Chapitres*, *Articles*, ou autres titres semblables, dans lesquels *ces Parties* seront divisées, & on fera les differents sommaires, s'il y en a, de caractere romain & d'italique alternativement. Les pages de matiere, où commencent la II. & la III. PARTIE, dans lesquelles ce livre est divisé, serviront de Démonstration à ce sujet; & si on n'a point observé la même disposition à la *quatriême Partie.*, c'est qu'on l'a fait à dessein de faire voir la difference de l'ornement, lorsqu'on répete les premiers mots essentiels d'un titre de frontispice à toutes les *Parties* d'un Livre.

ARTICLE III.

Des Ouvrages qui sont divisés en Chapitres, les Chapitres en Articles, les Articles en Sections, &c.

LORSQU'UN Livre est divisé par plusieurs differents titres, il faut donner à *chaque Partie* de la division, la grandeur du caractere qui lui convient; par exemple, si on fait les mots de PARTIES de deux points de Cicero, on doit faire ceux de CHAPITRES de capitales ordinaires de parangon, ceux d'ARTICLES de gros romain, & ceux de SECTIONS de St. Augustin; on doit orner ces titres de vignettes differentes, à proportion de leur valeur, comme on les à distingués par la grandeur du caractere.

Mais s'il y a un plus grand nombre de semblables titres dans un Livre, on peut mettre des vignettes aux quatre premieres divisions; comme aux PARTIES, une vignette de bois, & aux CHAPITRES, SECTIONS & ARTICLES, des vignettes de fonte, & separer les autres par des filets, ou par une ligne de cadrats seulement; & on peut faire ces titres, devant lesquels il n'y a que des filets, ou des lignes de cadrats, de petites capitales d'un caractere qui suit celui dont on fait le corps de l'ouvrage, ou même de capitales italiques du même corps, si l'on veut, selon que la matiere du Livre le permettra.

Si un Auteur ne souhaitte point l'ornement des vignettes à ces sortes de titres, on ne laissera point de les differencier par la diversité des caracteres, en donnant à chaque titre la grandeur qui lui convient, & l'on mettra toûjours plus de blanc devant les titres qu'apres.

ARTICLE IV.

Ce qu'il faut faire quand les Chapitres ont la même force que les Parties d'un Livre.

LORSQU'UN Auteur diviſe ſeulement ſon Livre en 4. ou 5. CHAPITRES, & que ces *Chapitres* ſont diviſés en pluſieurs autres differents titres, pour lors on peut mettre une vignette de bois ou une double vignette de fonte à chaque CHAPITRE, qui eſt alors la plus grande des diviſions du Livre, & on doit faire les autres *Titres* de ſon Ouvrage de la maniere que nous venons de dire en l'article précedent.

Mais lorſque le Livre contient un grand nombre de CHAPITRES qui ne ſont partagés que par deux ou trois autres differentes diviſions, pour lors les CHAPITRES n'ont point la même force que les PARTIES, ou LIVRE I. II. *&c.* & ne ſont reputés que pour des petites diviſions ; dans ce cas on peut mettre une ſimple vignette de fonte à chaque CHAPITRE, & un filet ou *Cordeliere* *a* aux autres diviſions ; ou bien un filet à chaque CHAPITRE, & ſeparer les autres titres d'une ligne de cadrats ſeulement : Cela dépend de la volonté d'un Auteur, ou du Maître.

a *Cordeliere* ſignifie une petite vignette de fonte de l'épaiſſeur d'un petit texte, ou d'une moindre épaiſſeur.

ARTICLE V.

De la conſtruction des Heures.

QUAND on fait des *Uſages*, ou des *Livres de prieres* pour le Service divin, on doit orner chaque changement d'*Office* de quelque vignette de fonte, & même de bois, ſi l'on veut, en obſervant toujours le même ordre en toutes choſes ; & comme les *Heures* qui ſont imprimées à Paris chez Mr. Colomba, ſont d'une diſpoſition & d'un arrangement si agréable, qu'on n'en sçauroit trouver de plus belles, elles pourront servir de modele dans le besoin; c'est pour quoi je ne donnerai point de Démonstration pour ces sortes d'ouvrages.

Enfin quand on a un Ouvrage à faire qui contient plusieurs *pieces détachées*, on doit toûjours orner d'une même maniere tous les *titres* qui sont de la même force, soit en vignettes, soit en caracteres; comme s'il y a des *Stances*, *Odes*, *Satires*, *Epitaphes*, *Sonnets*, *Madrigaux*, *&c.* on doit faire tous les *titres* des *Stances* semblables l'un à l'autre; & ainsi des autres, en observant de differencier chaque espece par des caracteres & des vignettes differentes, si l'on en met, & c'est à quoi on connoît l'habilité d'un Ouvrier. Je ne donnerai point de Démonstration sur cette matiere, vû que j'ay divise ce Livre par plusieurs divisions differentes, lesquelles serviront d'exemples sur cette matiere; tant pour les vignettes & fleurons, que pour la diversité des caracteres dont ils sont faits.

CHAPITRE IV.

De la situation, & de quel caractere on doit faire les Epîtres dedicatoires, & autres pieces qui sont en partie du corps d'un Ouvrage.

ARTICLE PREMIER.

Des Epîtres dedicatoires.

LES *Epîtres dedicatoires* se placent immediatement aprés la premiere page du Livre; elles se font de caractere italique, plus gros que celui, dont on a fait l'Ouvrage.

Le nom de celui à qui on dédie l'Ouvrage, doit toûjours être de capitales; & quand un Livre est dédié aux *Rois*, *Princes* ou *Seigneurs*, on doit faire les mots de *Majesté*, d'*Altesse* de *Monseigneur*, *&c.* aussi de capitales; cela s'observera aussi dans les *Edits*, *Declarations* & *Arrêts* du *Roi*; de même que le mot de *Nous* dans les *Mandements* des *Evêques* ou *Archevêques*, & dans les *Ordonnances* de quelques *Superieurs*.

On doit faire la fin de ces *Epîtres*, qui sont les termes de *Vôtre trés-humble & trés-obeissant*, *&c.* de caractere romain; & le *nom propre* de l'*Auteur*, de capitales d'un moindre caractere, que celui dont on aura fait le *nom* du *Patron*, aprés lequel on doit laisser du blanc à proportion de sa dignité.

ARTICLE II.

Des Préfaces, Avertissements & Eloges.

ON doit faire les *Préfaces* & *Avertissements* d'un caractere romain, plus petit que celui des *Epîtres Dedicatoires*, & jamais du même corps que celui dont on aura composé le Live; & si on étoit contraint de gagner quelques pages, pour avoir sa forme complette, il vaudroit mieux dans ce cas, les faire d'un moindre caractere, pour le distinguer de celui de la matiere du Livre.

Ces sortes de pieces se placent toûjours immediatement aprés les *Epîtres dédicatoires*.

Lorsqu'il y a des *Eloges*, ou autres semblables pieces que l'on fait à la loüange de quelqu'un, on les doit placer aprés les *Préfaces* & *Avertissements*, lorsqu'on en fait mention, ou bien, on les place devant; ils se font aussi de romain, mais d'un caractere different de celui des *Prefaces*, & de la matiere du Livre.

On doit aussi faire en sorte que la premiere page d'une *Preface*, de même que celle d'une *Epître dédicatoire*, commencent toûjours par une page impaire.

ARTICLE III.

De la construction des Tables d'un Livre.

LES *Tables* d'un Livre se peuvent faire d'un caractere de romain, mais ordinairement elles se font d'italique, & de plus petit caractere que celui de l'ouvrage; & lorsqu'il y a deux sortes de *Tables*, l'une des *Chapitres*, *Sections* ou *Articles*, *&c.* & l'autre de la *matiere*, on doit faire celle des *matieres* de romain, & l'autre d'italique.

Quand les chiffres des renvoys d'une *Table* ne peuvent entrer a la fin d'une ligne, on les doit transporter tout à la fin de la ligne suivante, qui sera tout de cadrats; de même quand la matiere de quelque *Article* d'une *Table* contiendra plusieurs lignes, on doit toûjours faire lesdites lignes de la longueur de la page, sans y laisser du blanc de la largeur des chiffres qui servent de renvoy & qui sont au bout de chaque ligne, comme il se voit dans la *Table* des *Chapitres* de ce livre.

ARTICLE IV.

Des Approbations, Permissions & Privileges.

ON peut mettre les *Approbations* & *Permissions*, aprés les *Préfaces* ou *Avertissements*, ou bien à la fin du Livre, devant les Tables; elles peuvent se faire de plus gros caractere que celui de l'ouvrage, ou de si petit que l'on veut, selon que la place le permettra.

Les *Privileges* se font de caractere romain, aussi petit que l'on veut, & se doivent toûjours placer tout à la fin du Livre, aprés les Tables; si cependant on n'avoit point de place suffisante, on pourroit les mettre à la premiere feuille du Livre, immediatement aprés les Approbations; mais cela ne se pratique que dans la nécessité.

ARTICLE V.

Des Errata.

QUANT aux fautes qui ſont ſurvenuës dans l'impreſſion, on les peut auſſi placer en deux endroits differents, ſçavoir, immediatement devant le commencement du corps de l'ouvrage, ou bien à la fin du Livre, aprés les Privileges; & elles font la cloture de tout le Livre.

On les doit faire de petit caractere romain par colomnes; & cette methode eſt plus agréable que de les faire en *ad lineam*, ou entre-mélées les unes avec les autres; c'eſt ce qu'on peut voir par l'*Errata* qu'on a mis exprés à la fin de ce livre: Et toutes ces pieces, dont je vien de parler, qu'on a inſerées dans ce livre à deſſein, pourront ſervir de modele en cas de beſoin.

ARTICLE VI.

De la diſpoſition des Ouvrages en Vers.

SI un Compagnon n'a aucune connoiſſance de la Poëſie, il faut du moins qu'il ſçache combien il y a de differentes ſortes de Vers, afin qu'il puiſſe diſtinguer dans un Ouvrage les uns d'avec les autres. Pour cet effet nous dirons qu'il y a cinq ſortes de Vers dans la Poëſie, de chaque ſorte deſquels nous donnerons un exemple en deux Vers, en commençant par ceux de 12. ſyllabes, qu'on appelle *Alexandrins*, ou *grands Vers.*

Exemple des Vers de douze ſyllabes

Mon erreur me déplait, & je ne me plains pas
Qu'au bord du précipice on n'arrête mes pas.

Exemple

Exemple des Vers de dix ſyllabes.

Déeſſe des Sciences, enfle mon courage,
Pour ton honneur j'entreprens cet ouvrage.

Exemple des Vers de huit ſyllabes.

Grand Dieu, dont la puiſſante main,
Forma de rien le genre humain.

Exemple des Vers de ſept ſyllabes.

Triomphez, Reine des Cieux,
Pour un choix ſi glorieux.

Exemple des Vers de ſix ſyllabes.

Sans le ſuprême bien,
Tout le reſte n'eſt rien.

Pour la compoſition des Vers, un Compoſiteur doit toûjours prendre ſa juſtification un peu plus grande qu'il ne la faut pour les plus grands Vers, afin qu'ils puiſſent entrer en une ligne; car les Vers qu'on appelle feminins, ou de rime feminine ont toûjours une ſyllabe plus que ceux qu'on appelle maſculins, quoi qu'ils ne faſſent que le même nombre de pieds: Si malgré la précaution qu'on auroit priſe, ils ne pouvoient entrer en une ſeule ligne, il faudroit porter le reſte dans la ligne ſuivante, en obſervant de mettre la moitié d'un cadrat de notte au commencement, afin de la diſtinguer des autres par cet enfoncement: On doit avoir ſoin d'enfoncer chaque premiere ligne d'une nouvelle Stance ou couplet, d'un cadratin, excepté la premiere de toutes, lorſqu'elle commence par une lettre de deux points.

Quand il ſe rencontre des Vers de differentes eſpeces dans un même ouvrage, comme dans les *Odes*, *Poëmes*, *Comedies*, *Satyres*, *Sonnets*, *&c.* on doit enfoncer les plus courts d'un cadrat toûjours égal, ſçavoir ceux de ſix ſyllabes, plus que ne feront ceux de ſept, & ainſi des autres à proportion, comme on le peut voir dans les Stances & Epitaphes qu'on a inſerré ici à deſſein de faire voir l'arrangement de ſemblables pieces.

Il faut auſſi remarquer que dans les *Poëmes*, ou autres ouvrages en Vers, où deux rimes maſculines ſuccedent à deux feminines, & alternativement deux feminines à deux maſculines, les lignes des pages doivent toûjours être de nombre pair, afin que chaque page finiſſe toûjours par deux rimes maſculines, ou par deux feminines.

Lorſqu'un Auteur rapporte quelque *Sonnet*, *Epigramme*, *Epitaphe*, ou outres ſemblables pieces de Poëſie dans un ouvrage en Proſe, on doit faire ces ſortes de pieces de plus petit caractere, & les poſer à peu prés dans le milieu de la page, afin de les diſtinguer de la Proſe. C'eſt ce qu'on peut voir dans la diſpoſition de ceux que nous avons rapportés ici pour ſervir de modele.

Exemple des Vers, dont le premier & dernier ſont de huit ſyllabes, & le ſecond, & troiſiéme de douze ſyllabes.

Dacier, toi qu'il ſemble qu'Horace,
Ait inſtruit de ſon ſens, par le têms obſcurci,
Juge ſi je conſerve & la force & la grace,
Des traits que je t'en offre ici.

Autre, dont le premier & le troiſiéme ſont longs, & le deuxiéme & quatriéme ſont courts.

La Mort a des rigueurs à nulle autre pareilles,
On a beau la prier;
La cruelle qu'elle eſt, ſe bouche les oreilles,
Et nous laiſſe crier.

Autre Stance de ſix Vers, dont le troiſiéme eſt enfoncé, à cauſe qu'il n'eſt que de huit ſyllabes, & que les autres ſont de douze.

Seigneur, de qui je tiens la Couronne & la vie,
L'une & l'autre ſans toi par un Fils inhumain,
Me va bientôt être ravie:
Viens donc à mon ſecours, prends ma défenſe en main,
Entends mes triſtes cris, vois ma peine exceſſive,
Et prête à ma Priere une oreille attentive.

Autre Stance de six Vers, dont le troisiéme & le dernier sont courts.

Dieu, qui du haut des Cieux connois ce que je souffre,
qui vois que je suis prêt de tomber dans un gouffre,
De honte & de malheurs;
Entends les tristes cris que m'arrache la crainte,
Et ne rejette pas une amoureuse plainte,
Qu'accompagnent mes pleurs.

Autre Stance de cinq Vers, dont le premier & le troisiéme sont longs, & les autres courts.

Quand Israël sortit du rigoureux servage
Des barbares Egyptiens;
Le Monarque des Cieux, en brisant ses liens,
Le choisit pour heritage,
Et le combla de mille biens.

Autre Stance de sept Vers, dont le troisiéme, sixième & septième sont courts.

Si pour l'interêt seul de tes contentemens,
Tu veux choisir les lieux & les évenemens
Que tu pense devoir te plaire;
Tu ne te verras point dans un entier repos,
Et les mêmes soucis, dont tu te crois défaire,
Sur ton bonheur imaginaire,
Reviendront fondre à tout propos.

Autre Stance de huit Vers, dont les deux premiers, doivent être enfoncés d'un cadrat de note, & dont le cinquième & sixième ne doivent point tant être enfoncés que les deux premiers.

La patience est delicate
Qui ne veut souffrir qu'à son choix,
Qui borne ses malheurs, & jusques là se flate,
Qu'elle en prétend regler & le nombre & le poids:
La veritable est d'une autre nature,
Et quelques maux qui se puissent offrir,
Elle ne leur prescrit ordre, têms, ni mesure,
Et n'a d'yeux que pour moi, quand il lui faut souffrir.

Je rapporte ici une piece de Poësie qu'on appelle *Sonnet*, fait au sujet du Sacrifice de la Croix, dont tous les vers sont égaux, pour montrer qu'à ces sortes de vers, il n'y qu'à enfoncer la premiere ligne de chaque *Stance* d'un cadratin, & qu'on peut même séparer chaque *Stance* d'une ligne de cadrats du même corps.

SONNET.

VOUS qui pour expier nos ingrates malices,
Immolez au Seigneur des agneaux innocens,
Et qui sur les Autels faites fumer l'encens,
Prêtres de l'Eternel, quittez ces saints Offices.

Venez voir vôtre DIEU dans de honteux supplices,
Qui pousse vers le Ciel d'adorables accents
Et par un Sacrifice au dessus de nos sens,
Met une heureuse fin à tous les Sacrifices.

Celebrez, ô pécheur, en ce merveilleux jour
l'excès de ses bontés, l'ardeur de son amour,
Connoissez en ses maux la grandeur de vos crimes;

Mais la Croix, où JESUS meurt pour vôtre peché,
Au lieu de vos discours, vous veut pour ses Victimes,
Et l'Art de le loüer, c'est d'y vivre attaché.

Quand on veut mettre quelques petits fleurons entre les *Stances*, on le peut faire, & cela a beaucoup plus de grace, comme il se voit dans cet *Epitaphe* du jeune Comte de Danois, qui mourut quelque têms aprés avoir eu le bonheur d'être baptisé.

EPITAPHE.

ENTRE les noms fameux des Princes de ma race,
Le mien paroît sans ornement,
Et n'ayant vécu qu'un moment,
De toute leur grandeur je n'eus rien que la place
Où fut dressé ce monument.

Ma mere, avant le têms que je dûsse paroître,
Surprise d'un mal dangereux,
voulut d'un effort genereux
Que de ses flancs ouverts, au monde on me fit naître,
Pour renaître en Christ bienheureux.

Ce grand excès d'amour causa nôtre remede,
Dieu fit miracle en sa santé;
Pour moi j'entrevis la clarté,
Et les biens qu'à jamais dans le Ciel je possede
Sont les fruits de sa pieté.

Lorsqu'il arrive qu'un Auteur laisse quelques mots d'un Vers en blanc, on doit mettre un filet, ou cinq à six points en leur place, comme il se voit dans les Vers suivants: On doit observer la même chose dans la Prose.

Ci gît, qui n'eut jamais d'égal,
Puisque dans le cours de sa vie,
Il fut Sergent ——— natif de normandie,
Et qui ne fit jamais de mal.

On doit observer aux Vers Latins toutes les mêmes choses qu'aux Vers François. Il y en a qui aux *Hymnes* enfoncent toutes les lignes d'un cadratin, à l'exception de la premiere de chaque *Verset*, & d'autres qui font tout le contraire; c'est-à-dire qu'ils enfoncent seulement la premiere ligne de chaque *Verset* d'un cadratin, & cette derniere methode est la meilleure, principalement lorsque les Vers desdits *Hymnes* sont fort courts.

Enfin pour quelque ouvrage de Poësie que ce puisse être, on doit toûjours observer d'enfoncer régulierement les Vers qui seront plus courts que les autres, comme on l'a pû voir dans les exemples que je viens de rapporter; & s'il arrive quelque chose d'extraordinaire sur quoi on auroit quelque doute, on pourroit s'expliquer avec le Poëte qui en seroit l'Auteur.

ARTICLE VII.

De la construction des ouvrages d'Arithmetique.

COMME les ouvrages d'Arithmetique sont assez difficiles à arranger, & que plusieurs Ouvriers, comme nous le voyons dans beaucoup de livres de cette Science, y réüssissent fort mal, soit faute de connoissance, soit faute d'application; j'ai jugé à propos de donner des Démonstrations sur plusieurs matieres differentes, lesquelles pourront servir d'exemples lorsqu'il surviendra de semblables ouvrages à faire.

Pour regle generale on doit observer de poser toûjours les chiffres d'une même valeur directement les uns sur les autres, comme les dixaines sur les dixaines, les centaines sur les centaines les mille sur les mille, & ainsi des autres chiffres d'une même valeur, en observant de separer les differentes espéces les unes des autres, comme les livres d'avec les sols, les sols d'avec les deniers, & ainsi des autres choses, comme il se voit dans ces exemples.

Exemple pour les Additions par livres, sols & deniers.

	mille livres.	centaines de livres	dixaines de livres	nombres de livres	dixaines de sols	nombres de sols.	dixaines de deniers	nombres de den.
	2	4	6	5.	1	8.	1	1.
		9	4	3.		3.		0.
			3	4.	1	3.	1	0.
				8.	1	0.		4.
						1.		3.
Total	3	4	5	2. liv.		7. s.		4. den.

Autre exemple de l'Addition par livres, onces, & deniers; dont la livre fait 15. onces, & l'once 24. deniers.

	349.	14.	21.
	267.	9.	0.
	149.	14.	15.
	237.	8.	18.
Total,	1005. l.	2. on.	6. d.

Exemple de la Soustraction

Pierre doit à Jacques	1236. l.	16 f.	8. d.
Pierre à payé à Jacques	123.	8.	4.
Reste à payer à Jacques	1113.	8.	4.
Preuve. . . .	1236.	16.	8.

INSTRUCTION.

Lorsqu'on a quelque Regle d'Arithmetique a faire, soit d'Addition par livres, sols & deniers, soit de Soustration ou de Multiplication, &c. on doit premierement composer la ligne la plus remplie qui se trouvera dans son exemple, c'est-à dire de choisir, une ligne où il y aura les nombres, dixaines, centaines, mille, &c. Secondement on observera de separer les mêmes especes d'un même petit cadrat, ou d'un cadratin, suivant la place qu'on aura: Si ces exemples doivent être au milieu de la page, on doit partager le blanc qui restera de surplus de la ligne qu'on aura composée, & observer de laisser toûjours les mêmes cadrats qui auroient été à la premiere ligne dans son composteur pour composer la suite de sa matiere.

Troisiêmement, quand il y a des lignes, où il n'y a point le même nombre de chiffres qu'aux autres, par exemple, si à la premiere ligne il y avoit 2465. liv. & qu'à la seconde ligne il n'y en avoit que deux ou trois chiffres, on doit se servir des

PARTIE I. CHAP. IV. ARTICLE VII.

cadratins ou demi cadratins, dont les premiers sont fondus sur l'épaisseur de deux chiffres & les derniers de l'épaisseur d'un seul chiffre, & observer de mettre autant de demi cadratins où il y aura moins de chiffres qu'aux autres; par cette précaution les chiffres d'un même nombre se rencontreront toûjours directement les uns sur les autres.

Dans les Imprimeries où les cadratins, ne sont point précisement fondus sur l'épaisseur des chiffres, un Compositeur doit avoir la précaution de justifier les cadratins ou demi cadratins avec des minces espaces, & s'il ne s'en rencontre point d'assez fines, il faut qu'il ait la patience de couper des fines cartes de l'épaisseur du caractere, pour rendre ces cadratins ou demi cadratins précisement à l'épaisseur de ces chiffres, & sans cette précaution, il est présque impossible qu'il fasse une composition dans la regularité que ces ouvrages le demandent.

Ceux qui n'ont point de pratique pour ces Ouvrages, qui sont assurement les plus difficiles à conçevoir, pourront se servir de cette methode; c'est de composer une ligne où tous les nombres seront complets; comme par exemple, de prendre la premiere ligne de l'*Exemple* des livres, sols & deniers qui est au bas de la page 126. laquelle ligne étant disposée comme il faut, on la laissera toûjours dans le *Composteur*, & on composera toutes les autres lignes de chiffres dessus celle-là; par ce moyen, il leur sera fort aisé de faire regner les chiffres de toutes les autres lignes directement dessus leur même valeur.

Les lignes des *Produits*, des *Preuves &c.* de quelques sommes; entre lesquelles on met des reglets fondus sur un certain dégré de caractere, se doivent aussi composer dessus la premiere ligne qui aura servi de guide pour la regularité de la disposition des chiffres précedents, afin que les chiffres se rencontrent tous directement les uns sur les autres.

Si les mots de *Produit*, *Preuve*, *&c.* ne peuvent entrer tout au long; on les doit mettre en abrégé; & quand même il n'y auroit que la premiere lettre de chaque mot avec un point, cela suffit: Bien entendu que ces lettres doivent être de capitales, soit de romain, soit d'italique.

Demonstration

Voi-ci une Démonstration d'un Inventaire de Marchandises, laquelle pourra servir d'exemple pour la disposition des Ouvrages de pareille nature.

Modele d'un Inventaire de plusieurs Marchandises.

N°	A		B	C
1	Brocard, or & argent,	aun. 19. 10.	aun. 35. $\frac{1}{4}$	
2	dito,	aun. 15. 15.		
			à 30. liv.	L 1057. 10.
3	dito, d'argent,	aun. 20.	à 25. liv.	L 500.
4	Toile d'argent blanche,	aun. 15. 10.	aun. 28. 1. six.	
5	dito, argent & bleu,	aun. 12. 13. 4.		
			à 12. liv.	L 338.
6	Moire or & vert,	aun. 14. 10.	aun. 27.	
7	dito, or & noir,	aun. 13. 5.		
			à 10 liv. $\frac{3}{4}$	L 277. 10.
	Velours de plusieurs couleurs.			
8	Violet à fond d'or,	aun. 21.	aun. 36. $\frac{2}{3}$	
9	dito, à fond bleu,	aun. 15. 13. 4.		
			à 24. liv.	L 880.
				L 3053.

Lorsqu'on a des Ouvrages qui sont divisés en plusieurs colomnes & mêlangés de chiffres, on doit prendre la justification de chaque colomne a, suivant que la matiere de chacune le permettra, & faire en sorte que les differentes justifications de toutes ces colomnes se rapportent à la justification des pages du Livre, où elles doivent être placées.

Ainsi quand on a pris sa justification de la maniere que nous venons de dire, on doit toûjours commencer la composition par la premiere colomne à droit, comme il se voit à celle de cette Démonstration, qui est le commencement d'un *Inventaire general*, laquelle colomne est marquée d'un A; en suite on compose la seconde colomne qui est la lettre B; celle-là finie, on fait celle de C, & ainsi des autres, lorsqu'il y en a d'avantage.

a Les points qu'on a fait regner expressément tout le long de la matiere, ne servent qu'à faire voir la séparation de chaque colomne qu'il y a dans cet *Inventaire*.

Quand il y a des *crochets* qui servent à lier & accoler quelques articles qu'il faut lire ensemble avant que d'aller à des subdivisions, comme il se voit ici à la réduction de plusieurs aunages d'un même prix, on doit faire regner le *total* de ces aunages directement au milieu des *crochets*; de même on doit faire regner les *reglets* qui désignent les prix des marchandises, vis-à-vis la ligne du *Produit* de chaque espece, & tous les chiffres doivent aussi correspondre précisement dessus leur même valeur.

Autre Exemple pour faire voir la disposition d'une Facture des Marchands.

✠ P. D.
N°. 1. 2. 3.
4. 5. 6.

Facture de 128. Rames de Papier, achetés par ordre de Pierre Dutil d'Aire, & à lui envoyés pour son compte & risque, dans six Ballots marqués comme en marge, à l'adresse de Charles Porquet; sçavoir.

N°. 1. R. 30.	grand, & petit Cornet.	
2. R. 10.	fin Compte & Lys fin.	
3. R. 20.	} grand Raisin.	
4. R. 28.		
5. R. 20.	} petit Griffon.	
6. R. 20.		
Total 128. *Rames.*		

10. R. fin Compte *pesant*	14. lb.	à 9. l. 10. s.	*font*	95. l. 0. 0.
20. R. grand Cornet,	13. lb.	à 6. l. 10. s.		130. 0. 0.
5. R. Lys fin	9. lb.	à 4. l. 15. s.		23. 15. 0.
5. R. fin petit cornet	9. lb.	à 4. l. 15. s.		23. 15. 0.
48. R. grand Raisin,	19. lb.	à 6. l.		288. 0. 0.
40. R. petit Griffon,	12. lb.	à 5. l.		200. 0. 0.
				L. 760. 10. 0.

F R A I S.

Pour toile & emballage	15. l. 9. 0.	}
Port au Vaisseau	3. 6. 6.	} 24. 19. 5.
Droit de sortie	6. 12. 11.	}

128. Rames pris à bord du Vaisseau montent net à . L. 785. 9. 5.

Quand on fait des *Factures* de marchands, on doit mettre premierement les numero des *Bales*, *Caisses*, *Ballots*, *&c.* à la marge, comme si c'estoit une addition d'un Livre, ensuite on doit prendre sa justification avec la plus longue ligne de la matiere, & commencer la composition par le *Preambule*, qui contient ce que l'on achete, ou que l'on envoye, de qui on achete, comment marqué & numeroté, & par quelle voye on l'envoye; ce *Preambule* se fait en sommaire de caractere romain, comme il se voit dans l'exemple précedent.

S'il y a plusieurs états differents dans une *Facture*, comme lorsqu'on exprime le contenu de chaque *Numero*, le *Poids*, la *Valeur*, & le *Montant* des Marchandises, on doit mettre une ligne de blanc entre chaque état & les enfoncer dans la page à proportion qu'ils seront courts, par un certain nombre de cadrats toûjours égal.

Les chiffres du *Produit des Frais*, doivent correspondre avec ceux du *Montant* des Marchandises, & ceux du *total*; en observant de faire regner les *crochets* & *reglets*, comme il sera marqué dans la copie.

Lorsqu'on n'a point des *crochets* ou *reglets* fondus sur le même caractere, sur lequel on travaille, comme par exemple, si on vouloit employer des *reglets* du corps de petit romain, à un caractere de Cicero, on doit en ce cas justifier les *filets* ou *crochets*, avec des cartes, ou autres choses semblables, pour les rendre justes à l'épaisseur qu'ils demanderont. Un peu d'adresse fera concevoir l'arrangement de ces ouvrages.

Modele d'un grand Livre de Compte des Marchands.

			Journal	*Livres*	*sols*	*den*
		PIERRE DUPUIS doit à . .				
Janvier	24	pour 128. Rames de Papier la somme de cinq cens soixante & une livre huit sols cinq den. ci	9	561	8	5
Fevrier	12	Pour six Tonneaux de Vin, la somme de deux mille quatre cens livres. ci	10	2400	0	0
Mars	2	Pour six Tonneaux de Sucre, la somme de cinq mille six cens livres dix sols six deniers. ci	15	5600	10	6
		Total		8561	18	11

PARTIE I.
CHAP. IV.
ART. VII.

Aprés avoir donné des modeles de plusieurs differentes dispositions d'Ouvrage de cette nature, il est nécessaire de faire voir la construction des pages d'un Livre de Compte pour le *Debit* & *Credit*, lesquelles se font de la maniere suivante.

Premierement on doit prendre la justification de toutes les differentes marges, en composant une ligne de chacune, suivant que la matiere de chaque marge le permettra, & les rendre toutes à la largeur des pages que l'Ouvrage se devra faire.

Secondement, on doit mettre deux reglets de la longueur des pages pour y placer l'*année*, le *mois*, & la *datte* du *jour*; ces deux premiers *reglets* se placent du côté du chiffre d'une page paire; & du côté de la marge du fonds à une page impaire.

Troisiêmement, ayant ainsi posé ces deux *reglets* dans sa Gallée, avec les cadrats ou bois de la même largeur qu'on aura prise pour la justification de ces deux differentes marges, on compose la matiere de toute une page entiere, soit du *Debit*, soit du *Credit*.

Aprés que la matiere sera composée, on pose encore quatre *reglets*, tout le long de la page pour faire quatre marges de differentes largeurs, dont la premiere est pour mettre le chiffre des feuillets du Journal; & les trois autres sont pour poser les chiffres de la somme du *Debiteur*, ou du *Creancier*, lesquels chiffres se doivent rencontrer directement à la derniere ligne de chaque article du *Debiteur*, ou *Creancier*, comme il se voit dans le modele qui est au bas de la page précedente.

Dans les Ouvrages où on employe des *reglets* perpendiculaires ou paralleles; on doit observer de les couper tant soit peu plus courts que leur justification; car il ne faudroit qu'un ou deux *reglets* trop longs, pour faire faire le cercle à une pareille page, & pour la mettre en danger de la casser, en levant la forme.

Pour ces sortes d'Ouvrages, on doit exactement observer de placer les *reglets* & *crochets*, tout de même qu'il sera marqué dans la copie; car pour ces sortes de Tables, les Auteurs ont besoin de donner une copie bien nette, à laquelle il ne faille rien changer.

Des Ouvrages en Chiffres par Colomnes entieres

Quand un compagnon travaille sur des ouvrages de chiffres, soit Tables des *Sinus*, *Ephemerides*, ou autres semblables, par colomnes entieres, il ne doit pas composer à l'ordinaire, en mettant le cran de la lettre dessus; car il seroit obligé de mettre à chaque fois dans sa gallée une seule ligne de trois ou quatre chiffres, ce qui le retarderoit beaucoup; mais il doit coucher les chiffres dans son Composteur, & mettre les uns sur les autres, ceux qui ferment chaque petite ligne; en sorte que le cran de la lettre regarde les branches du Composteur: Il faut faire le contraire si le cran de la lettre est dessous. Nous avons placé ici une petite Table de chiffres pour rendre cette operation plus intelligible.

Démonstration.

A.	B.	C.
6975.65	6991.68	100244.19
7004.66	7021.91	100246.23
7033.68	7051.15	100248.27
7062.70	7080.38	100250.34
6071.71	7109.61	100252.41
7120.73	7138.85	100254.49
5149.74	7168.09	100256.58
7178.76	7197.33	100258.66
7207.77	7226.57	100260.78
7236.78	7255.81	100262.89
7265.80	7285.05	100265.01
7284.81	7314.30	100267.14

Explication.

Je veux composer la premiere colomne de cette presente Table, laquelle est marquée d'un A, dessus le nombre de 6975. 65, je compose en retrogradant, & je prens le 5 que je couche, mettant le cran contre les branches [a] de mon Composteur. Je leve ensuite le 6 que je couche de même au dessus du 5. Je prends aprés cela le point, que je couche aussi de même au dessus du 6. Enfin je prends le 5, le 7, le 9 & le 6, l'un aprés l'autre, que je pose de la même maniere que j'ai fait des autres chiffres, toûjours en retrogradant: Je ne transporte point chaque fois la petite ligne, que j'ai ainsi composée, dans la gallée, mais je vais à la seconde ligne de la même colomne, que je compose en retrogradant, comme j'ai fait la premiere;

[a] Les branches du Composteur, sont les deux petites reglettes de fer, ausquelles on arrête la vis pour rélargir ou diminuer les differentes justifications.

PARTIE I. CHAP. IV. ART. VII.

je compose la troisiême ligne de même que j'ai fait les deux lignes précedentes ; de sorte que je trouve dans mon Composteur une partie entiere de ma colomne toute composée, de la même maniere que sont ces trois petites lignes, laquelle partie je transporte pour lors dans ma gallée, à cause qu'elle est coupée à cet endroit d'un *reglet*.

6975.65
7004.66
7033.68

Aprés avoir mis mon *reglet*, je compose la deuxiême partie de ladite colomne A, qui est le nombre 7004. 66. de la même maniere que j'ay fait la premiere, & je continue la même chose jusqu'à la fin de ladite colomne A.

Aprés quoi, je compose la deuxiême colomne, qui est marquée d'un B, de même maniere que la premiere.

Celle-ci finie, je vais à la colomne C, que je construis tout de même que les deux autres; en observant de mettre les *reglets* en longueur, lorsque j'ai fini chaque colomne, & ceux de travers, lorsque j'ai fini une partie de chaque colomne.

Si ce sont des colomnes entieres, qui ne soient point separées, on peut composer autant de petites lignes, que l'on en peut prendre avec les doigts, pour les porter dans sa gallée.

Voilà la maniere la plus expeditive, pour composer ces sortes d'Ouvrages : Un peu d'intelligence fera concevoir ceci. L'operation a cela d'avantageux, que d'un coup d'œil on en fait plus, que je ne pourrois faire ici par une ample description.

Si ce sont des Ouvrages, qui ne demandent aucun filet, on doit observer de separer chaque colomne d'un petit cadrat, ou feuillet de bois, comme ceux dont se servent les Fourbisseurs pour les foureaux des épées ; & l'on doit garder exactement la regularité en toutes choses, afin que la ligne d'une colomne n'avance pas plus qu'une autre ; car cela est trés-désagréable à la vuë. Le petit Calcul des caracteres comparées entre-eux par raport à leurs differents corps [a], & les Comptes-faits pour compter la copie en manuscript, [b] serviront aussi d'exemple dans le besoin pour de semblables ouvrages.

Quant aux autres semblables matieres de cette science, soit pour des Calendriers universels, des Tables des Fêtes mo-

[a] Voyez ci-devant les pages 4. & 5.

[b] Ces Comptes-faits commencent à la page 27.

biles, pour les reductions des poids & mesures, ou autres, on doit toûjours observer la regularité des colomnes des chiffres, & des caracteres, comme on a pû remarquer dans les Démonstrations précedentes ; car s'il falloit rapporter autant d'exemples qu'il y a de matiéres differentes sur ce sujet, ce ne seroit jamais fait, puisqu'il y en a, pour ainsi dire, une infinité de sortes : Si on n'a point de caractere assez petit pour faire ces sortes de Tables de la justification des pages de son Livre, on doit cependant les faire du plus petit caractére que l'on aura, & de la largeur que la matiére l'ordonnera, en observant de marquer la page de leurs situations soit à coté, en bas, ou à la tête, afin que les Relieurs les puissent ranger dans leur place, & ces sortes de Tables s'impriment séparément, comme sont les figures de Généalogies, Cartes Géographiques, ou Estampes en taille douce.

ARTICLE VIII.

Des Tables de Généalogie.

LES bons Généalogistes ayant grand soin de ranger les Généalogies dans leur ordre naturel, un Compositeur n'a qu'à suivre exactement la disposition de sa copie ; en observant de séparer chaque lignée des descendants de Famille, tant du côté paternel que maternel, soit avec des reglets & crochets, soit seulement avec des cadrats, & cela dépend de la volonté de l'Auteur.

Instruction pour la composition des Tables de Généalogie.

Avant de commencer la composition de semblables *Tables*, on doit prendre premierement la justification de chaque colomne, suivant que la matiere le permettra, & faire en sorte que les differentes justifications de toutes ces colomnes se raportent à la grandeur de la feuille de papier qu'on veut employer pour cet effet, ou bien à la justification des pages où elles doivent entrer.

Ayant ainsi pris sa justification, on compose la colomne A: & si la matiere ne suffit point pour rendre cette colomne à la longueur de la plus longue, on la remplira de cadrats ou de quelques bois d'addition, convenables à la justification de ladite colomne.

Aprés avoir composé la premiere colomne on doit mettre des *reglets* tout le long de la matiere seulement, ensuite on compose la colomne B, de même que la premiere, & ainsi des autres consécutivement, selon l'ordre qu'on a mis dessus chaque colomne, en observant de faire regner les *crochets* & *reglets* de la même maniere que nous venons de dire.

Comme les colomnes de chaque descendant ne commencent pas toûjours par une même hauteur de ligne, & que les unes sont plus basses que les autres, on doit observer de laisser les blancs tout de même qu'il sera marqué dans le manuscrit; comme il se voit dans la Genealogie des Comtes d'Artois, qu'on a inseré ici pour servir de modele pour des Ouvrages de cette nature.

ARTICLE IX.

Des Chronographes & des Acrostiches.

QUOIQU'IL n'y ait rien de plus aisé que de construire un Chronographe dans son ordre naturel, cependant nous voyons dans plusieurs Ouvrages que les Compositeurs observent un arrangement si désagreable, que nous avons de la peine à les voir continuer dans leur ignorance; c'est pourquoi j'ay jugé à propos de leur montrer tout ce qu'il faut sçavoir, en quatre articles, à la fin desquels j'ay joint des démonstrations des differentes especes qu'il peut y en avoir.

Premierement on doit toûjours faire les Chronographes tous de lettres capitales; & les lettres numerales, qui designent l'Année, de plus grandes capitales que les autres.

Ces

GENEALOGIA COMITUM ARTESIÆ.

A

Philippus Augustus Francorũ. Rex in uxorem duxit Isabellam Hannonicam, cum ea in dotem accipiens regionem, quæ nunc Artesia vocatur, genuitque filium

B

Ludovicum octavum Francorum Regem, qui testamento filium Robertum Artesiæ Comitem fecit

C

Ludovicus Sanctus Francorum Rex.

Alphonsus Tolosatium Comes.

Carolus Angium Comes.

Robertus testamento patris à fratre Rege, est factus primus Atrebatensium Comes, ac Fani Dñi. Pauli, duxitq; in uxorem Mahteldim filiam Heudrici sexti Brabantiæ Ducis, moriens in Syria ad sacrum profectus bellũ añó 1249. suscepitque

D

Robertum Artesiæ Comitem, qui duxit filiam è familia Cortenaca; hic regnavit 53. annos supervixitque filium Philippũ. Periit verò anno 1302. prope Cortracum infeliciter cum Francis contra Flandros pugnans septimo die mensis Julii, duobus relictis liberis

E

Philippo Artesio, qui ante patrem obiit anno 1288. relinquens è Blanca filia Joannis Britonum Comitis.

Mahteldæ quæ post mortem patris ac fratris, Artesiæ Comes est facta, ita judicantibus Curiæ Parisiensis Senatoribus, ubi ei litem pro Comitatu Artesiæ intentarat Robertus fratris sui Philippi filius. Nupsit Ottoni IV. Comiti Burgundiæ, cui liberos peperit, quorum Genealogiam inspicere oportet, quòd ejus liberi denuò Artesiam ac Flandriam sub unius Principis imperium adduxerint.

F

Robertus Artesius intentatâ lite propter Comitatum Artesiæ contra amitam Mahteldim, intercedente Rege Philippo Longo, cessit anno 1317. donatus à dicto Rege Comitatu Clermontii prope Rucheram apud Normannos. Sed cùm litem tempore Regis Philippi Valesii redintegrasset, repertusque esset falsis tabulis in judicio exhibitis se causamque suam defendisse, amissâ lite jubetur ne in perpetuum amplius, amitæ nec ejus successoribus causa Artesię negotium in judicio facessat. Obiit relictis liberis.

Filia una nupsit Ludovico Comiti Eureusio filio Regis Philippi, qui filius fuit Regis Ludovici Sancti.

Agatha uxor fuit filii Raimondi Buardi Foxii Comitis.

G

Joaña natu maxima Comes Burgundiæ ac Artesiæ, nupsit anno 1306. Philippo Longofrancorum Regi, peperitque tantùm filias quatuor, è quibus

H

Margarita nupsit Ludovico secundo, qui dicitur Neversius, Comiti Flandriæ, genuitque filium unicum, qui post mortem Philippi postremi Burgundiæ Ducis factus est

I

Ludovicus Malanus Comes Flandriæ, Burgundiæ, Artesiæ &c. suscepit è Margarita Brabantica filiam ac hæredem unicam

K

Margaritam Comitem Flandriæ, Burgundiæ, Artesiæ, Neversii, Rethellii, quæ nupsit Philippo Audaci Burgundię Duci, peperitq; liberos 7, quos in Genealogia Capeti reperies.

On a extrait cette Généalogie du Livre intitulé, Rerum Burgundicarum &c. Auctore P. H. Delphio.

Ces lettres numerales sont les suivantes ; ausquelles j'ai mis la valeur dessous chacune, pour en donner la connoissance à ceux qui l'ignorent.

I	V	X	L	C	D	M
1.	5.	10.	50.	100.	500.	1000.

Secondement, on ne doit jamais mettre des J longs & des Ů d'Hollande dans un Chronographe ; car cela fait un mechant effet, d'autant plus que plusieurs Sçavants soûtiennent que ces deux lettres ne peuvent être employées pour des lettres numerales.

Troisiêmement, il faut toûjours placer un Chronographe au milieu de la ligne lorsqu'il est court, & quand il ne peut entrer dans une seule ligne, on peut laisser un peu de blanc devant le commencement & la fin de la premiere ligne, si le cas le permet, & le reste de la matiere dudit Chronographe se mettra au milieu de la ligne suivante.

Si ce sont des Chronographes en Vers, & que chaque Vers contient plus d'une ligne, on doit faire la premiere de la justification de la page, & on mettra un cadrat de note au commencement de la seconde, comme il se voit dans ces quatre Démonstrations suivantes.

Chronographes sur l'utilité de l'Imprimerie.

CET ART VTILE, EN TOVT LVNIVERS
aDMIré,

Démonstration d'un Chronographe en vers.

DONNÉ POVR TOVT SCAVOIR, VN
CHEMIN TRES-AISÉ.

ILLVSTRE GVITEMBERG INVENTEVR
DE CET ART.

Démonstration d'un Chronographe en deux lignes en cul de lampe.

ARS SCIENTIARVM DOCTA NVTRIX.

Démonstration d'un Chronographe en ligne courte.

De la disposition des Acrostiches.

L'Acrostiche est une sorte de Poësie disposée de telle façon, que chacun des Vers commence par une lettre qui fait partie d'un nom qu'on écrit de travers à la marge, afin que chaque lettre du nom réponde à chaque Vers.

Ces lettres sont renversées, de maniere que chacune doit regarder celle qui la suit, & elles doivent toûjours être posées directement au milieu de la ligne où elles ont leur commencement.

S'il y a plusieurs mots dans un Acrostiche, on doit faire chaque lettre qui commence un nouveau mot, de plus gros caractere que ne feront les autres ; c'est ce qu'on peut voir dans cette Démonstration, par laquelle nous finirons cette premiere Partie.

Démonstration d'un Acrostiche.

LEs Auteurs si fameux, tant vantés dans l'Histoire,
A qui leurs beaux Ecrits ont acquis tant de gloire ;
Sans l'habile Inventeur de cet ART merveilleux,
Comme eux on les voiroit dans un oubli honteux
Inconnus des Mortels, sechant dans la poussiere ;
Et jamais on n'eut vû leurs œuvres en lumiere.
Nous n'aurions point sans LUI, *Sacy*, ni *Montfaucon*,
Calmet, *Fleury*, *Godeau*, ni le Pere *Syrmond*,
Et tant d'autres encor, dont les sçavants Ouvrages,
Des mortels respectés, vivront dans tous les âges ;
Et l'on verroit encor sans cette invention,
L'ignorance regner dans toute Nation.
Iamais sans ce bel ART, éternisant leurs veilles,
Mille Auteurs n'eussent fait paroître leurs merveilles.
Pourrai-je donç assez dignement t'exalter,
Riche Inventeur d'un ART qu'on ne peut trop vanter ?
Ie voudrois bien t'offrir l'Encens que tu merites,
Mais pour te bien loüer mes forces sont petites,
Et dans ce haut éclat où tu te viens offrir,
Remuant tes Lauriers, je crains de les fletrir :
Ie me trompe aprés tout, par toi la Providence,
Elle même aux mortels donna cette Science.

PARTIE II.*

Des Impositions, des Garnitures, & de la Correction.

* Quoi qu'on n'ait pas commencé cette page par la repetition du titre de Frontispice, comme on l'a fait au commencement de la premiere Partie, cependant on le peut faire, si on veut; mais il faut en faire de même à toutes les autres Parties qu'il y aura dans le volume.

CHAPITRE I.

Contenant une methode trés-facile pour imposer toutes sortes d'Impositions sans erreur.

COMME les differentes Impositions s'échapent facilement de la memoire, principalement lorsqu'on est quelque têms sans les mettre en usage, on a jugé à propos de les faire graver, & par cette methode, un Aprentif de six mois pourra imposer toutes les Impositions suivantes, sans commettre aucune erreur, & avec autant de facilité que le plus habile de nôtre Profession.

On a mis quelques Impositions du même nombre de pages, de differentes manieres, afin de choisir celles qui seront plus convenables à la grandeur du papier, qui se trouve quelquefois plus large ou plus long dans un endroit que dans un autre.

Quoi qu'il y ait des Impositions qui ne se pratiquent gueres, on n'a pas laissé de les mettre au nombre des autres, afin de n'avoir point de peine de les chercher dans

PARTIE II. CHAP. I.

le besoin ; & elles sont toutes construites de maniere, qu'il sera trés-facile aux Relieurs de les plier.

On voit à chaque Imposition la figure du Chassis, avec la barre dans sa situation à chaque Imposition differente.

Les places des bois des têtieres sont assez visibles, à cause que les chiffres des pages les enseignent d'eux mêmes. On a observé de faire la place des bois de marge plus large que celle des bois de fonds ; & aux endroits où il y a plusieurs cayers dans une forme, on a marqué d'un petit filet l'endroit où on les doit couper, & les lignes de points quarrés qui sont entre les pages & le Chassis, dénotent la situation des bizeaux.

Il faut aussi observer que l'on coupe toûjours la feuille dans le milieu où est la barre du chassis, lorsque c'est une Imposition par demi-feuille ; ou bien quand il y a plusieurs cayers sur une même forme, excepté à l'Imposition des In-dix-huit, à cause que la barre du Chassis sert de bois de fonds ; c'est pourquoi quand il ne se trouve point de barre assez étroite pour cet effet, on la doit mettre en la place du bois de la marge du cayer, de même qu'à l'Imposition de l'In-douze, avec les Chassis à l'Hollandoise ; & avoir soin de rendre les bois du cayer de l'autre côté, de la même égalité de celui, où on mettra ladite barre ; soit qu'on la place dans le fonds, ou à l'endroit du cayer d'enhaut, comme je viens de dire.

Enfin quand on voudra faire quelqu'une de ces Impositions, on n'a qu'à poser les pages tout de même qu'on les trouvera marquées, & comme si on vouloit poser les pages de sa forme sur celles qui sont marquées dans chacune des planches qui sont ici gravées.

Les Impositions par fraction, qui sont les In-octavo de quatre cayers dans une demi-feuille, les In-douze & les In-seize de trois & de quatre cayers separés, sont trés utiles, lorsqu'à la fin d'un Ouvrage il ne se rencontre point assez de pages pour la même imposition, ou bien quand on est obligé de faire quelques cartons pour des pages où on auroit laissé échaper des fautes grossieres.

L'endroit où on a mis deux mains au bas de chaque Imposition, est une marque qu'il faut tenir ce côté là devant soi en imposant ; c'est à quoi il faut prendre garde : Car si cet endroit étoit tourné d'un autre côté, on transposeroit indubitablement sa forme.

Il n'est point d'Imprimeur qui ne sçache plier les Impositions les plus communes & les plus en usage, telles que sont les In-folio, les In-quarto & même jusques aux In-vingt-quatre ; mais pour les autres, comme elles sont un peu plus difficiles, & fort peu usitées, il ne les sçavent pas ordinairement plier, parce que le plus souvent ils ne veulent pas se donner la peine de l'apprendre ; c'est pourquoi en faveur des Aprentifs & de tous ceux qui ne veulent rien ignorer, on trouvera à la marge de chaque différente Imposition une instruction courte & aisée pour apprendre à plier chaque feuille.

Si dans cette instruction il se rencontroit quelques doutes sur les endroits où on doit couper les cartons, ou les differents cayers qu'il y a sur une feuille, on pourra examiner les Impositons dont il sera question, lesquels endroits, comme nous avons deja dit, sont marqués d'un *petit filet*, c'est à quoi l'on doit faire une grande attention pour bien entendre les instructions suivantes.

Il faut observer pour regle générale, que la premiere page, de quelque Imposition que ce puisse être, doit toujours être la face contre la table, sur laquelle on plie.

On n'a point jugé à propos de faire graver l'Imposition In-folio de quatre feuilles dans un cayer, attendu qu'elle n'est guéres usitée ; si cependant il arrive qu'on la veuille mettre en usage, elle s'impose de cette maniere.

On met la page 8 avec la 9, la 7 avec la 10, la 6 avec la 11, la 5 avec la 12, la 4 avec la 13, la 3 avec la 14, la 2 avec la 15, & la premiere avec la seiziéme ; en observant d'imposer les pages paires du côté droit, & les impaires du côté gauche.

Ces observations faites, nous commencerons par l'In-folio, seulement d'une feuille.

PARTIE II.
CHAP. I.

L'Impoſition d'un In-folio d'une feuille ſeulement.

INSTRUCTION pour plier les Impoſitions.

Pour plier cette Impoſition, on doit toûjours tenir ſa feuille de maniere que la *ſignature* ſeule, comme A, B, C, *&c.* ſoit poſée la face contre la table, ſur laquelle on plie, & du côté de la main gauche, le bas des pages devant ſoi; enſuite on prend le bout de la feuille du côté de la main droite pour faire rencontrer le chiffre de la page 3. ſur le chiffre de la page 2, & on plie ainſi ladite feuille par le milieu, en donnant un coup de plioir pardeſſus.

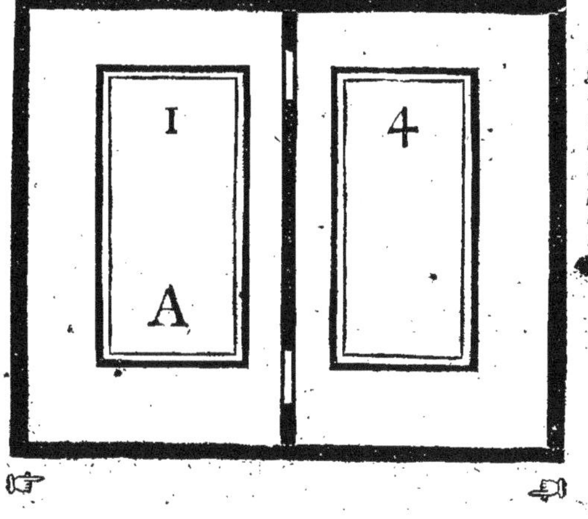

OBSERVATION pour l'Imprimeur.

L'Imprimeur doit obſerver, pour regle generale, qu'à toutes les Impoſitions où la barre eſt au milieu du Chaſſis, de tourner toûjours ſon papier à la retiration de même qu'à celle-ci.

L'In-folio de deux feuilles dans un cayer. Premiere feuille.

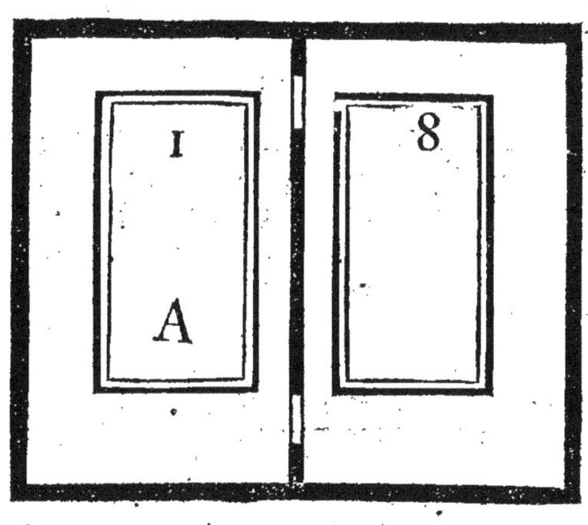

Retiration de l'In-folio d'une feuille.

Retiration de la premiere feuille de l'In-folio, de 2. feuilles dans un cayer.

PARTIE II.
CHAP. I.

INSTRUCTION pour plier ces Impositions.

Aux In-folio de deux, trois, ou de quatre feuilles dans un cayer, on doit poser les signatures A 2, A 3, *&c.* de la même maniere qu'on fait aux signatures seules, & on les plie aussi de même.

Seconde feuille de l'In-folio de deux feuilles dans un cayer.

L'In-folio de 3. feuilles dans un cayer. Premiere feuille.

Seconde

Retiration de la seconde feuille de l'In-folio de 2. feuilles dans un cayer.

Retiration de la premiere feuille de l'In-folio de 3. feuilles dans un cayer.

Seconde feuille de l'In-folio de trois feuilles dans un cayer.

Troisiême feuille de l'In-folio de trois feuilles dans un cayer.

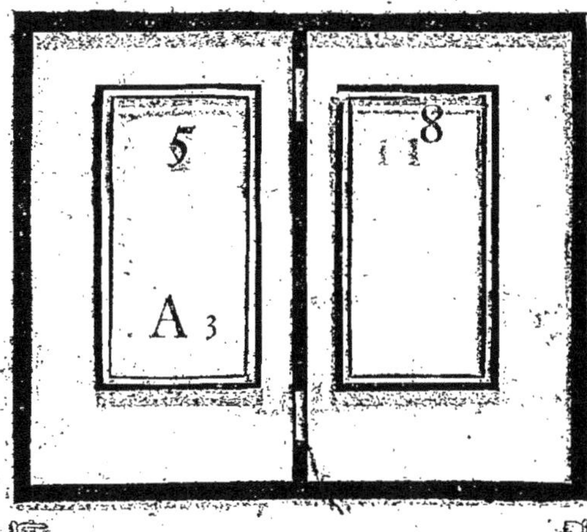

Retiration de la seconde feuille de l'In-folio de 3. feuilles dans un cayer.

Retiration de la troisiéme feuille de l'In-folio de 3. feuilles en un cayer.

INSTRUCTION pour plier les Impositions.

On plie cette feuille par le milieu, aux trous des pointures ; cela fait, on prend la feuille par le bout du côté de la page 4 pour la faire rencontrer sur le chiffre de la page 12, & en même tems on donne un coup de ploir par dessus le papier, avec la main droite, de sorte que la feuille se trouve pliée en quatre.

L'In-quarto de deux feuilles dans un cayer, rarement usité.

Cete feuille se plie comme la precedente, en observant de laisser toûjours la *signature* A3 en dehors le cayer, qui se place au milieu du précedent.

Seconde feuille de l'In-quarto de deux feuilles dans un cayer.

Retiration de la premiere feuille de l'In-quarto de 2. feuilles dans un cayer.

Retiration de la seconde feuille de l'In-quarto de 2. feuilles dans un cayer.

L'In-quarto d'une feuille.

INSTRUCTION pour plier les Impositions.

On plie cette feuille comme la précedente.

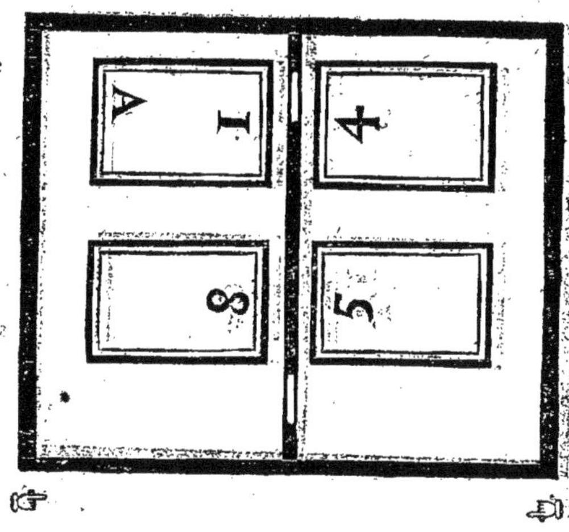

L'In-quarto par demi-feuille.

On coupe cette feuille par le milieu aux trous des pointures, ensuite on plie chaque demi-feuille comme un In-folio.

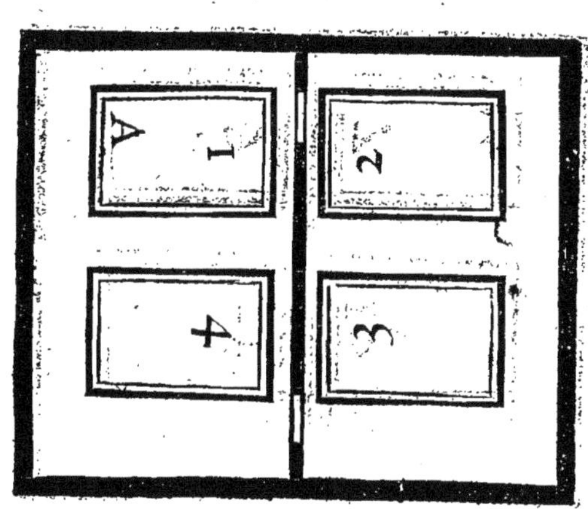

Retiration de l'In-quarto d'une feuille.

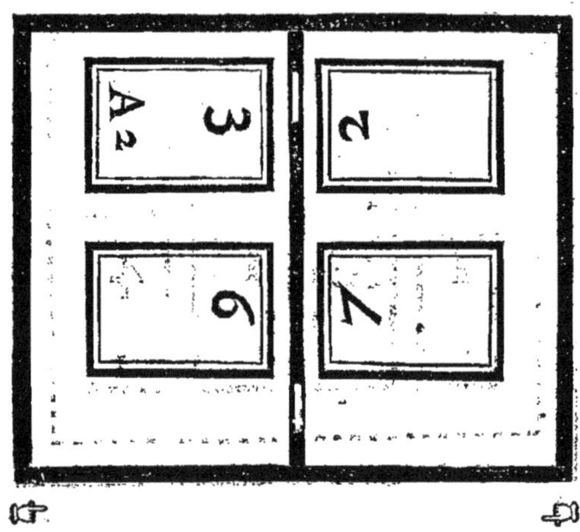

L'In-octavo par demi-feuille.

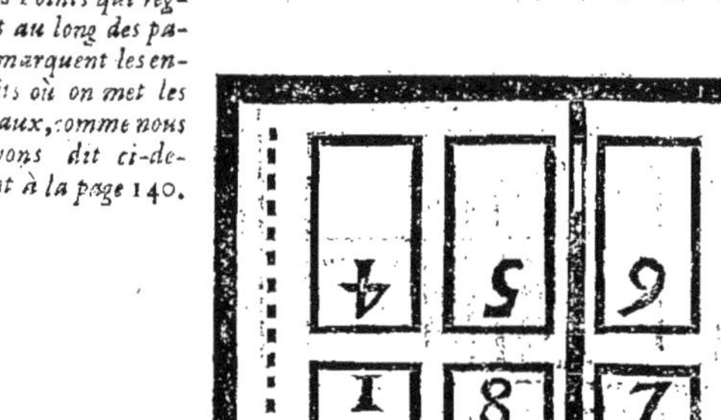

OBSERVATION

Les Points qui regnent au long des pages marquent les endroits où on met les biseaux, comme nous l'avons dit ci-devant à la page 140.

INSTRUCTION pour plier cette Impositions.

L'In-octavo par demi-feuille, se coupe par le milieu directement aux trous des pointures, ensuite on plie les deux demi-feuilles en deux cayers In-quarto.

INSTRUCTION pour plier les Impositions.

Prémierement, on pose cette feuille d'une maniere qu'on ait les pages en longueur devant soi, & la signature seule à main gauche, ensuite on plie la feüille directement aux trous des pointures, comme à l'In-folio; on prend ensuite le bout de la feuille du côté des pointures pour faire rencontrer l'extremité de la derniere ligne de la page 12. sur l'autre extremité de la page 13. aprés quoi on passe le ploir

L'In-octavo par feüille entiere.

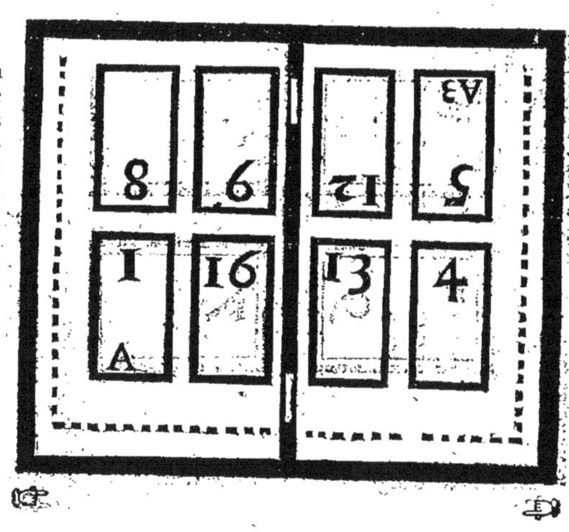

L'In-douze par feuille, le carton dedans, le chassis à la Françoise.

Pour l'Imposition In-douze, on pose la feuille de maniere que les pages soyent en longueur devant soi, & la premiere page à main gauche; ensuite on coupe le carton directement aux trous des pointures; sitôt qu'on aura plié ladite feuille en deux, par le milieu de sa longueur, on plie de rechef ledit carton en deux, en observant de bien faire rencontrer les chiffres les uns sur les autres, & de laisser en dehors la signature A 5. & le restant de la feuille se doit plier cõme un In-octavo.

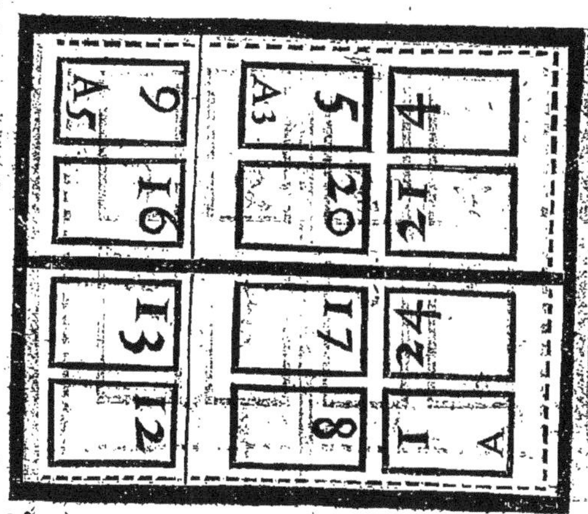

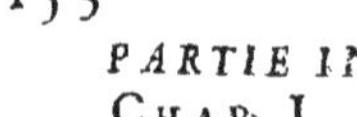

Retiration de l'In-octavo par feuille entiere.

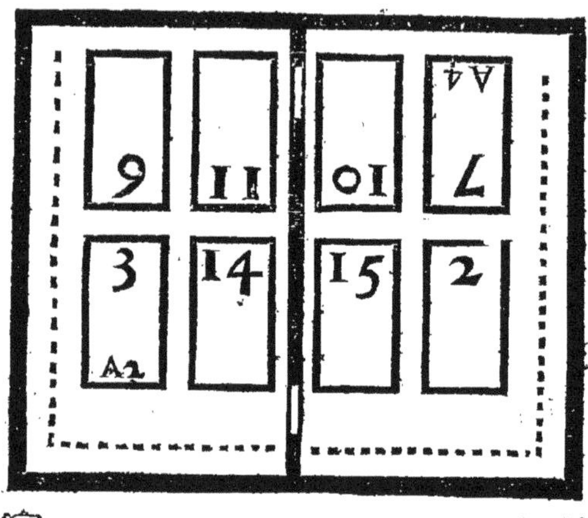

Retiration de l'In-douze par feuille, le carton dedans.

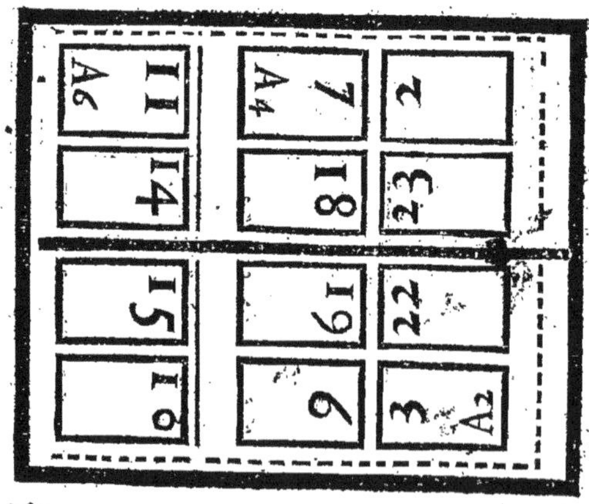

INSTRUCTION pour plier ces Impositions.

plioir par dessus la feuille qui est pour lors plié In-quarto ; cela fait, on prend de réchef le bout de la feuille du côté des chiffres pour poser la page 8, contre la page 9, en observant de faire glisser le cayer tant soit peu vers soi, afin qu'on puisse plier avec plus de facilité, & sans se géner.

PARTIE II.
CHAP. I.

l'In-douze par feuille entiere, le carton dehors, le chaſſis à l'Hollandoiſe.

INSTRUCTION pour plier ces Impoſitions.

Cette feuille ſe plie comme la précedente; on doit ſeulement obſerver de ne point mettre le carton dans le milieu du cayer, attendu que cette feuille fait deux cayers ſeparés.

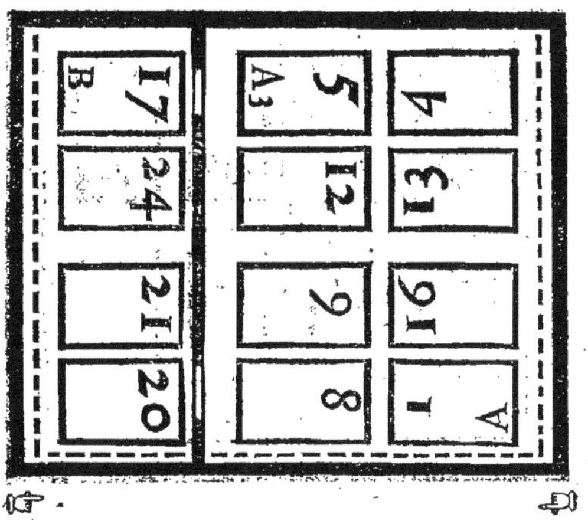

l'In-douze par demi-feuille, le carton dedans.

Les In-douze par demi-feuille, ſe coupent premierement tout le long de la feuille; enſuite on coupe & on plie les deux cartons de même qu'à l'In-douze par feuille entiere, & les deux autres cayers ſe plient comme deux In-quarto.

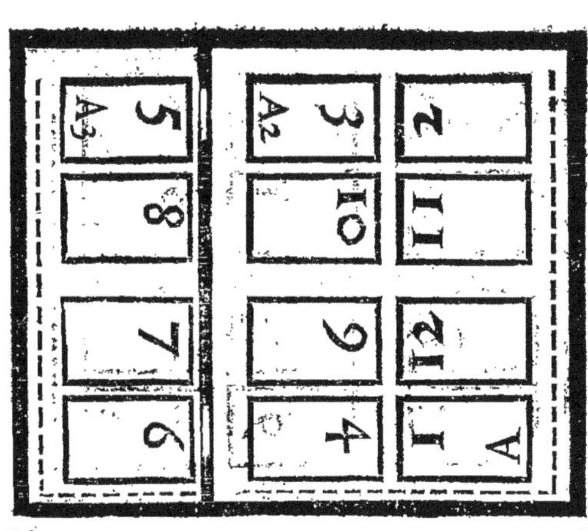

Retiration de l'In-douze par feuille entiere, le carton dehors.

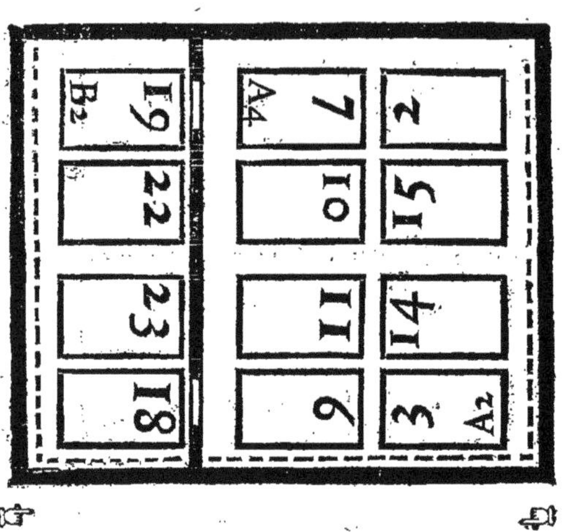

l'In-douze par demi-feuille, le carton dehors.

INSTRUCTION pour plier cette Impoſition.

Cette feuille ſe plie comme la précedente, & chaque demi-feuille fait deux cayers ſéparés.

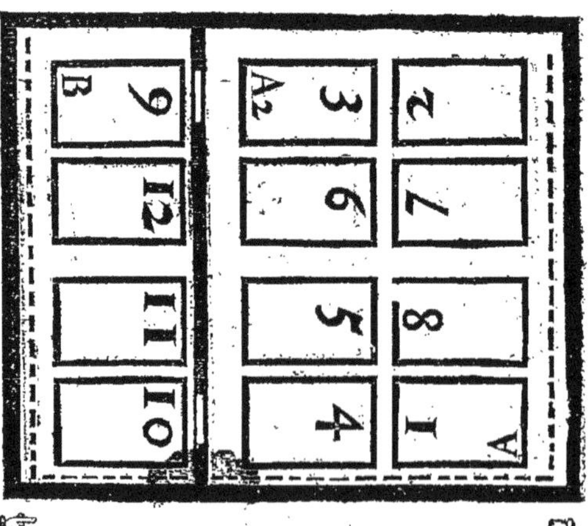

PARTIE II. CHAP. I.

INSTRUCTIONS pour plier ces Impositions.

On coupe cette feuille en 3, bandes le long des têtieres & on les plie comme une bande In-douze par feuille.

OBSERVATIONS pour le Compositeur.

Les Soleils qui sont aux quatre coins de ces Impositions, dénotent que ce sont des Impositions par fraction, lesquelles ne peuvent servir que quand on n'a point suffisamment des pages pour une forme complette.

Lorsqu'il arrive qu'un ouvrage d'une Imposition In-douze finit par le nombre de 8. pages & qu'on ne veut pas laisser 4. pages blanches pour avoir sa forme complette, on doit composer

l'In-douze par feuille entiere, de trois cayers séparés.

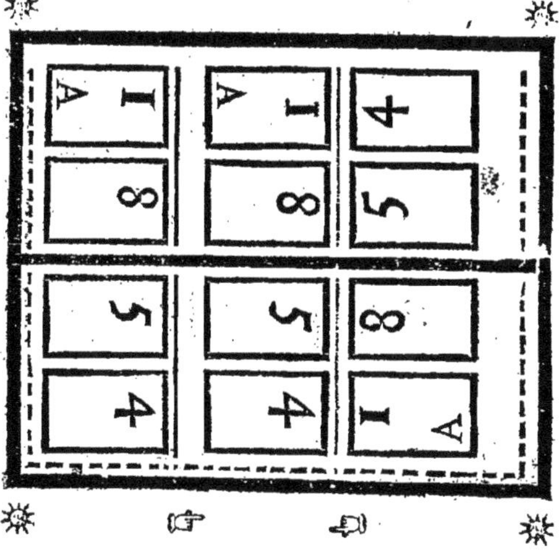

l'In-douze par demi-feuille, de trois cayers séparés.

On coupe cette feuille par le milieu de sa longueur & on partage chaque demi feuille encore en 3, parties pour les plier comme un In-folio.

Cette Imposition est utile lorsqu'il ne reste que 4. pages à la fin d'un ouvrage; & pour lors on doit composer ces 4. pages trois fois.

Mais Si un Ouvrage finissoit par le nombre de six pages, il faudroit aussi les composer deux fois, & imposer aussi les mêmes quatre premieres pages deux fois, de même qu'elles sont marquées ici à main droite, & les deux cinquiémes & sixiémes pages, on les placera à la main gauche; sçavoir, les deux cinquiémes pages où on a mis au bas des pages les lettres A & C, & les deux sixiémes pages où sont celles de B & D.

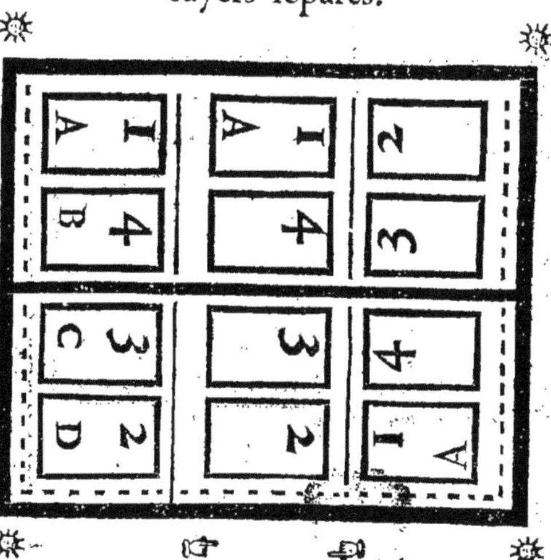

Retiration de l'In-douze par feuille entiere, de trois cayers séparés.

OBSERVATIONS pour le Compositeur,

composer trois fois les mêmes 8. pages & les imposer de cette maniere.

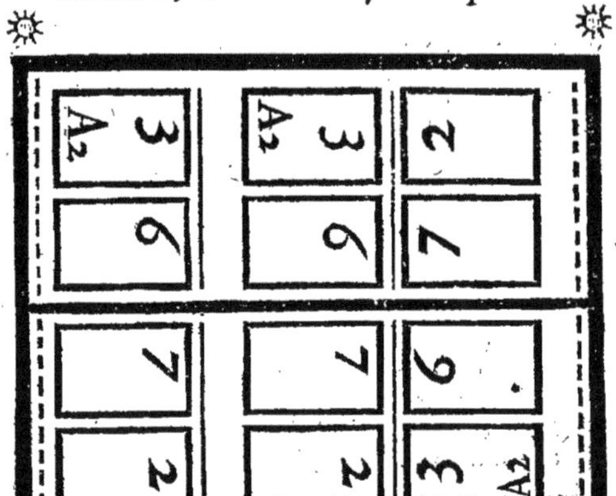

l'In-octavo de deux cayers sur une demi-feuille.

Pour la même raison que ci-dessus, on doit composer les 4. pages de la fin d'un Ouvrage deux fois, & les imposer de la maniere suivante.

INSTRUCTION pour plier cette Imposition.

On partage cette feuille en quatre pour la plier en 4. cayers In-folio.

L'In-seize par feuille entiere, d'un seul cayer.

INSTRUCTION pour plier ces Impositions.

Si c'est un In-seize par feuille entiere, on plie la feuille par le milieu, directement aux pointures sans la couper; puis on plie cette feuille ainsi doublée, comme si ce n'étoit qu'une demi-feuille In-seize, en observant de poser directement les chiffres des pages les uns sur les autres.

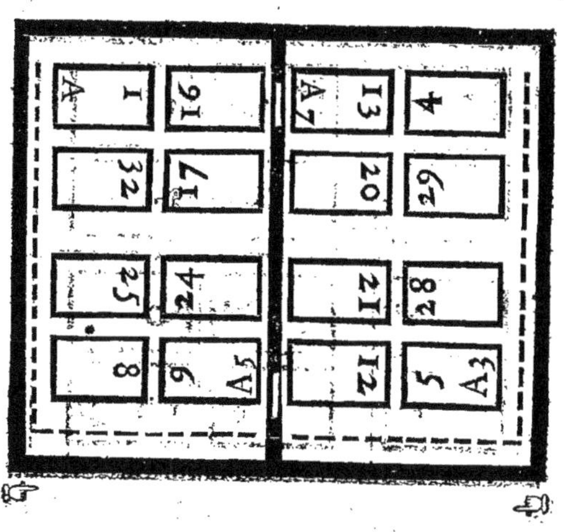

l'In-seize par demi-feuille, en un cayer.

Pour plier un In-seize par demi-feuille, on coupe la feuille par le milieu aux trous des pointures, aprés quoi on plie les deux demi-feuilles comme deux cayers In-octavo.

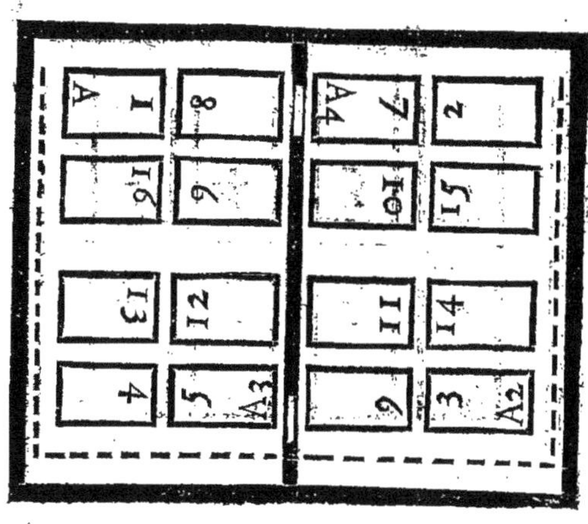

Retiration de l'In - seize par feuille entiere, d'un seul cayer.

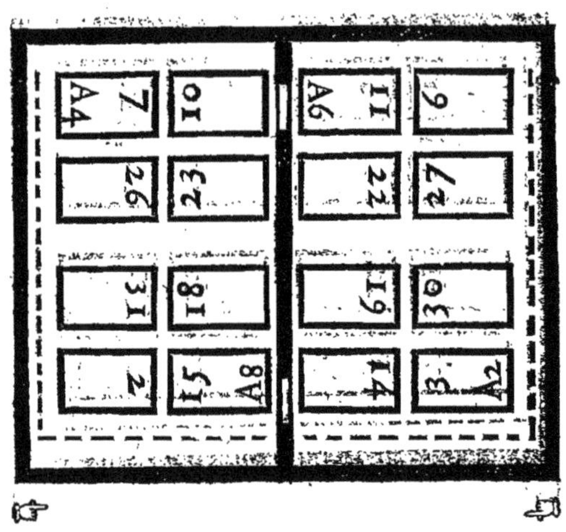

l'In - seize par demi - feuille, en deux cayers.

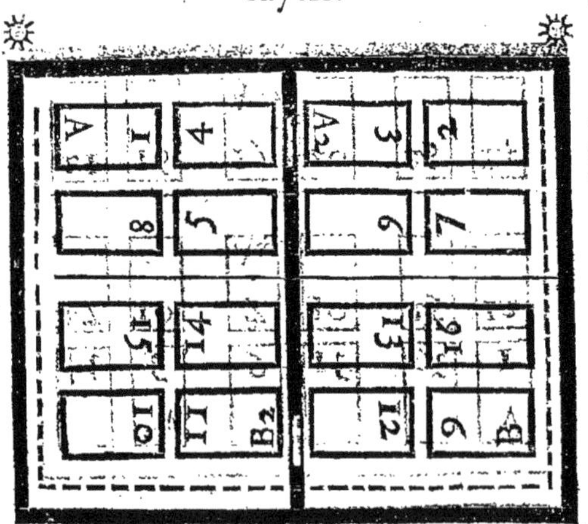

INSTRUCTION pour plier cette Imposition.

Cette feuille se partage aussi, en quatre parties pour la plier en 4 cayers In-quarto.

PARTIE II.
CHAP. I.

INSTRUCTIONS pour plier ces Impositions.

Cette feuille se coupe par le milieu, & se plie comme l'In-seize par demi-feuille.

l'In-seize par feuille entiere, en deux cayers séparés.

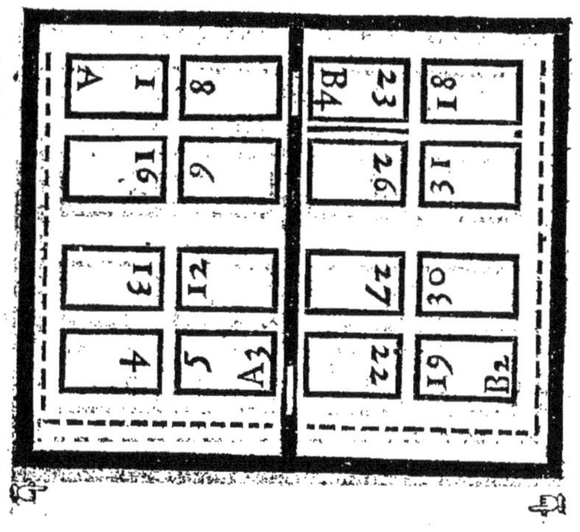

l'In-dix-huit par feuille entiere, en un seul cayer.

Pour plier la premiere Imposition de nos In-dix-huit, qui est en un seul cayer, on coupe la feuille tout le long de la bande du carton d'enhaut, & pour plier ce carton, on pose le chiffre de la page 21, sur celui de la page 20, celui de la page 14, sur celui de la page 15, & celui de la page 22, sur celui de la page 23,

Pour plier le reste de la feuille, on pose la page 33, sur la page 32, la page 3, sur la page 2, & le reste de ladite feuille se plie en In-quarto.

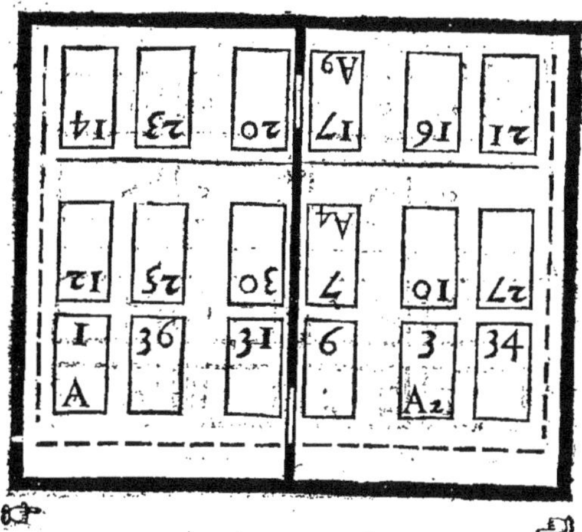

Retiration

Retiration de l'In-seize par feuille entiere, en deux cayers séparés.

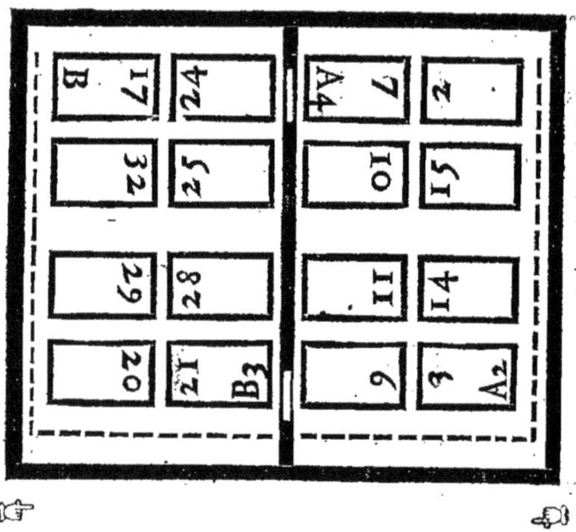

Retiration de l'In-dix-huit par feuille entiere, en un seul cayer.

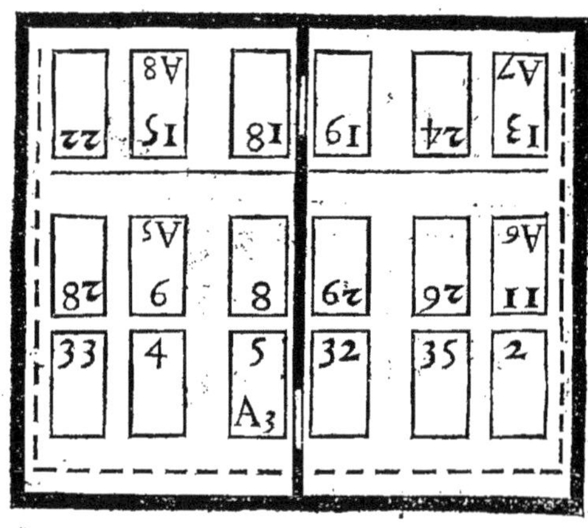

Autre In-dix-huit par feuille entiere, d'un seul cayer.

INSTRUCTIONS pour plier ces Impositions.

Pour plier cette Imposition on coupe la bande de six pages à main droite au milieu de la marge du côté des chiffres; ensuite on coupe les deux feuillets d'enhaut de cette bande, que l'on plie comme un In-folio, la signature A 9. en dehors, & le reste se plie comme un In-quarto; aprés quoi on coupe & on plie le reste de la feuille comme une Imposition In-douze par feuille entiere.

OBSERVATION pour l'Imprimeur.

Quand la barre du chassis est au milieu de la forme d'un In-dix-huit, elle sert de bois de fond; c'est pourquoi, on doit observer que les autres bois de fond soyent d'une égale épaisseur avec ladite barre.

Pour plier cet In-dix-huit on coupe la premiere bande de six pages qui est à main droite, aprés on coupe les deux feuillets d'enhaut de cette bande que l'on plie, de même que celle de l'Imposition suivante, & le reste de la présente feuille se coupe & se plie de même qu'une Imposition In-douze par feuille entiere; cela fait, on place les deux cartons dans les deux cayers séparés.

L'In-dix-huit par feuille, en deux cayers le plus en usage.

La barre du Chassis sert de bois de fond.

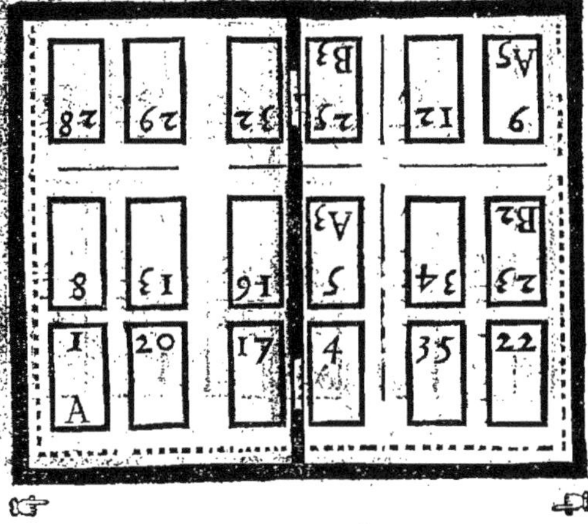

Retiration de l'In-dix-huit par feuille entiere, d'un seul cayer.

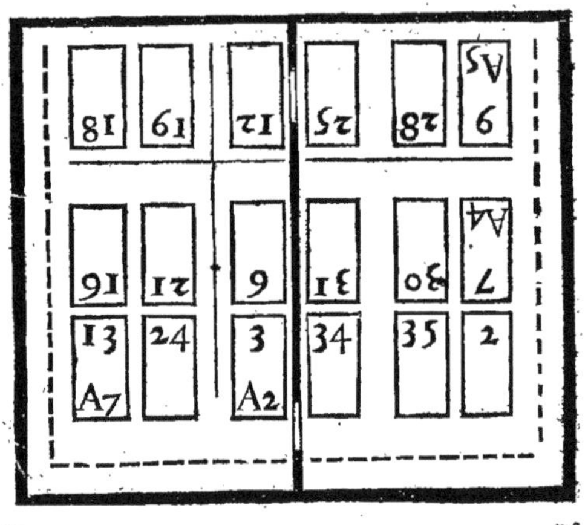

INSTRUCTION pour plier cette Imposition.

entiere : Cette feuille étant ainsi pliée, on doit encartonner ces quatre cayers l'un dans l'autre dans leur ordre naturel pour ne faire qu'un seul cayer.

Retiration de l'In-dix-huit par feuille, en deux cayers, le plus en usage.

La barre du Chassis sert de bois de fond.

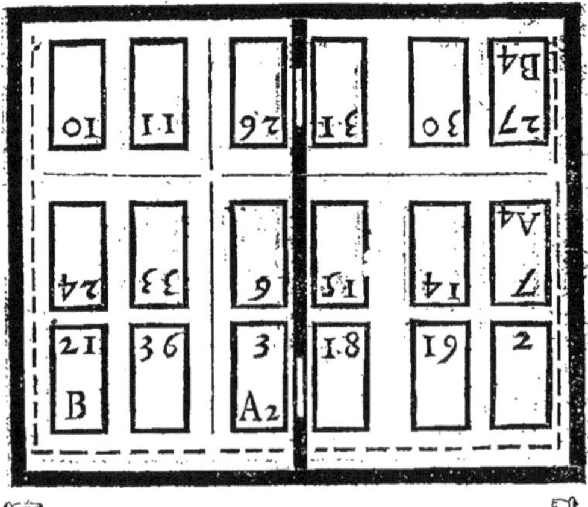

PARTIE II. CHAP. I.

INSTRUCTIONS pour plier ces Impositions.

Le premier cayer de cette Imposition est de seize pages, & le second en est de vingt; pour la plier on coupe la feuille tout le long de la bande d'enhaut, & on pose le chiffre de la page 22 sur la 23; ensuite on tourne le cayer sens dessus dessous pour poser le chiffre de la page 28 sur celui de la page 29; aprés quoi on plie le reste par le milieu, la signature B3 en dehors; puis on coupe

L'In-dix-huit par feuille, en deux cayers sur une feuille.

La barre du Chassis sert de bois au carton.

OBSERVATION pour le Compositeur.

Quand on se sert des chassis à l'Hollandoise pour imposer les In-dix-huit, & que la barre du chassis est plus épaisse que les bois de fond, on peut en ce cas mettre la barre aux endroits des cartons; en observant de placer ladite barre au carton d'en bas au papier blanc, & de la mettre au carton d'enhaut à la retiration. L'imprimeur doit aussi placer ses pointures en bas au papier blanc, & les remettre en haut à la retiration: La transposition

L'In-dix-huit par feuille entiere, de trois cayers séparés.

Cette Imposition se coupe en trois bandes par la longueur des pages, ensuite on plie ces trois bandes comme une Imposition in-douze par demi-feuille.

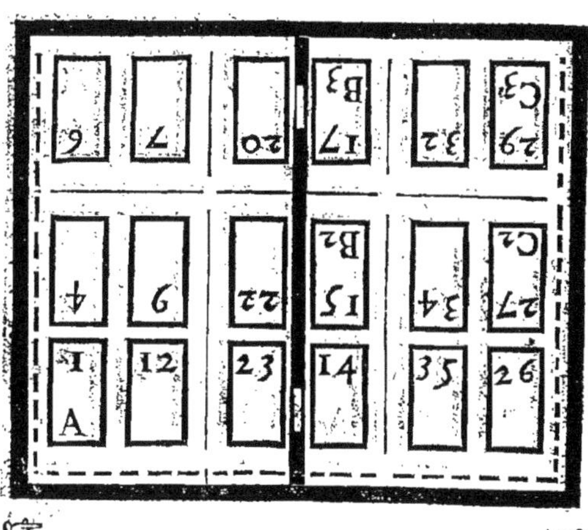

INSTRUCTION pour le Compositeur,

tion de cette barre, se voit assez visiblement à ces deux Impositions.

Retiration de l'In-dix-huit par feuille, en deux cayers sur une feuille.

La barre du Chassis sert de bois au carton.

INSTRUCTION pour plier cette Imposition.

coupe le carton de quatre pages à main droite, qui est le commencement du cayer de la lettre B, lequel on plie comme un In-quarto, la signature B, en dehors & le restant de la feuille, qui fait le seul cayer de la signature A, se plie comme un In-octavo.

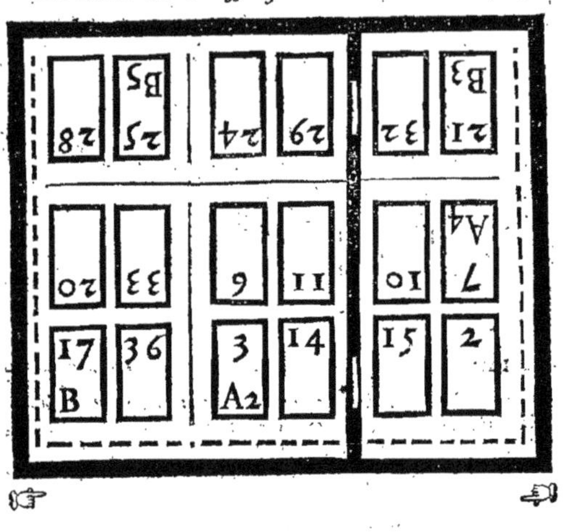

Retiration de l'In-dix-huit par feuille, de trois cayers séparés.

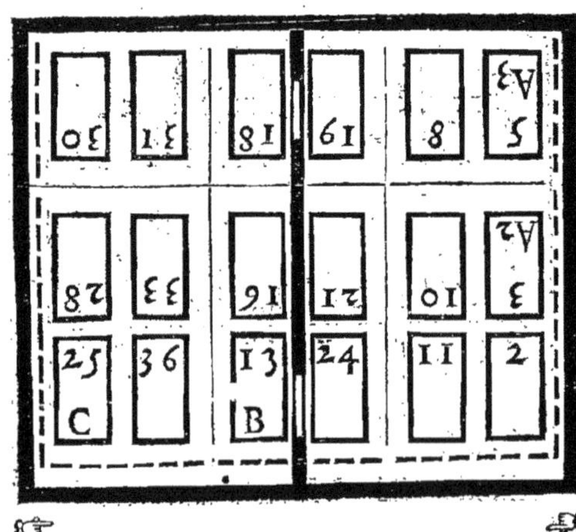

PARTIE II.
CHAP. I.

L'In-dix-huit par demi-feuille.

14	5 A3	10	9 A5	6	13
		R8	R.11		
4	15	12	7 A4	16	3 A2
1 A	18	11	8	17	2
		R.7	R.12		

INSTRUCTIONS pour plier ces Impositions.

Premierement on coupe la bande d'enhaut tout le long des têtieres & on la separe en quatre parties ; sçavoir, les deux bouts de ladite bande chacun de deux feuillets que l'on plie comme des In-folio, & les deux feuillets qui restent dans le milieu de ladite bande se partagent encore en deux, qui font deux feuillets volans, lesquels se placent dans le milieu de chaque cayer, dont cette demi-feuille est composée ; pour le restant de la feuille, on la separe encore en trois parties ; sçavoir, les deux bouts de la feuille, en deux cayers In-quarto, & les quatre pages qui restent dans le milieu de cette feuille, se separent encore en deux par le milieu des têtieres, que l'on plie comme deux In-folio ; aprés quoi on assemble les cartons pour les ranger l'un dans l'autre, pour en faire deux cayers de 18. pages chacun.

OBSERVATIONS.

Cette Imposition est quelquefois necessaire, comme lorsqu'un Ouvrage finit par le même nombre des pages qu'elle contient ; mais il faut observer qu'il y a quatre pages à transposer à la retiration ; sçavoir, les quatre pages d'en bas qui sont contre la barre du chassis, & pour un plus grand éclaircissement, on a placé au bas de chaque page un R avec le chiffre de leur changement à la retiration ; c'est-à-dire, qu'on placera pour lors la page 7 dans la place de 11, la page 8 en la place de la 12, & on remettra la page 12 où a été la page 8, & la page 11 en la place de la 7.

L'In-vingt-quatre par feuille, en trois cayers separés.

Aprés qu'on aura plié la feuille par le milieu directement aux pointures sans la couper, on la pose d'une maniere que la lettre A soit dessous la main gauche ; ensuite on coupe le cayer de la signature C, qui est comme un double cayer In-quarto, que l'on plie de même ; cela fait on coupe le reste de la feuille en deux parties à la barre du chassis pour les plier en deux cayers In-octavo.

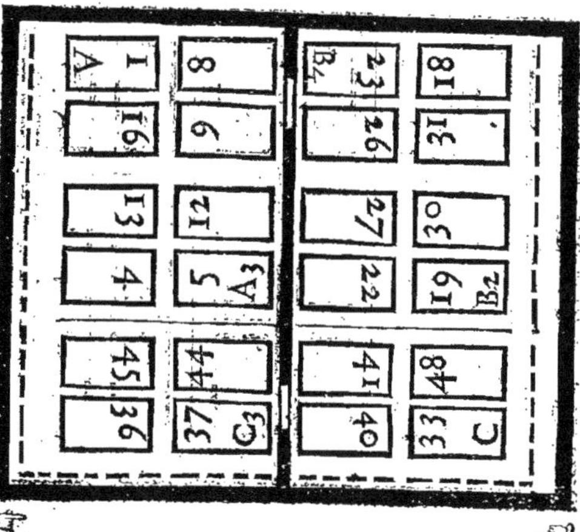

L'In-vingt-quatre par demi-feuille, d'un cayer, lequel se plie sans rien couper.

INSTRUCTION pour plier cette Imposition.

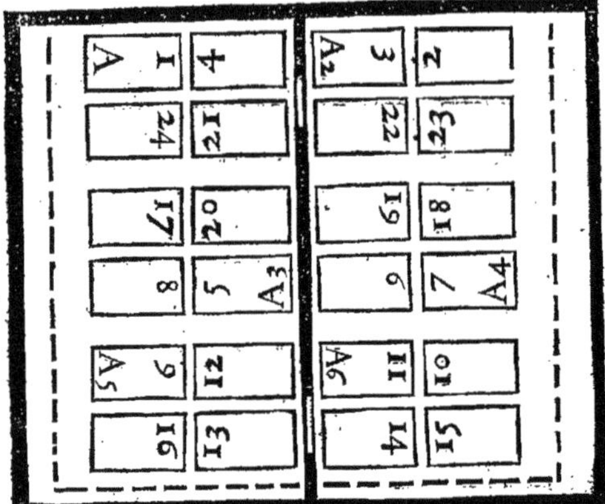

Pour plier cette Imposition, on coupe premierement la feuille par le milieu directement aux trous des pointures, ensuite on plie chaque demi-feuille tout le long du milieu de la marge des têtieres ; cela fait, on pose le chiffre de la quatriême page sur la cinquiême ; aprés quoi on tourne le cayer, c'est-a-dire ce qui est dessus, dessous, & l'on pose de réchef les chiffres de la page 16. sur celui de la page 17 ; ensuite pour achever de plier ce cayer, on pose les chiffres de la page 12. sur les chiffres de la page 13.

Retiration de l'In-vingt-quatre par feuille, en trois cayers separés.

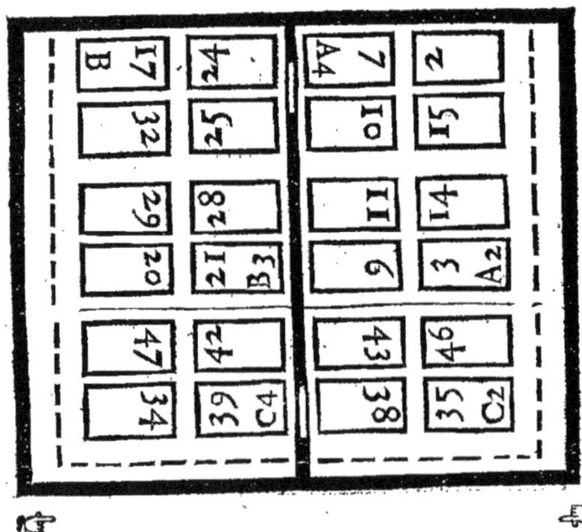

PARTIE II.
CHAP. I.

L'In-vingt-quatre, par feuille entiere, de deux cayers séparés.

INSTRUCTIONS pour plier ces Impositions.

On coupe cette feuille par le milieu aux trous des pointures, & on plie chaque demi-feuille comme une Imposition In-douze par feuille entiere.

L'In-vingt-quatre par demi-feuille, d'un seul cayer séparé.

Cette Imposition se separe aussi par le milieu, & se plie comme la précedente, & les deux cayers d'enhaut s'encartonnent dans le milieu des deux cayers d'en bas, lesquels se plient comme deux In-octavo.

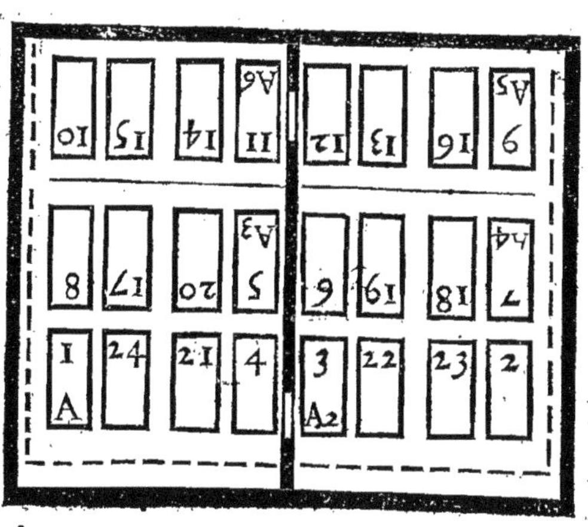

Retiration

PARTIE II. CHAP. I.

Retiration de l'In-vingt-quatre, par feuille entiere, de deux cayers séparés.

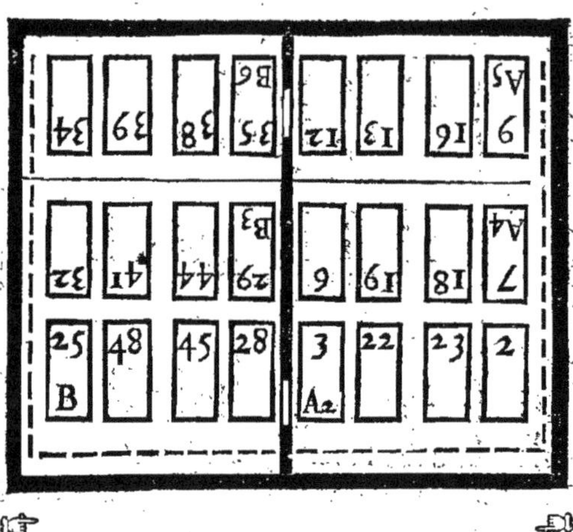

L'In-vingt-quatre par demi-feuille, de deux cayers séparés.

INSTRUCTION pour plier cette Imposition.

Premierement on separe la feuille par le milieu des pointures ; ensuite on coupe la bande d'en haut, les deux demi-feuilles ensembles, pour en faire deux cayers séparés des signatures B, & le reste de la feuille, où sont les signatures A, se plie comme deux cayers In-octavo.

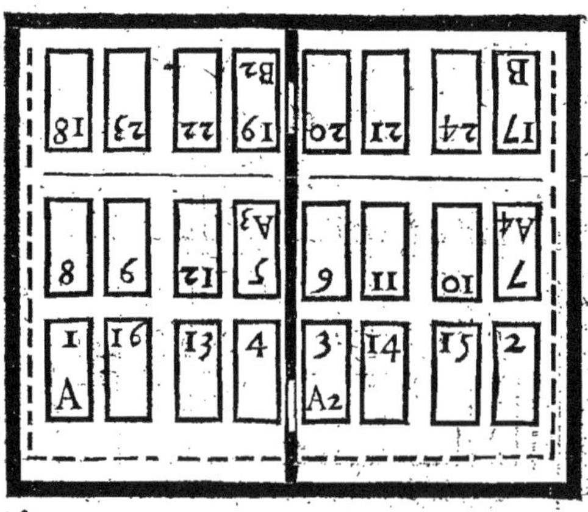

PARTIE II. CHAP. I.

INSTRUCTIONS pour plier ces Impositions.

Pour plier cette Imposition, on separe la feuille par le milieu aux pointures, & on tourne les deux demi-feuilles d'une maniere que les signatures A, soyent dessous la main gauche; ensuite on coupe le carton de quatre pages à main droite, lesquelles on plie comme deux In-quarto, pour les encartonner dans le milieu des deux autres cayers, qui est le restant de la feuille, & qui se plient comme deux In-octavo.

L'In-vingt-quatre par demi-feuille, d'un cayer, en façon d'un In-seize.

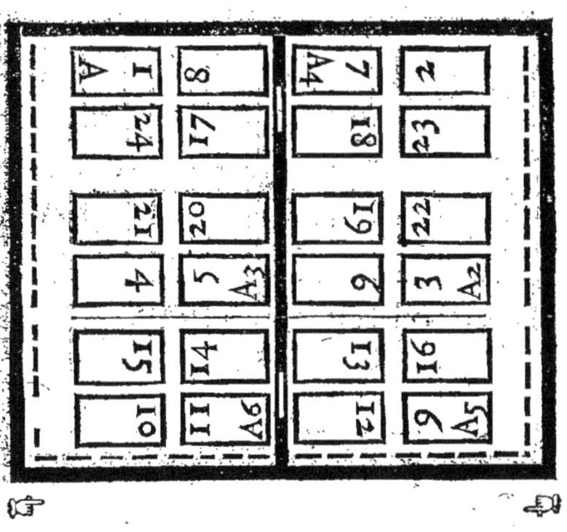

L'In-trente-deux par feuille entiere, en quatre cayers séparés.

Prémierement on coupe cette feuille aux trous des pointures; secondement on separe encore chaque demi-feuille en deux par le milieu du bas des pages; de sorte que la feuille étant ainsi partagée en quatre parties, on la plie en quatre cayers In-octavo.

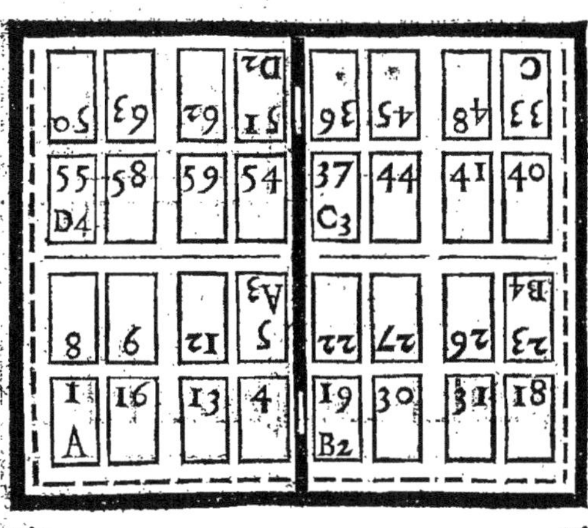

PARTIE II.
CHAP. I.

L'In-vingt-quatre par demi-feuille, de de 2. cayers en forme de 3. In-quarto.

OBSERVATION pour le Compositeur.

Si on veut imposer cette Imposition en trois cayers separés, soit pour la fin d'un Ouvrage, ou quelque autre raison, on n'a qu'à mettre les deux prémieres pages des deux prémiers cayers où sont les signatures A, & la prémiere page du troisiéme cayer à la page 7, où on a mis pour cette fin une Etoile; & les imposer tous trois comme trois In-quarto par feuille.

INSTRUCTION pour plier cette Imposition.

Aprés qu'on aura coupé cette feuille en deux directement aux pointures, on tourne la feuille d'une maniere que les signatures de la lettre A soyent dessous la main gauche; aprés on coupe chaque demi-feuille en trois parties separées, dont on plie les deux parties de chaque bout desdites demi-feuilles en In-quarto, & la partie du milieu sera encore separeé en deux par le milieu de la marge des têtieres, pour en faire deux cartons In-folio pour les placer dans le milieu des deux précedens cayers.

Si cette Imposition s'impose en trois cayers separés, on ne separera point cette partie du milieu par les têtieres; mais on la pliera aussi In-quarto.

Retiration de l'In-trente-deux en quatre cayers.

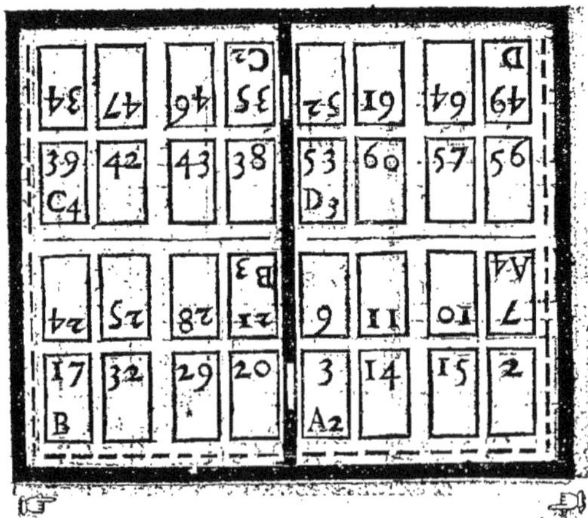

PARTIE II.
CHAP. I.

INSTRUCTIONS pour plier ces Impositions.

Cette Impoſitjon In-trente-deux par demi-feuille, ſe coupe & ſe plie comme l'Impoſition par feuille entiere.

L'In-trente-deux par demi-feuille, de deux cayers ſéparés.

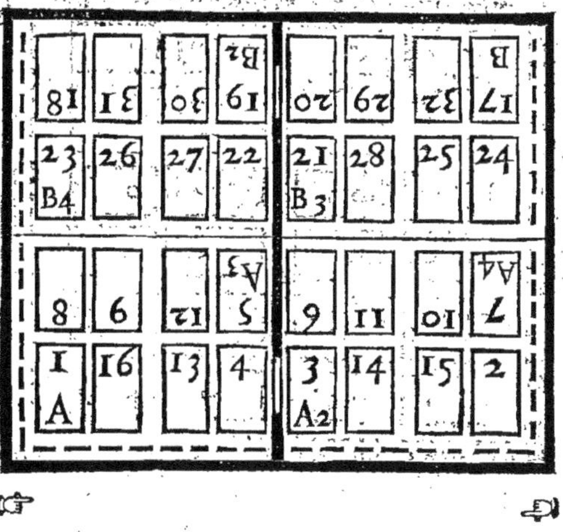

L'In-trente-ſix par feuille entiere, de trois cayers ſéparés.

Prémierement on poſe la feuille d'une maniere que la ſignature A ſoit deſſous la main gauche ; enſuite on coupe la prémiere bande à main droite, qui fait trois cartons In-quarto, que l'on plie de même, aprés les avoir ſeparés en trois parties ; aprés quoi, on coupe le reſte du papier de travers en trois parties, que l'on plie en trois cayers In-octavo ; cela fait, on place les trois petits cartons dans le milieu des trois cayers que l'on vient de plier In-octavo, qui ſont les ſignatures A, B, & C.

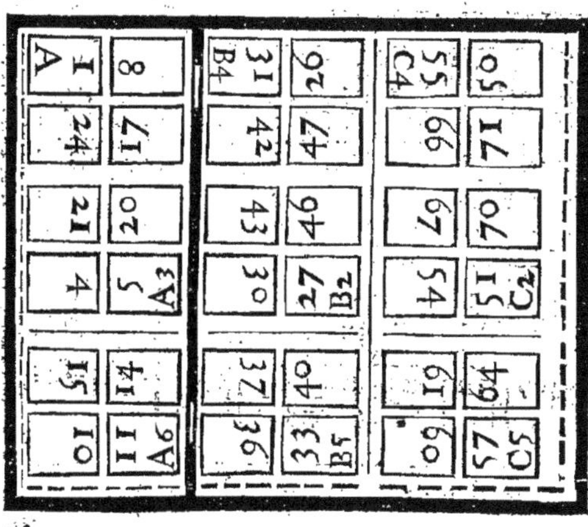

L'In-trente-six par demi-feuille, de deux cayers séparés.

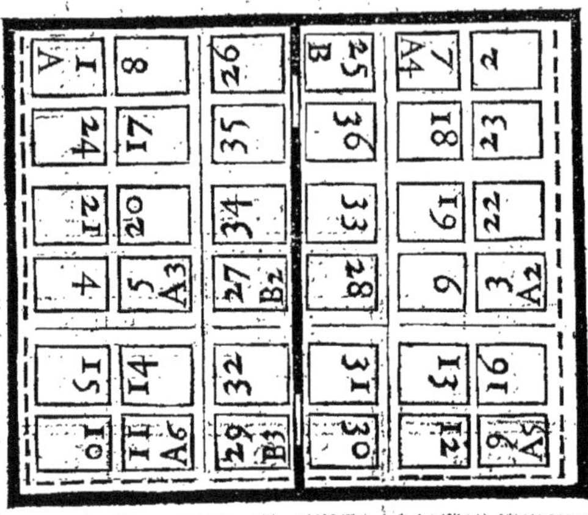

INSTRUCTION *pour plier cette Imposition.*

Cette feuille se coupe aussi par le milieu des pointures, & aprés qu'on aura posé la signature A dessous la main gauche, on coupe le carton de six pages qui est à main droite, que l'on plie comme un In-douze par demi-feuille; cela fait, on coupe la bande de l'autre cayer le long des têtieres que l'on plie comme le carton d'un In-douze, & le reste se plie en deux cayers In-octavo; ensuite on place les deux cartons dans le milieu des cayers A & B.

Retiration de l'In-trente-six, de trois cayers séparés.

INSTRUCTION pour l'Imprimeur.

On doit tourner son papier de cette retiration, comme à l'In-douze.

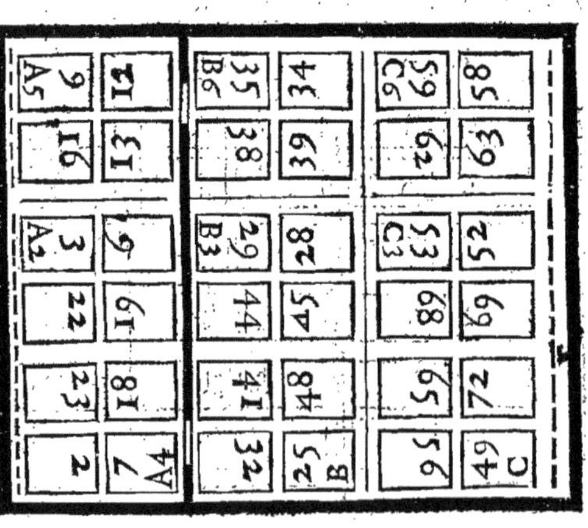

PARTIE II.
CHAP. I.

L'In-quarante-huit par feuille entiere, de six cayers séparés.

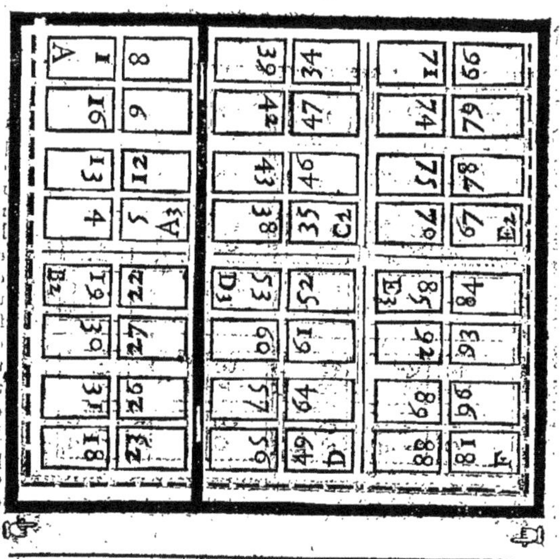

INSTRUCTIONS pour plier ces Impositions.

Cette feuille se plie fort aisément: On n'a qu'à tourner la signature A, dessous la main gauche, & couper la feuille par le milieu de sa largeur; ensuite on partage encore cette demi-feuille en trois parties, & on plie chaque partie comme un In-octavo.

L'In-quarante-huit par demi-feuille, de trois cayers séparés.

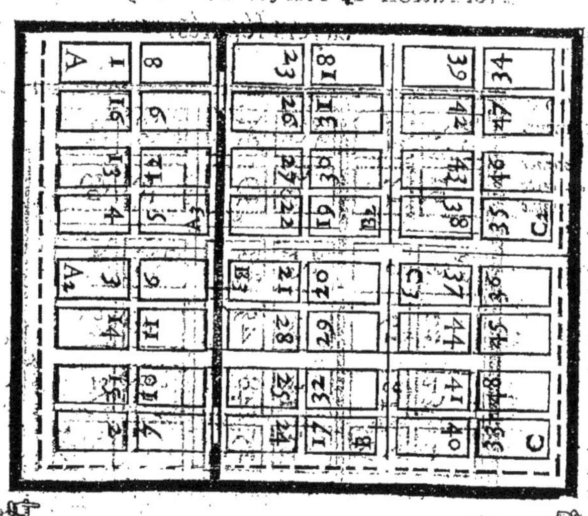

Cette Imposition par demi-feuille, se coupe & se plie aussi de même que la précedente.

Retiration de l'In-quarante-huit, de six cayers séparés.

OBSERVATION pour l'Imprimeur.

On doit tourner son papier à la retiration de l'In-quarante-huit, soit par feuille entiere, soit par demi feuille, comme à l'In-douze.

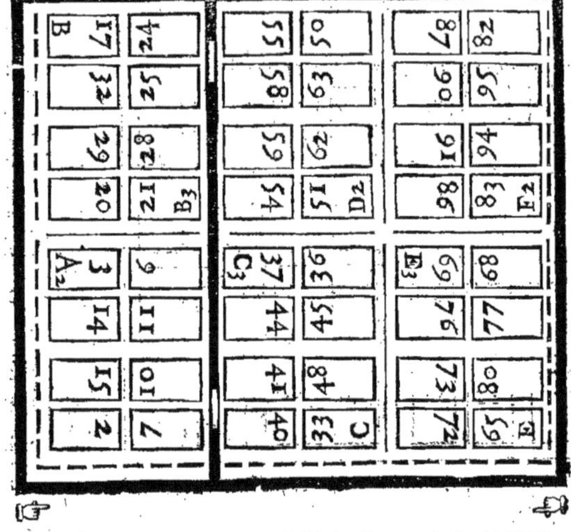

L'In-soixante-quatre par demi-feuille, de quatre cayers séparés.

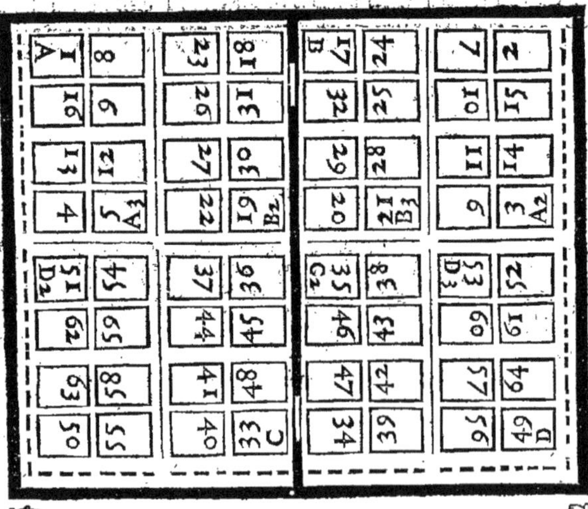

INSTRUCTION pour plier cette Imposition.

Prémierement on coupe cette feuille par le milieu des pointures; secondement on coupe en deux chaque demi-feuille; ensuite on tourne ces quatre bandes afin que la signature A, soit dessous la main gauche, & on les coupe tous quatre ensembles en deux par le milieu, de sorte que l'on en aura huit parties, que l'on doit plier comme l'In-octavo.

L'Impoſition d'un In - ſoixante - douze par demi-feuille, de trois cayers ſéparés

50	71	70	51 C2	64	57 C5	58	63	52	69	72	49 C
55 C4	66	67	54	61	60	59 C6	62	53 C3	68	65	56
26	47	46	27 B2	40	33 B5	34	39	28	45	48	25 B
31 B4	42	43	30	37	36	35 B6	38	29 B3	44	41	32
8	17	20	5 A3	14	11 A6	12	13	6	19	18	7 A4
1 A	24	21	4	15	10	9 A5	16	3 A2	22	23	2

INSTRUCTION POUR PLIER cette Impoſition.

On ſepare la feuille par le milieu des pointures ; enſuite on coupe à main droite une bande, par la longueur de la demi-feuille, qui ſont trois cartons In-quarto, laquelle bande ſe ſepare auſſi en trois parties, que l'on plie de même, en commençant par la partie d'en haut qui eſt la ſignature C 5 ; cela fait, on coupe encore le reſte de la feuille en trois parties, en commençant par la partie d'en haut, où eſt la ſignature C, que l'on plie comme l'In-octavo, de même que les deux autres cayers B, & A ; ces trois cayers étant ainſi pliés, on place les trois cartons des ſignatures A 5, B 5, & C 5, dans le milieu de chacun deſdits cayers où ſont les ſignatures A, B & C.

L'Impoſition

L'Impoſition d'un In-quatre-vingt ſeize par demi-feuille, de ſix cayers ſéparés.

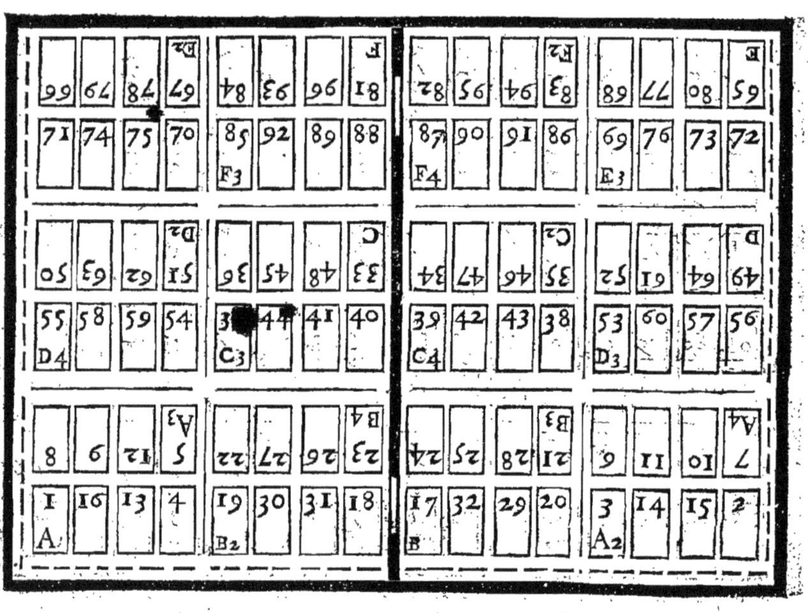

INSTRUCTION POUR PLIER cette Impoſition.

Cette feuille ſe ſépare par le milieu des pointures ; enſuite on coupe chaque demi-feuille en deux par le milieu de ſa longueur ; aprés cela, on ſépare encore chaque partie en trois par leur largeur, de ſorte que l'on aura ſix parties dans la demi-feuille ; leſquelles on plie en In-octavo, en commençant par le cayer F, qui eſt au deſſus des autres, & en finiſſant par le prémier cayer, qui eſt la ſignature A.

L'Impoſition d'un In-cent-vingt-huit par demi-feuille, de huit cayers ſéparés

114	127	126	115 H2	100	109	112	97 G	98	111	110	99 G2	116	125	128	113 H
119 H4	122	123	118	101 G3	108	105	104	103 G4	106	107	102	117 H3	124	121	120
66	79	78	67 E2	84	93	96	81 F	82	95	94	83 F2	68	77	80	65 E
71 E4	74	75	70	85 F3	92	89	88	87 F4	90	91	86	69 E3	76	73	72
50	63	62	51 D2	36	45	48	33 C	34	47	46	35 C2	52	61	64	49 D
55 D4	58	59	54	37 C3	44	41	40	39 C4	42	43	38	53 D3	60	57	56
8	9	12	5 A3	22	27	26	23 B4	24	25	28	21 B3	6	11	10	7 A4
1 A	16	13	4	19 B2	30	31	18	17 B	32	29	20	3 A2	14	15	2

INSTRUCTION POUR PLIER cette Impoſition.

On coupe auſſi cette feuille par le milieu des pointures ; enſuite on coupe ces deux demi-feuilles enſemble par le milieu de la longueur des pages, & on les partage enſuite toutes enſembles en quatre parties, de ſorte que l'on aura huit cayers ſur une demi-feuille, que l'on pliera auſſi en In-octavo, en commençant par le cayer H, qui ſe trouvera le prémier par deſſus, & l'on finira par le dernier qui eſt le cayer A.

CHAPITRE II.

Des Garnitures d'une Forme en general.

ARTICLE PREMIER.

Des Bois de fond, & de ceux de la marge.

SI les Impositions que nous venons de tracer d'une maniere assez visible, étoient toutes d'une méme grandeur, on auroit pû faire connoître précisement la longueur & la largeur des pages, & des *Bois* differents de chaque Forme, par le moyen d'une échelle au petit pied; ce qui auroit été trés-utile aux Compagnons qui sont accoûtumés de garnir leurs Formes avec des *Garnitures* toutes faites, & qui ne laissent pas d'être quelquefois assez embarassés, lorsqu'ils sont obligés d'en faire faire de nouvelles pour une Imposition qu'ils n'ont jamais pratiquée: Mais comme il y a autant de differentes grandeurs de Formes, qu'il y a de diverses sortes de papiers, il m'est impossible de pouvoir donner cet éclaircissement; j'espere néantmoins que, pour peu de conception qu'ils ayent, l'instruction suivante leur donnera une parfaite intelligence pour garnir telle Forme que ce soit.

1. Il faut prendre avec un compas la largeur de la page d'une Forme qu'on veut imposer, & compasser cette mesure autant de fois qu'il y aura de pages sur la largeur du papier, sur lequel on aura pris la justification de son ouvrage; par exemple, je suppose que c'est un In-douze, & comme il y a quatre pages sur la largeur du papier, on compassera quatre fois la largeur de chaque page; & sur le blanc du papier, qui restera de surplus de la largeur de ces quatre pages, on prendra la mesure des *Bois de fond*, & de ceux pour *la marge* du milieu de la Forme.

2. On doit obſerver que les *Bois de marge* du milieu de la Forme doivent être une fois plus grands que ceux qui ſervent pour le fond du livre; c'eſt pourquoi il faut laiſſer les marges des deux bouts de la largeur du papier, un peu plus grandes que ne ſeront celles du milieu de la Forme, attendu que les feuilles d'une rame ne ſont pas toutes d'une même largeur, & que d'un autre côté, les Imprimeurs ne margent point toûjours leurs feuilles d'une même égalité.

3. Les *Bois des cartons* qui ſe coupent, doivent être un peu plus d'une fois plus larges que les *Bois de fond.*

4. On doit obſerver que tous ces *Bois* doivent toûjours être un peu plus courts que ne ſeront les pages, autrement pour tant ſoit peu que ces *Bois* ſoient plus longs, ou plus larges, on ne ſçauroit ſerrer la Forme; & les lignes d'en bas ſeroient toutes de travers.

ARTICLE II.

Des Bois des Têtieres.

LES *Têtieres*, ſont des bois qui ſe mettent entre les pages qui ſe rencontrent dans le chaſſis, tête contre tête: Pour prendre la meſure de ces bois de *Têtieres*, on doit prendre la longueur d'autant de pages qu'il y en aura ſur la longueur de ſon papier, & en faire de même comme on a fait pour ſa largueur; par exemple, il y a trois pages In-douze ſur la longueur du papier; par conſequent on compaſſera la longueur de trois pages ſur la longueur dudit papier, & le reſte, du blanc on le partagera en quatre; ſçavoir, pour les *Têtieres*, pour les bois du *carton*, & pour la marge des deux bouts de la longueur du papier.

Il faut remarquer que les bois des *cartons*, qui ſe coupent à la tête des pages, doivent auſſi être un peu plus d'une fois plus larges, que ne ſeront les bois des *Têtieres.* Quant aux marges au bas des pages, qui ſont les deux extrémités de la longueur du papier, elles doivent être une fois &

demi plus grandes que ne seront celles des *Têtieres*, & c'est pour les mêmes raisons que nous avons dites ci-devant. *a*

On doit observer exactement tout ce que nous venons de dire, pour toutes sortes d'Impositions, en diminuant ou augmentant les bois des *marges*, des *fonds*, *têtieres* & des *cartons*, suivant la grandeur du papier & des pages

a Voyez le n. 2. de la page précedente.

ARTICLE III.

Des Biseaux.

QUAND les Chassis à vis étoient en usage, comme ils le sont encore en Italie, on se servoit de regles de fer pour serrer les Formes; mais depuis qu'on a aboli cet usage pour l'incommodité qui s'y trouvoit, on se sert aujourd'hui de bois plats, en forme de triangle, que l'on appelle *Biseaux*.

Il faut observer que ces *Biseaux* *b* doivent être de la même épaisseur que le Chassis; & j'en dirai le sujet à la quatriême Partie, en traitant de la construction de la Presse.

b Voyez Chap. 1. Art. 2. de la 4. Partie.

Lorsqu'on à garni sa Forme de tous les bois nécessaires, comme *des bois plats*, *c* *des bois de marge*, *de fond*, *& des têtieres*, & qu'il ne reste plus qu'à placer les *Biseaux* contre la lettre, on doit prendre garde de ne jamais faire passer le bout d'un *Biseau* plus que l'autre; je veux dire que le *Biseau* d'en bas d'une page In-folio ne surpasse point la longueur du bout de celui qui est à côté de ladite page; autrement, si l'un étoit plus long que l'autre, on ne pourroit point reculer les derniers coins, quand on viendroit à desserrer la Forme; de sorte qu'on seroit obligé de se servir de quelques ferailles pour les enléver de leur place; & en terme d'Imprimerie, on appelle cela, *mettre les coins en prison*: C'est à quoi il faut faire attention pour éviter cette peine.

c Les *Bois plats*, sont ceux qui se mettent toujours contre le Chassis, où se rencontre le haut des pages d'un in-folio: Ces bois sont appellés ainsi, parce qu'ils n'ont pas de rigole comme les bois de marges, de fond, & des têtieres, afin qu'on puisse mettre plus aisement des supports, lorsque les pages foulent trop, ou que le papier, vient à créver.

Comme les *Biseaux* ont deux endroits remarquables sçavoir le bon, qui est celui qui touche toûjours le caractere de la Forme; & le mauvais, qui est celui qui touche le fer du

Chaſſis, & duquel côté on poſe les coins, il faut obſerver de poſer toûjours le bon endroit du côté de la lettre; autrement il arrive qu'à force de changer ces *Biſeaux* d'une place à l'autre, il s'y fait quelque enfoncement ou d'autres défauts par le moyen des coins qui ſont quelquefois d'un bois plus dur; de ſorte que ſi le mauvais côté ſe trouvoit contre la lettre, elle ne pourroit point ſe ſerrer à l'égalité des autres, ce qui feroit qu'elle ſe coucheroit, & ſeroit en danger de tomber en levant la Forme: A cette occaſion j'ai vû dans l'Imprimerie du Sieur Michard à Dijon, des *Biſeaux* qui avoient un petit rebord en demi-rond, de deux lignes plus élévé que la hauteur ordinaire deſdits *Biſeaux*; afin que les compagnons ne s'y fuſſent point trompés: Et j'ai trouvé cette methode auſſi utile que néceſſaire; d'autant plus que ce rebord qui touche la lettre, fait ſerrer les pages d'une même égalité, principalement lorſqu'un caractere ſe rencontre plus fort du pied que de la tête.

Il faut auſſi que les bois, ſoit des têtieres, du fond, ou de la marge, ſoient bien juſtes & d'une égale épaiſſeur, & prendre garde qu'ils ne ſoient pas en glacis, afin de ne pas être obligé de ſe ſervir de reglettes ou de cartes pour faire ſon regiſtre: Il faut faire la même attention pour les *Biſeaux* & les coins; car ſi deux *Biſeaux* n'étoient pas bien dans leur équerre, il n'en faudroit pas davantage pour faire caſſer la Forme, lorſqu'on viendroit à la lever; c'eſt ce qui arrive ſouvent, & le moyen d'éviter cet accident, c'eſt de les faire raboter du côté qu'ils ſont plus épais, ou de ne s'en point ſervir.

ARTICLE IV.

Des Reglettes de bois qu'on met contre la barre du Chaſſis.

L'ON doit toûjours mettre des *Reglettes* de bois aux deux côtés de la barre du Chaſſis, parce que ſi on poſoit les pages contre laditte barre ſans *Reglettes*, la lettre pourroit prendre le plis du défaut qu'il pourroit y avoir à ladite barre, & ce seroit autant de lettres gatées ; ou bien si la barre ne se trouvoit pas en droite ligne par son épaisseur, c'est-à-dire plus épaisse par en bas que par en haut, elle pourroit faire coucher la lettre des pages plus facilement.

Ces *Reglettes* doivent être d'une épaisseur proportionnée au blanc qu'on veut avoir à la marge.

Lorsque la barre du Chassis sert de bois de *fond*, comme à l'Imposition d'un In-dix-huit, on doit mettre des *Reglettes* aussi fines qu'elles soient (la barre du Chassis y compris) précisement de l'épaisseur des autres bois de *fond* de la Forme.

Ces *Reglettes* doivent être d'une égale épaisseur, tant pour la premiere Forme, que pour celle de la retiration, de même que les autres bois de *Garnitures* ; autrement, il seroit impossible que les lignes des pages vinssent précisement les unes sur les autres, à moins que d'y remedier à la Forme de la retiration, soit en diminuant, soit en augmentant quelque chose.

ARTICLE V.

Des Garnitures des demi-Formes, ou autres petits Billets.

L'ORSQU'ON impose une Forme, si petite qu'elle soit, il faut observer de la mettre toûjours au premier coup, & au milieu de la séparation du Chassis, & de remplir le vuide de tout côté avec des bois *plats* & des bois de *marge*, à l'exception des endroits des *Biseaux*, où il faut seulement avoir de l'espace pour en mettre un aux deux côtés de la lettre, & autant de chaque côté du chassis. On doit observer de ne jamais mettre deux *Biseaux* l'un contre l'autre, car cela est fort dangereux de faire casser la Forme.

Quand on impose quelques petits *Billets*, approchant la grandeur d'une page In-quarto, & qu'on se sert de quelques bois *plats*, ou de plusieurs bois de *marge* pour garnir lesdits *Billets*, afin qu'ils se trouvent au milieu du marbre, on doit

PARTIE II. CHAP. II. ART. V.

mettre le côté de la rigole de ces bois dessous, alternativement; par exemple, si le premier bois, contre le chassis, a la rigole dessus, le second doit l'avoir dessous; le troisiême, comme le premier, & le quatriême, s'il y en a, comme le second.

Mais dans les Imprimeries, où il y a des bois exprés, qui sont de la hauteur de la lettre, & de la grandeur des pages In-quarto & In-octavo, on n'est point obligé de prendre ces peines là, n'ayant qu'à poser les formats, comme si c'étoit une demi-forme In-quarto ou In-octavo.

Si ce sont des Formes qui ne puissent pas entrer dans la moitié d'un Chassis, on doit les imposer dans une Ramette, a & les garnir de bois, à proportion que sera la grandeur de la Forme, comme on fait à des petits In-folio.

a C'est un petit Chassis qui n'a point de barre au milieu.

CHAPITRE III.

Contenant ce qu'il faut faire aprés qu'une Forme est imposée, & garnie de ses Bois convenables.

ARTICLE PREMIER.

De ce qu'il faut observer en déliant les pages d'une Forme.

APRES qu'une Forme est garnie de ses bois nécessaires comme nous venons de dire, on doit avoir soin de faire sortir les bouts des ficelles de toutes les pages de la Forme, lesquels sont quelquefois cachés dessous les bois de garnitures; car si on n'avoit point cette précaution, on seroit en danger de faire tomber quantité de lettres des pages qui seroient déliées, en ôtant les bois des garnitures, pour reprendre lesdits bouts des ficelles; c'est ce qui arrive souvent aux Impositions des In-douze, In-seize, In-dix-huit, & autres semblables, lesquelles sont ordinairement de petit caractere: Ensuite on doit commencer à délier ses pages par

le haut

le haut du Chassis, où sont les têtieres d'un In-folio, & finir par le bas, pour telle Imposition que ce puisse être.

A mesure qu'on délie ses pages, on doit pousser le biseau à deux mains, de même que le Chassis alternativement, par les côtés & par le bas; afin que les pages qu'on délie, approchent les bois de garniture; je veux dire que quand on aura délié une page d'en haut, on doit tirer le Chassis à soi, & lorsque les deux suivantes seront déliées, on poussera les pages avec le biseau; & l'on continuera à pousser l'un, & à tirer l'autre, jusqu'à ce que toutes les pages soient déliés; cela se fait, afin que la *Lettre* des pages ne se couche point; ce qui arriveroit facilement, si on ne poussoit toûjours *les pages de la Forme* que d'un seul côté.

On aura soin d'arrêter sa Forme avec les coins de tous côtés, & de les avancer à mesure qu'on déliera les pages, de crainte que quelques lettres ou cadrats ne viennent à tomber.

S'il arrive que quelques pages soient couchées, faute d'avoir observé ce que nous venons de dire, on doit desserrer la Forme de ce côté là seulement, & rédresser les *pages* avec les doigts; ensuite faire rapprocher le Chassis *du côté que ces pages auront été couchées*; car si on faisoit le contraire, elles se remettroient facilement dans leur premiere situation.

ARTICLE II.

Ce qu'il faut faire aprés que les pages d'une Forme seront déliées.

SITÔT que les pages d'une Forme sont entierement déliées, on doit avoir soin de battre *la Lettre* de la Forme avec les doigts, pour abaisser les espaces qui seroient élevées; si on s'appercevoit qu'il y auroit quelques pages qui seroient à moitié couchées, pour les avoir poussées plus d'un côté que d'autre, il faudroit les rédresser en battant lesdites pages de biais, du côté qu'elles seroient courbées; aprés quoi on doit pousser les coins avec le pouce de la main, le plus fort que

PARTIE II. CHAP. III. ART. II.

l'on pourra, & ensuite taquer la Forme avec un morceau de bois, que l'on appelle *Taquoir*, * en frappant dessus tout doucement, avec le cognoir, ou le manche du marteau, & non pas comme font plusieurs qui frappent si fort, qu'ils écrasent souvent l'œil de la Lettre.

* *Le bois le plus tendre à l'usage des Taquoirs est le meilleur.*

Aprés qu'on aura ainsi taqué sa Forme, on doit la serrer avec le cognoir & le marteau, en prenant garde de ne la point serrer entierement d'un seul côté, mais il la faut serrer par les côtés, puis par le bas, à deux ou trois reprises, alternativement : Il ne la faut pas aussi trop serrer, de crainte de faire lever les pages en l'air ; & pourvû que la Lettre ne sorte point de sa place, lorsqu'on touche avec les bales, cela suffit.

ARTICLE III.

De la maniere de faire les épreuves.

LORSQU'UNE Forme est bien serrée, comme nous venons de dire, on doit faire les épreuves plûtôt un peu blanches que trop noires, pour les deux raisons suivantes : La premiere, afin que le Correcteur ne prenne point les lettres, qui se trouveroient pleines d'encre, pour quelqu'autres, comme un *e* pour un *c*, un *r* pour un *t*, & autres semblables : La seconde, est que quand une Forme est remplie d'encre à la premiere fois, les ordures y restent plus fort attachées, que quand cela arrive lorsqu'un Imprimeur est en train d'Imprimer ; attendu que quand on fait les épreuves, on tire simplement avec les *blanchets*, ce qui fait que l'ordure penetre jusqu'au fond de la Lettre ; & quand cela arrive, le seul remede est de laver la Forme dans le *baquet*.

Dans plusieurs Imprimeries, où on fait des *Factums*, ou autres semblables petits ouvrages, on se sert d'un *Rouleau* pour faire les épreuves, lequel est garni d'un double blanchet à l'entour ; pour y bien réüssir, on doit prendre un peu plus d'encre que quand on les fait sur la Presse, & le papier doit être trempé aussi fort, que si c'étoit pour la taille-douce, afin qu'il puisse s'attacher sur l'encre qui sera sur les pages, aussitôt que le *Rouleau* passe par dessus : On doit appuyer les deux mains sur *ledit Rouleau*, & ne point presser une main plus fort que l'autre, autrement on seroit en risque de faire doubler son épreuve.

A chaque épreuve qu'on aura fait, on doit avoir soin de donner un coup de brosse avec un peu de lessive, afin que les Lettres qu'on ôtera en corrigeant, ne soient point tachées de l'encre qui pourroit avoir restée en faisant les épreuves.

Si le Caractere est un peu usé, on doit laver les Formes avec de la lessive chaude, lorsqu'elles seront entierement corrigées, afin que l'impression en soit plus belle ; on observe même cette methode dans plusieurs Imprimeries de Paris, quoique le Caractere soit tout neuf : Je le dis par experience.

ARTICLE IV.

De la Correction en général.

UN Compositeur ne doit jamais corriger son épreuve, avant que de connoître parfaitement la correction de celui qui l'a corrigée, principalement dans une langue étrangere ; & lorsqu'il se rencontre quelque doute il en doit demander l'explication au Correcteur, parce que les Correcteurs ont quelquefois *des marques* pour la correction differentes les uns des autres : Aprés quoi, il doit prendre *la correction des fautes* qui lui sont marquées, dans son composteur ; ensuite desserrer sa Forme de maniere que *la lettre* soit bien libre ; afin d'avoir plus de facilité à la tirer avec la pointe, laquelle lettre il doit picquer du côté de l'œil, c'est-à-dire, *ou du côté du cran, ou du côté qui lui est opposé* ; car de la picquer de côté, cela la gâte, & cause quantité d'approches.

Quand on a corrigé une ligne, on doit avoir soin de la rendre bien juste aux autres ; c'est ce qu'on peut sentir en

PARTIE II. CHAP. III. ART. IV.

pressant ses doigts contre les deux bouts de ladite ligne.

Lorsqu'on ôte quelques lettres plus minces que celles qu'on veut remplacer, comme un *i* pour un *e*, une *n* pour une *m*, *&c.* on doit tirer des espaces de la même ligne à proportion que celle qu'on remplace, sera plus épaisse que celle qu'on aura ôtée ; & ne point faire comme certains paresseux, qui, pour avoir plutôt fait, mettent souvent *des lettres plus épaisses que celles qu'ils ont ôtées*, sans tirer aucune espace pour rendre la ligne en sa juste largeur ; de sorte que dans une page il se trouve quelquefois quantité de lignes de differentes justifications ; & de là, il arrive que celles qui sont les plus serrées, venant à s'élever, celles qui sont plus foibles tombent de la forme, quand on la veut lever pour la porter sur la Presse ; c'est à quoi on doit bien prendre garde, & quand une ligne est tant soit peu plus forte que les autres, on y doit ôter *une grosse espace* pour en mettre *une fine* ; si au contraire, elle est tant soit peu plus foible, on doit ôter une fine espace, pour en remettre une plus grosse : Un bon Ouvrier doit voir la difference de cela à vuë d'œil, & ne doit jamais abandonner une ligne, pour revenir à une autre, sans l'avoir bien justifiée

Des mots doublés.

Si par distraction on avoit composé deux fois un même mot, il ne faut point faire comme plusieurs paresseux, qui se contentent d'ôter les mots qui sont superflus, & justifient leur ligne en mettant des cinq à six espaces entre les mots ; ni comme d'autres, qui se servent *de papier maché* pour remplir leurs lignes ; c'est ce qu'on appelle des espaces *à la Troyenne* : L'origine de ce mot m'est inconnuë, & je ne pretends pas pour cela de blamer les compagnons de la Ville de Troyes ; bien au contraire, j'y en ai connus plusieurs qui étoient trés-habiles, & dont on voit des ouvrages, qui ne pourroient être mieux construits & Imprimés à Paris, ni dans d'autres Villes de réputation : Mais il se pourroit faire que cela seroit arrivé à quelque Imprimeur d'Almanachs, qui ne sçachant pas lire, auroit fourré de ce papier maché à la fin de quelques lignes, où les bales auroient emporté les lettres de la Forme; ou à quelqu'autre aussi ignorant que ceux qui prennent les *pieds* de *mouches* (¶) pour des ordures: Quoiqu'il en soit, laissons là ces mauvaises methodes, pour revenir à la bonne maxime.

Il faut observer que si le mot qui sera doublé, ne contient que trois ou quatre lettres, & qu'on puisse justifier sa ligne avec *trois espaces entre chaque mot*, on ne doit pas se donner la peine de remanier ses lignes, *& la séparation de trois espaces entre chaque mot* est tolerable dans la correction; pourvû que cela n'arrive point à plusieurs lignes d'une page, un peu voisines l'un de l'autre.

S'il arrive qu'on ait doublé des lignes entieres, on ne doit point se contenter de mettre des lignes de cadrats à la fin de la page: mais il faut rapporter les lignes d'une page à l'autre, jusqu'à ce qu'on rencontre *un Titre*, duquel on augmentera les blancs, pour faire entrer la ligne qu'on auroit doublée.

Si au contraire on avoit ômis quelques mots, on pourroit ôter les espaces & n'en laisser qu'une entre chaque mot, afin de faire entrer celui qu'on auroit oublié; sinon il faudra remanier les lignes suivantes, jusqu'à ce qu'on ait fait entrer les omissions.

Mais si l'on a omis plusieurs lignes, on doit de même transporter les lignes d'une page à l'autre, jusqu'à ce qu'on ait aussi rencontré *un Titre*, auquel on diminuera les blancs pour regagner les lignes d'omission:

Du Remaniment.

Si on étoit obligé de remanier plusieurs pages, soit par sa faute, ou que l'Auteur voulut ajouter quelque chose, on devroit s'y prendre de cette maniere.

Prémierement, il faut mouiller les pages que l'on veut remanier, ensuite on ôtera tous les bois de garnitures dont ces pages seront entourées; afin de les pouvoir prendre avec des reglettes, de même que si on les enlévoit pour les distribuer, & on les transportera sur un ais.

Cela fait, on doit commencer *par la page ou seront les omis-*

sions, & remanier chaque ligne dans son composteur, & les transporter sur la gallée, jusqu'à ce qu'on vienne à faire entrer *les omissions dans chaque article.*

Ensuite on transporte les lignes par poignées, jusqu'à ce qu'on en ait suffisament pour faire une page, laquelle on doit lier & transporter dans sa même place, hormis que la Forme ne seroit transposée, & continuer la même chose jusqu'à la fin: Tout ceci doit s'entendre *des In-folio & In-quarto*; car pour les autres Impositions, dont on peut facilement lever les lignes avec les doigts seuls, sans se servir de reglette, on se conformera à la pratique suivante.

Lorsqu'un Ouvrier est obligé de remanier plusieurs lignes, pour courir une article, quand il a oublié ou doublé quelque chose, il doit se munir de quelques divisions & de quelques espaces, qu'il mettra sur un morceau de papier prés de sa Forme; ensuite il prendra dans son composteur chaque ligne qu'il veut remanier, pour les placer dans le même ordre qu'elles étoient, sans ôter les garnitures; ceci s'entend *des In-octavo, In-douze, In-seize, & autres semblables, dont on peut lever les lignes avec les doigts seuls, sans se servir de reglette*; & cette methode est beaucoup meilleure & plus expeditive, que de se servir de la pointe.

Il est à propos de dire en passant, qu'il faut qu'un Ouvrier ait toûjours un grand soin d'avoir sa pointe bien acerée; car une pointe émousée, outre qu'elle retarde toûjours celui qui corrige, elle interesse beaucoup la lettre: C'est à quoi il faut faire attention, si l'on veut bien conserver un beau caractere.

ARTICLE V.

Comment on doit remanier une Forme, pour la rendre à une justification plus petite.

JE suppose qu'un Imprimeur veuille faire un même Ouvrage de differente grandeur, l'un aprés l'autre; par exemple, aprés qu'il aura fait tirer un certain nombre d'exemplaires sur une Forme *In-folio*, qu'il en veuille faire un *In-quarto* ou un *In-octavo &c*; pour cet effet, on desserre la Forme sur un ais bien uni, aprés avoir été lavée, & on mouille les pages, de même que pour la distribution ; ensuite on ôte les garnitures, & on remanie les pages qui vont de suite, ligne à ligne dans son composteur, de la justification qu'on aura prise pour cet effet, lesquelles lignes on transporte à mesure sur la gallée ; ainsi on doit toûjours continuer de même en observant de mettre des espaces où il sera besoin ; comme aussi d'ôter les divisions qui se trouveront inutiles, & de mettre les *Titres courants du haut* des pages avec leur nombre, les *signatures*, *reclames* & *lignes de cadrats* du bas des pages, tout comme si on composoit une nouvelle matiere : Je crois que cela est assez intelligible, pour que chacun le puisse comprendre ; c'est pourquoi je finis cette matiere, pour enseigner les dernieres observations d'un compositeur.

CHAPITRE IV.

Contenant plusieurs observations nécessaires devant & aprés la distribution des Caracteres.

ARTICLE PREMIER.

Du dévoir d'un Compositeur, avant que de distribuer les Caracteres dans les Casses.

AVANT qu'un Compositeur se dispose à distribuer sa Forme, il doit avoir soin de bien nettoyer ses Casses ; pour cet effet, il faut, aprés avoir ôté *son visorium*, *sa copie & sa gallée*, prendre un soufflet & commencer à souffler sa Casse par les cassetins d'en haut, & finir par ceux d'en bas.

Si on veut nettoyer une Casse, sur laquelle on n'ait point travaillé de long-têms, comme il s'y amasse ordinairement beaucoup de poussiere & d'ordure, on doit la poser par terre dehors l'Imprimerie, car si on la souffloit dans sa propre place, la quantité de poussiere qui en sortiroit, se jetteroit dans les Casses voisines, & par consequent, on feroit un ouvrage inutile.

De têms en têms on doit vuider les cassetins du bas de la Casse, où sont les *x*, les *v*, *u*, les *t*, les *espaces*, les *a*, les *r*, les *points*, les *virgules* & les *cadrats*; car c'est là principalement où il y a quantité d'ordures; attendu que l'eau qui s'égoûte des lettres, qui sont mouillées, lorsqu'on les met en place, descend toûjours, & s'arrête ordinairement à ces extrémités de la Casse; c'est ce qui engendre la poussiere. Aprés qu'on aura ainsi vuidé ces cassetins, on doit bien les souffler, & y mettre du nouveau papier en la place de celui qui est ordinairement pourri.

Cet amas d'ordures provient aussi quelquefois de ce que plusieurs Compagnons ont coûtume de manger en composant; de sorte qu'en peu de têms, les cassetins d'en bas sont remplis de miettes de pain; & par là, il arrive qu'en distribuant leur Forme, ces miettes de pain s'attachent à la Lettre qui est mouillée; de sorte que quand ils composent, ces miettes sont autant de séparations dans le milieu des mots, tout de même que s'il y avoit des fines espaces, lesquelles leur sont marquées dans les épreuves pour autant d'*approches*; mais comme ils ne voyent point qu'il y a des espaces dans ces endroits là, & qu'il leur est impossible d'ôter ces miettes avec la pointe, parce qu'elles ne peuvent pas être apperçûes, ils laissent la chose à peu prés comme elle étoit auparavant; c'est ce qui fait un effet desagréable dans l'Impression; & suivant mon avis, tous les Maîtres devroient leur deffendre de manger pendant qu'ils travaillent, & imposer quelque amende pour les contrevenans. Voilà l'unique remede pour empecher ces inconvenients.

ARTICLE II.

ARTICLE II.

De la maniere de distribuer le Caractere dans les Casses.

SITÔT que l'Imprimeur aura lavé sa Forme, comme nous l'enseignerons dans la derniere Partie de ce Livre *a*, il est convenable que le Compositeur l'aille prendre; car s'il la laissoit dans la cour, exposée au soleil, pendant cinq à six heures, il n'en faudroit pas davantage pour la faire tomber en pieces d'elle-même; c'est ce que nous avons vû arriver plusieurs fois. Si on a quelqu'autre ouvrage de plus pressé, il faut du moins l'apporter dans l'Imprimerie, & la coucher contre la muraille, en mettant un ais derriere la Forme, de crainte qu'elle ne vienne aussi à se casser.

a Voyez le n. 9. de l'article 6. du troisiême chap. de la quatriême Partie.

Mais si on a la commodité, on doit desserrer la Forme dans la cour, sur deux petits ais, lesquels doivent être de la grandeur du chassis, & faire en sorte qu'ils se joignent l'un contre l'autre directement au milieu de la barre dudit chassis; ensuite on jette de l'eau claire sur la Lettre, en la remuant avec les doigts (sans la frotter, comme plusieurs font, ce qui use la Lettre plus qu'on ne pense) afin que l'eau passe au travers des lignes de chaque page; cela fait, on ôte le chassis & on transporte la moitié de la Forme à la fois, qui est sur un de ces ais, & on met le chassis dans sa place ordinaire, pour y placer les garnitures, à mesure que l'on distribuera, comme nous le dirons ci-aprés.

Dans quelques Imprimeries, on ne se sert point de ces deux petits ais, on se contente de jetter de l'eau sur la Forme, aprés qu'elle a été lavée, & on la transporte dans l'Imprimerie, où on la desserre sur un ais entier pour la distribuer; mais la premiere methode est beaucoup meilleure, parce que le caractere se nettoye beaucoup mieux, & qu'on n'a point tant de mal à porter une demi-forme qu'une forme entiere, quelquefois au troisiéme étage d'une maison, où l'Imprimerie est placée.

Ceux qui se servent des ais entiers, observeront de laisser

les bois des garnitures sur ledit ais, à mesure qu'ils distribueront, sans les changer de place; mais quand on se sert de ces deux petits ais, on doit mettre le chassis sur un ais entier & ranger *les garnitures* dedans, sur les mêmes côtés qu'on les aura prises, & prendre garde de ne point changer *les têtieres*, *les bois de fond*, *reglettes*, *bizeaux*, ni même *les coins* d'une place à l'autre; afin, quand on vient à imposer une nouvelle Forme, que *tous les bois des garnitures* se rencontrent toûjours dans leur situation ordinaire; car si on mettoit *quelques bois* à la premiere séparation du chassis, qui auroient été auparavant dans la seconde séparation, il se pourroit faire que les uns seroient plus forts ou plus foibles que les autres, par le moyens *des cartes* ou *reglettes* que l'Imprimeur y auroit ajoûtées auparavant pour faire son registre; de sorte qu'ils ne se trouveroient plus justes dans leur rencontre; ce qui donneroit un nouveau travail à l'Imprimeur, lequel ne manqueroit point d'en faire des reproches au Compositeur.

On doit observer d'ôter, à toutes les Formes qu'on distribuera[a], *les titres courants du haut des pages*, comme aussi ceux *des Chapitres*, *Articles*, *Sections*, *&c. les signatures*, *les lignes de cadrats*, *les vignettes*, & generalement tout ce qui peut être utile à la suite de la composition du même ouvrage, & le transporter sur *une gallée* qu'on destine pour cela particulierement.

Cela fait, on prend une demi-page, plus ou moins selon sa portée, avec deux reglettes, laquelle on pose sur les deux derniers doigts de la main gauche; le pouce la soutient par le côté, & les deux autres doigts la soûtienent par derriere; ensuite on lit chaque mot que l'on prend avec deux doigts, & le pouce de la main droite, & que l'on distribue lettre à lettre aussi habilement, que l'on peut, en les épellant tout bas; c'est pourquoi si un Compositeur ne sçait bien l'Ortographe, il est sujet à faire quantité de coquilles. a

On doit être fort attentif en distribuant, principalement lorsqu'il y a plusieurs sortes de caracteres dans une même page, ou d'italique melé parmi le romain; car si une casse étoit melée de differents caracteres, on ne manqueroit point de faire quantité de fautes, & de perdre beaucoup de têms en les changeant, soit qu'on s'en apperçût en composant, ou à la correction des épreuves.

[a] Ce mot signifie jetter les Lettres dans une place pour un autre.

Quand on a des Formes remplies de *notes au bas des pages*, & *des additions à côté*, on doit premierement séparer les *additions* d'avec les pages, avec un coûteau, sitôt qu'on aura ôté *les garnitures*, comme nous l'avons dit ci-devant, lesquelles on distribuera séparement; ensuite on distribue la matiere des pages, jusqu'à ce qu'on arrive *aux notes ou additions qui regnent au bas desdites pages* lesquelles on doit aussi distribuer séparement de la matiere du corps de l'ouvrage.

¶ quand il y a des Formes qui ont été lavées depuis longtêms, & qu'on a de la peine à séparer les Lettres l'une de l'autre, principalement si elles ont été imprimées en rouge & noir (c'est ce qu'on ne doit jamais faire, vû que le rouge de lui-même colle la Lettre d'une telle force, qu'au bout de 12. à 15. jours il est impossible de la distribuer sans beaucoup de peine) le veritable secret pour les séparer, est de jetter de l'eau bouillante dessus, & de les laisser tremper l'espace d'une demi-heure; si cela ne suffit point, on fera chauffer de l'eau une seconde fois & on la jettera encore dessus lesdites Formes, & pour lors la Lettre se séparera fort facilement.

¶ Si en distribuant, on s'apperçoit que la Lettre ne glisse point entre les doigts, comme il arrive à la distribution d'un vieux Caractere, lequel est ordinairement rempli de crasse, on doit tremper un peu d'*Alun de roche* dans de l'eau tiede, & s'en servir pour mouiller les pages d'un semblable Caractere.

¶ Si au contraire, la Lettre est neuve, on doit tremper *du savon* dans de l'eau tiede, & en mouiller aussi les pages; par ce moyen la Lettre glissera facilement, & n'écorchera point les doigts comme elle fait ordinairement lorsqu'elle est neuve. Ces choses, quoique petites d'elles-mêmes, ne laissent point d'être fort utiles; j'en ai fait l'experience aprés les avoir apprises d'un Maître Imprimeur de Bologne la Grasse.

En finissant cet article nous dirons qu'il est plus avantageux de distribuer le soir, afin que la Lettre ait le têms de sécher pendant la nuit; car outre qu'il est trés-incommode de travailler avec un Caractere mouillé, cela retarde aussi beaucoup un Compositeur.

ARTICLE III.

Des Pâtés d'Imprimerie, autrement dit, des formes caſſées ou dérangées.

LORSQU'UN Compagnon a le malheur de caſſer quelques pages, ou Formes, le moyen le plus court eſt de les diſtribuer incontinent avec patience, en offrant à Dieu ſa peine ; car il arrive quelquefois, que certains éveillés, qui ne ſe donnent jamais la peine de diſtribuer les Lettres de leur correction, ou les lignes qu'ils viennent à caſſer, mais qui en font un amas conſiderable, & les cachent juſques à tant qu'ils voyent quelqu'un qui a le malheur d'avoir ainſi caſſé ſa Forme ou quelques pages, où pour lors ils épient le moment favorable pour y jetter tout ce qu'ils auront amaſſé dans l'eſpace de deux ou trois mois, de ſorte que quand un Compagnon ne diſtribue point incontinent ſes Formes ou pages caſſées, il trouve en peu de têms *ſon paté augmenté de la moitié par la malice de ces Chevaliers d'induſtrie*, qui devroient être expulſés de l'Imprimerie ; de même que ceux qui ſont ordinairement les derniers dans l'Imprimerie pour voler avec plus de facilité, la Lettre de leurs Compagnons.

De ſorte qu'un Maître, pour éviter les ſuites facheuſes qui pourroient arriver, ſoit entre les Compagnons, ſoit pour la conſervation de ſon bien, doit avoir ſoin d'y veiller, & ne jamais ſouffrir que les Compagnons laiſſent leurs Formes, ſoit grandes ou petites, plus long-têms que huit jours ſans les diſtribuer : il doit auſſi donner ordre aux Apprentifs, s'ils viennent à découvrir *quelques Patés cachés*, de lui en donner auſſi-tôt connoiſſance ; Par ce moyen les Compagnons ne pourront jamais ſe faire du tort les uns aux autres, & leur Imprimerie ſera toûjours en bon ordre.

ARTICLE IV.

Du devoir d'un Compositeur aprés la distribution.

POUR finir cette seconde Partie, & en même têms les derniers devoirs d'un Compositeur, nous dirons que lorsqu'on a achevé la distribution de la fin de quelque ouvrage, on doit avoir soin de ramasser tous les bois de garniture de ses Formes, & de les empaqueter proprement dans quelques feuilles de papier de la même impression dudit ouvrage; afin-que quand on viendra à se servir de la même Imposition, on puisse voir la largeur & longueur de ses pages.

On doit aussi marquer dessus les paquets, le nom des garnitures, pour combien de Formes, & sur quel papier on a imprimé ladite Imposition; & les mettre en place pour s'en servir dans le besoin.

S'il y a quantité de paquets de garnitures dans une Imprimerie, celui qui en est le Directeur, en doit avoir une liste; afin qu'on puisse voir dans un instant s'il y aura les garnitures convenables aux Impositions d'un nouvel ouvrage qu'on voudroit faire; de sorte qu'il n'y aura qu'à chercher ces garnitures parmi les autres qu'on trouvera à coup sûr, & prendre la justification de son ouvrage sur les pages de la feuille, qu'on trouvera dans ledit paquet.

S'il y a des Formes qu'on soit obligé de garder, comme dans les Imprimeries où on fait des petites Heures ou autres semblables Usages; on aura soin, sitôt que les Formes seront lavées de les desserrer, d'ôter les garnitures & les mettre dans leur place comme nous venons de dire; ensuite on levera les pages avec des reglettes, les unes aprés les autres, on les transportera sur la gallée pour les lier avec de la ficelle, on les envelopera proprement dans du papier, on marquera dessus le nombre des pages, les signatures de chaque Forme, & on les rangera par ordre de leurs chiffres les unes sur les autres, chaque Forme séparément.

Quand toutes les Casses sont remplies, & qu'il y a danger que les Lettres soient melées dans les cassetins, on doit mettre ce qu'il y a de reste dans des paquets ou cornets de papier, en marquant chaque paquet ; & faire une liste de toutes ces Lettres, afin de voir dans un clin d'œil quelles sortes de Lettres seront dans lesdits paquets.

Enfin le plus grand avantage d'un Compositeur est d'avoir un soin particulier de ne point laisser long-têms des Formes, & encore moins des pages sur des ais sans les distribuer ; car une Forme sans être garnie de ses bois & du chassis, est en grand risque de se mettre en paté, & cela donne quelquefois occasion à des personnes mal-intentionées de les casser tout exprés ; d'ailleurs la réputation d'un bon Ouvrier consiste à ranger toûjours toutes choses dans leur place ordinaire ; comme les bois plats ensemble, les biseaux ensemble, les coins ensemble, les reglettes ensemble, & généralement toutes choses d'un même usage ensemble ; de sorte que l'on puisse trouver dans un instant ce dont on à besoin, sans perdre le têms à le trop chercher ; & c'est ce qu'on doit faire toutes les semaines avant de balayer l'Imprimerie.

La fonction de balayer l'Imprimerie est aux Apprentifs, & à leur defaut, aux Compagnons, tour à tour ; ils doivent commencer, aprés avoir mis toutes choses en ordre comme nous venons de dire, par ramasser les lettres qu'ils trouveront par terre, & visiter les ordures, pour ôter tout ce qu'ils trouveront être à l'usage de l'Imprimerie ; ensuite ils jetteront les ordures dans la rue.

Aprés avoir parlé des dévoirs d'un bon Compositeur, nous allons présentement traiter des Lettres accentuées & nous ferons connoître leur veritable situation en peu de mots, c'est de quoi on a jugé à propos de faire une Partie à part, qui ne contiendra que deux Chapitres.

PARTIE III.

Des Lettres accentuées, des Signes d'uſage dans l'impreſſion, & de la Ponctuation.

CHAPITRE I.

De quelle utilité il eſt de ſçavoir la ſituation des Lettres accentuées & autres Signes d'uſage dans l'Impreſſion.

IL y a des Imprimeurs qui prétendent qu'il y a des Lettres accentuées qui ne ſont point en uſage, & par conſequent inutiles dans l'impreſſion; cependant nous ferons voir dans ce petit traité qu'il n'y en a aucunes qui ne ſervent, ſoit dans le François, ſoit dans le Latin. Nous nous ſommes contenté de donner pluſieurs exemples, ſoit de chaque differente Lettre accentuée, ſoit, de la ſituation de pluſieurs Signes d'uſage dans l'impreſſion; afin de rendre la choſe plus intelligible à ceux qui n'ont aucun principe de la langue Latine.

Nous commencerons ces Inſtructions par les Lettres circonflexes, à cauſe de leur grand uſage, leſquelles ont été introduites pour une plus grande facilité à bien prononcer la langue Françoiſe.

PARTIE III. CHAP. I. ART. I. §. I.

ARTICLE PREMIER.

Des Lettres circonflexes, aigues, graves, trema, & des Lettres d'abbréviation.

PARAGRAPHE PREMIER.

Des Lettres circonflexes.

1. L'*A* circonflexe se met par tout dans le François aux mots où l'usage a retranché une *s*; par exemple aux mots suivants; *château, pâture, châtiment &c.* qu'on écrivoit auparavant de cette maniere, *chasteau, pasture, chastiment*, & ainsi des autres mots semblables.

Pour la même raison, l'*a* est circonflexe dans les secondes personnes du plurier du Preterit, de la premiere Conjugaison, comme *pensâtes, aimâtes &c.* De même il est circonflexe dans les troisiémes personnes du singulier de l'Imparfait du Subjonctif de la même Conjugaison; comme *qu'il aimât, qu'il pensât &c.*

Lorsque la lettre *a* est doublée, on peut en retrancher une, & mettre l'autre circonflexe; comme à ce mot, *aage, âge.*

Dans le latin, l'*a* est circonflexe dans l'ablatif de la premiere Déclinaison; comme *musâ, tabulâ &c.* excepté quand il y a une préposition devant; exemple, *ex musa, ex tabula*, parce la préposition fait assez connoître le cas.

2. L'*e* circonflexe se met aussi par tout où on retranche une *s* dans le François, de même que la lettre *â*; exemple: *Fête, Evêque, &c.* Il en faut aussi dans le verbe *être*, à l'Infinitif, & à la seconde personne du plurier de l'Indicatif; exemple: *Il faut être à Reims pour voir le Sacre du Roi. Vous êtes sçavant dans les belles lettres.*

3. L'*i* circonflexe se place aussi dans tous les endroits où on a retranché une *s*; comme, *maître, épître, connoître. &c.*

4. La

4. La lettre *o*, comme les précedentes voyelles, est circonflexe, lorsqu'on retranche une *ſ*, qui la suit; parce qu'elle ne se prononce pas, comme il se voit aux mots d'*Apôtre*, *côte*, *nôtre*, *Prône*, *vôtre*, *&c.* PARTIE III. CHAP. III. ART. I. §. I.

Cet *o* est aussi circonflexe lorsqu'il sert d'Interjection ou d'Article dans le discours, soit dans le Latin, soit dans le François; par exemple, *ô magne Deus! ô grand Dieu! &c.*

5. De même l'*u* est circonflexe quand on retranche une *ſ* qui le suit & qui ne se prononce point; par exemple, *brûler*, *Coûtume*, *coûteau*, *ſoûtenir*, *&c.*

Mais quand la lettre *ſ* (qui suit ces cinq voyelles *a*, *e*, *i*, *o*, *u*), se prononce pleinement dans les mots, il ne la faut point ôter, pour y mettre des voyelles circonflexes, attendu que ces mots n'auroient plus leur prononciation ordinaire; comme il se voit aux exemples suivans: *Paſteur*, *geſtes*, *diſtribuer*, *poſterité*, *ruſtique &c.* ausquels mots, si on retranchoit l'*ſ* pour y mettre des lettres circonflexes, il y auroit *Pâteur*, *gêtes*, *dîtribuer*, *pôterité*, *rûtique*, ce qui seroit d'une prononciation ridicule. Ces exemples doivent suffire, s'il me semble, pour faire connoître la situation des accens circonflexes à ceux qui les ignorent.

PARAGRAPHE II.

Des voyelles aigues [á, é, í, ó, ú.]

CES cinq voyelles aigues servent dans le Latin, de la maniere que nous le dirons au §. 3. du present article; mais dans le François il n'y a que l'*é* aigu, qui soit en usage.

L'*é* aigu est celui qu'on appelle *é* fermé, parce qu'il se prononce d'une maniere ferme & bien articulé, comme celui qui finit ces mots; *bonté*, *ſanté*, *probité*, *pieté &c.*

On place ordinairement cet *é* aigu aux endroits où il faut élever la voix dans la prononciation; comme à *éloquence*, *prédeceſſeur*, *prédeſtiné*, *prés &c.*

La penultieme voyelle est aussi aigue dans les adjectifs fe-

PARTIE III. CHAP. I. ART. II. §. 2.

minins, qui finissent par deux *e*; exemple, *une maison bien reglée, une femme bien parée, une Ordonnance publiée &c.*

Tous les Preterits composés des Verbes françois de la premiere Conjugaison demandent aussi un *é* aigu; comme, *j'ai pensé, j'ai aimé, j'ai désiré &c.*

Quand aprés l'*e* au commencement d'un mot on retranche une *s*, qui ne se prononce pas, cet *é* est aussi aigu, comme à *échevin, écaille, écarter, témoigner &c.* Cependant il y a quelques Auteurs de la Grammaire françoise qui rétiennent encore cette *s*, & écrivent, *eschevin, escaille, escarter, tesmoigner &c.* mais ils ne sont pas suivis en cela, vû que la plûpart des Auteurs modernes la rétranchent pour rendre la prononciation françoise plus aisée.

PARAGRAPHE III.

Des Voyelles graves [à, è, ì, ò, ù.]

I. L'*A* grave se met au mot de *là* lorsqu'il est adverbe, afin de le distinguer de l'article *la* qui denote le genre feminin; exemple, *vous demeurerez là jusqu'à nouvel ordre. Il m'a dit qu'il étoit logé là &c.*

La lettre *a*, est aussi grave, quand elle fait un mot & qu'elle ne dérive point du verbe *avoir*; mais qu'elle n'est qu'une simple particule françoise qui se met, ou devant les Noms au datif; comme, *j'ai donné à Pierre, j'ai dit à Jean*, ou devant les infinitifs, comme, *facile à faire; propre à manger. &c.*

La lettre *a* est grave quand elle se met pour préposition devant les noms des Villes; par exemple *Pierre est allé à Paris. Louis s'en va à Lyon.* De même l'*a* est grave au mot de *voilà*.

Et pour regle générale l'*a* est aussi grave, lorsqu'il fait un seul mot dans le Latin, auquel cas c'est une préposition: exemple, *à patre, à matre &c.*

Si on ne peut comprendre la situation de cet *à* grave, il faut du moins connoître les endroits, où il n'en faut point; & sachant l'un ou l'autre, on ne pourra se tromper: Ainsi l'*a* n'eſt point grave, lorſqu'il eſt aprés un *y grec;* où il ſe met pour le Verbe *Sum*; exemple, *il y a un Dieu*, *Il a y des hommes ſçavans &c.* car c'eſt comme ſi on diſoit, *Il eſt un Dieu*, *Il eſt des hommes ſçavans.* Et généralement, lorſque l'*a* ſeul dérive du Verbe *habeo*, *avoir*, il ne faut pas qu'il ſoit grave; comme il ſe voit par ce dernier exemple; *il a bon têms à ſe promener*: Il eſt conſtant que le premier *a* de cet exemple dérive du verbe *avoir*, & que le ſecond n'en dérive point.

2. Pour l'*e* grave dans le François, pluſieurs ſoutiennent que les mots, qui ont un *e* ouvert à leur derniere ſyllabe, reçoivent l'accent grave ſur cette voyelle; comme à *excès*, *procès*, *ſuccès*, *exprès*; & à la prépoſition *dès*, pour la diſtinguer du génitif plurier *des*, qui n'a point d'accent, non plus que *ſes*, *mes*, *tes*, *&c.* cependant il y en-a, qui dans ce cas ſe ſervent de l'*é* aigue au lieu de l'*è* grave; mais comme les ſentimens ſont fort partagés la deſſus, je laiſſe la choſe à decider par des perſonnes plus éclairées que moi; & les Compagnons pourront, en cela, ſe réferer au ſentiment de l'Auteur, ou du maître chez qui ils travaillent.

3. Les trois voyelles graves *è*, *ò*, *ù*, ſont en uſage dans la Langue latine pour diſtinguer les Adverbes & les Conjonctions d'avec les Adjectifs, & les Prépoſitions, qui ont tous une même terminaiſon: Exemple des Adverbes, qui ſe terminent en *a*; *infrà*, *ſuprà &c.* Adverbes, pour les diſtinguer de *infra*, *ſupra*, Prépoſitions. Exemple des Adverbes qui ſe terminent en *e*, *doctè*, *validè*, *variè*, *&c.* pour les diſtinguer de leurs Adjectifs *docte*, *valide*, *varie*, au vocatif ſingulier. Il faut remarquer auſſi, que lorſque la lettre *e*, fait ſeule un mot, elle eſt auſſi grave, comme il ſe voit dans cet exemple: *Redit è ſchola. Il revient de la claſſe.* Exemple des Adverbes & des Conjonctions qui ont leur terminaiſon en *o*, comme *meritò*, Adverbe, *verò* Conjonction, pour les diſtinguer de leur Adjectif *merito*, *vero*, au datif & à l'ablatif. Exemple des Adverbes qui ſe terminent en *ùs*, ou en *ùm*; *adversùs*, *ſecundùm &c.* pour les diſtinguer auſſi de leurs Adjectifs en *us*, *a*, *um*, comme *adverſus*, ou *ſecundus*, *ſecunda*, *ſecundum*.

Enfin, pour regle générale, on ne doit jamais mettre d'accent ſur les dernieres voyelles des Adverbes, lorſqu'ils ne

PARTIE III. CHAP. I. ART. I. §. 3.

peuvent être semblables aux mots qui sont Substantifs, Adjectifs, Prépositions, ou Conjonctions.

4. Dans la Langue françoise, l'*u* demande aussi un accent grave au mot de *où*, lorsqu'il signifie en Latin *ubi*, ou *quò*: Exemple; *où êtes vous? Ubi es? Quò vadis? Où allez-vous?* Mais lorsque ce mot de *ou* signifie *vel* en latin, pour lors cet *u* n'a jamais d'accent grave: Exemple; *Pierre, ou Dominique étudieront cette leçon. Vous partirez demain pour Paris, ou pour Lyon. Demandez à Louis s'il souhaite de boire du vin ou de la biere à son répas. &c.* Je croi que ces exemples suffiront pour comprendre aisément la situation de ces accens graves.

5. Dans la Langue latine on se sert souvent, quoiqu'abusivement, des accens aigus & circonflexes, pour marquer la quantité des syllabes qui sont longues ou bréves, & c'est principalement dans les Livres d'Eglise, comme dans les Missels, Antiphonaires, Graduels, Processionnaux, Bréviaires & Diurnaux, dont voici les observations qu'on a faites avec beaucoup d'attention & de réflexion, en examinant ces sortes d'Ouvrages.

1. *Observation.* Dans tous les Noms & Verbes, dont la pénultiême est longue par nature ou par crément & non pas de position, on marque cette pénultiême d'un accent circonflexe, pourvû que la derniere soit breve ou du moins commune, & non pas longue; hormis de la maniere que nous le dirons dans la troisiême Observation. Exemple des Noms dont la pénultiême est longue par nature. *Turpitûdo, amîcus, valetûdo, fornicâtor, avârus, inimîcus, beâta, secûra, placâta, gloriôsa, exûta &c.* Exemple des Noms dont la pénultiême est longue par crément. *Pastôre, libertâte, pietâte, salûtis, bonitâtis, veritâtis &c.* Exemple des Verbes dont la pénultiême est longue par nature: *Confîdo, prodûco, formîdo, concêdis, dedûcis, prodûcis &c.* Exemple des Verbes dont la pénultiême est longue par crément: *amâbo, docêbo, sperâbis, gaudêbis, ambulêmus, sperêmus, mereâmur, induâmur, amâtis, docêtis, transîre, docêre &c.* On voit dans tous ces Noms & Verbes que la pénultiême est marquée d'un accent circonflexe, parce qu'elle est longue par nature ou par crément, & que la derniere n'est pas longue, mais seulement breve ou du moins commune.

2. *Observation.* Dans tous les Noms & Verbes, si la derniere est longue, la pénultième quoique longue par nature ou par crément, ne sera pas marquée d'un accent circonflexe, mais d'un accent aigu : Exemple des Noms dont la derniere est longue, & la pénultième longue par nature : *Prophétæ, Scripturæ, amíci, inimíci, beátos, secúros, glorióſas, exútas, &c.* Exemple des Noms, dont la derniere est longue, & la pénultième longue par crément : *Peccatóres, Sermónes, Pastóres, &c.* Exemple des Verbes, dont la derniere est longue, & la pénultième longue par nature : *Confídunt, prodúcunt, concédant, dedúcant, mandúcent &c.* Exemple des Verbes dont la derniere est longue, & la pénultième longue par crément : *Amábant, docébant, períbunt, transíbunt amávi, levávi, amábas, docébas, docéri, audíri, &c.* On voit dans tous ces Noms & Verbes, dont la derniere est longue, que la pénultième, quoique longue par nature ou par crément, n'est pas marquée d'un accent circonflexe, mais d'un accent aigu.

3. *Observation.* Qui est une exception de la precedente : Dans tous les Noms & Verbes, si la pénultième est longue par nature ou par crément, on la marquera d'un accent circonflexe, quoique contre l'observation précédente, la derniere soit longue, pourveu qu'elle finisse par une *m*. Il seroit trop long de rapporter tous les cas où cela peut arriver ; nous nous contenterons d'en rapporter quelques exemples, tant des Noms que des Verbes. Exemple des Noms, dont la pénultième est longue par nature, & la derniere aussi longue, mais finissant par une *m*, *Amîcum, inimîcum, avârum beâtam, secûram, placâtam :* Exemple des Noms dont la pénultième est longue par crément, & la derniere longue aussi, mais finissant par une *m*, *sæculôrum servôrum, dominôrum, peccatôrum, nostrôrum, animârum, filiârum &c.* Exemple des Verbes, dont la pénultième est longue par nature & la derniere longue aussi, mais finissant par une *m*, *indûcam, edûcam, benedîcam, addûcam, mandûcem, accûsem, &c.* Exemple des Verbes, dont la pénultième est longue par crément & la derniere longue aussi, mais finissant par une *m*, *amâbam, legêbam, docêrent, audîrem.* On voit dans tous ces Noms

PARTIE III. CHAP. I. ART. I. § 3.

& Verbes que la pénultiême étant longue par nature ou par crément, & non pas de position, est marquée d'un circonflexe, parceque la derniere, quoique longue, finit par une *m*.

4. *Observation.* Dans tous les Noms & Verbes, si la pénultiême est longue de position & non pas par nature ou par crément, elle ne sera pas marquée d'un circonflexe, mais d'un accent aigu, soit que la derniere soit breve ou longue. Exemple des Noms: *Sacraménta, monuménta, subjécta, apértâ, protegénte, documéntis, impediméntis, compértos, subjéctos &c.* Exemple des Verbes: *Confundántur, movebúntur, admítte, commítte, infúndent, osténdunt &c.* On voit dans tous ces Noms & Verbes, soit que la derniere soit breve ou longue, que la pénultiême n'a pas un accent circonflexe, mais un accent aigu, parce qu'elle est longue de position, & non point par nature ou par crément.

5. *Observation.* Dans tous les Noms & Verbes, soit que la derniere soit longue ou breve, si la pénultiême est breve, elle n'aura point d'accent, mais ce sera l'antepénultiême, soit qu'elle soit longue ou breve, qui en aura un, & ce sera un accent aigu, & non pas un circonflexe. Exemple des Noms: *Sémitas, fílio, glória, vírginis, ánimam, útero, própior, dómibus, spirítui spíritus, princípio, perículis, propítius, sacrifícium, unigénitus &c.* Exemple des Verbes: *Prótegat, réplcat, múniet, véniet, sápere, régere tríbuis, víderis, ámbulant, áudiunt, irrídeant cognóvimus, lætábitur, vidéritis &c.* On voit dans tous ces Noms & Verbes, soit que la derniere soit longue ou breve, que la pénultiême n'a point d'accent, parce qu'elle est breve, mais que c'est l'antépenultiême, soit qu'elle soit longue ou breve, qui en a un aigu, & non pas un circonflexe.

Nous avons encore quelques Remarques a faire au sujet de ces accens: 1°. Quant aux Adverbes, Prépositions, Conjonctions, ils suivent ordinairement l'un ou l'autre accent des Observations précédentes, & c'est suivant que le cas y échoit.

2°. Que dans toutes ces Observations on suppose les mots pour le moins de trois syllabes; car pour les mots d'une ou de deux seulement, on ne les voit pas marqués d'accent dans les Livres d'Eglise, si ce n'est que ce soyent des Adverbes pour les distinguer des Noms dont ils derivent, ou que ce soyent des Conjonctions, pour les distinguer des Prépositions qui leur sont semblables en terminaison, auquel cas on les marque d'un accent grave sur la derniere voyelle, comme il est dit ci-devant dans ce présent Paragraphe.

3°. On remarque qu'on ne voit point dans ces Ouvrages des accens circonflexes sur la derniere syllabe, lorsque les Noms sont à l'ablatif; cependant nous voyons que la plupart des Auteurs latins modernes s'en servent dans les ablatifs absoluts de la premiere Declinaison.

4°. Qu'on ne voit jamais de circonflexe sur l'antepénultiême, & que si elle doit avoir un accent, c'est toûjours un aigu qu'on lui donne.

Voilà les observations qu'on a faites sur la maniere de placer les accens dans les Livres d'Eglise, mais il paroît qu'il y auroit quelque chose à y corriger, & que la troisiême Observation ne devroit point être en usage, & qu'elle ne devroit point être une exception de la seconde; mais qu'elle devroit être confondue avec icelle; car ceux qui ont une parfaite connoissance des accens latins; sçavent trés-bien que si la derniere syllabe d'un mot est longue, soit qu'elle finisse par une *m*, ou autre lettre; que la pénultiéme, quoi que longue par nature ou par crément, ne peut absolument parlant être marquée d'un accent circonflexe, mais seulement d'un accent aigu. Ainsi on devroit écrire *amábam*, *amárem*, *sæculórum*, *peccatórum &c.* & non pas *amâbam*, *amârem*, *sæculôrum*, *peccatôrum &c.* mais quoique c'est l'usage, on ne devroit cependant point s'y astreindre.

PARAGRAPHE IV.

Des Lettres trema [ë, ï, ü,]

LES Lettres tréma, généralement parlant, ont été inventées pour séparer une voyelle d'une autre voyelle à laquelle elle est jointe, afin que les deux ensemble, ne fassent pas une diphthongue, mais deux syllabes séparées.

PARTIE IV. CHAP. I. ART. I. §. 4.

1. Lorſque dans un mot, pluſieurs voyelles ſe ſuivent, & ſe prononçant enſemble, ne font qu'une diphthongue & une ſeule ſyllabe, aucune d'icelles ne doit être trema; comme il ſe voit dans les mots ſuivans, *j'aimois, ouir, ſoient, généreux, gracieux &c.*

2. Suivant le ſentiment de pluſieurs Auteurs de la Grammaire Françoiſe, les voyelles doivent être trema quand ſeules elles font une ſyllabe au milieu d'un mot; comme par exemple aux mots de *Poëte, Deïté, Heroïne, Poëme, &c.*

3. L'*u* ne doit point être trema lorſqu'il eſt précédé d'un *e* aigu, & qu'il a une liaiſon avec la lettre qui le ſuit; comme au mot de *réuſſir*; mais quand il ſe prononce ſeul, quoiqu'il ſoit précédé d'un *e* aigu, il doit être trema; exemple, *réünion réünir &c.*

4. Aux mots de pluſieurs ſyllabes, où il y a deux voyelles de ſuite, qui ne ſe prononcent pas enſemble, la ſeconde voyelle doit être trema, comme à *Saül, haïr, Gabriël Iſraëlite &c.*

5. Quand les Noms propres finiſſent par deux voyelles, la derniere doit être trema, ſi elle ſe prononce ſeule; comme à *Eſaü &c.* & c'eſt ſeulement afin de ne point embaraſſer le Lecteur, qui pourroit faire une diphthongue de ces deux voyelles, qui n'en doivent point faire, & qui pourroit prendre quelquefois dans ces ſortes de mots moins de ſyllabes qu'ils ne contiennent.

Mais quand les mots finiſſent par un ſimple *e*, ſans accent, quoiqu'il y ait une voyelle devant, ſoit aux Noms propres ou aux autres, cet *e* ne doit point être trema, parce qu'on ne ſçauroit jamais prononcer leſdits mots autrement qu'ils ne ſont; par exemple, aux mots de [*vûë, ſtatuë, ruë*] il eſt évident qu'elles ſont inutiles, & que c'eſt ſans raiſon qu'on les place dans ces endroits là; vû que *rue, ſtatue, vûe*, & autres mots ſemblables ſans *trema*, ne ſçauroient faire aucune équivoque dans la prononciation françoiſe.

6. Quand il ſe rencontre trois voyelles de ſuite dans un mot, il y en beaucoup qui mettent celle du milieu *trema*; cependant, ſelon les regles que nous venons d'établir ici, cela ne ſe peut ſouffrir; attendu *que celle qu'ils marquent de trema, ne ſe prononce pas ſeule*; comme il ſe voit dans les mots de

de [*veroüil*, *rejoüir*, *ébloüir &c.*] de ſorte, que ſelon ceux qui placent ces trema dans ces endroits, on devroit prononcer *vero-u-il*, *ré-jo-u-ir*, *é-blo-u-ir*, *&c.* par où on voit que ces mots ſeroient plus longs d'une ſyllabe qu'il ne faut.

Mais comme ces ſortes de mots pourroient veritablement embaraſſer le lecteur, on devroit marquer ces lettres d'un accent, qui ſeroit courbé du côté de la voyelle qui lie la ſyllabe, de laquelle elle fait partie, comme il ſe voit dans les mots ſuivants, *ré-joŭ-ir*, *é bloŭ-ir*, *é-va-noŭ-ir &c.* La dépenſe de trois nouveaux poinçons donneroit occaſion de mettre cette methode en pratique.

PARAGRAPHE. V.

Des Lettres d'abbréviation [ã, ẽ, õ, ñ, q̃, ũ.]

CES Lettres ſont en uſage pour mettre quelquefois les mots en abrégé, ſoit dans le Latin, ſoit dans le François: Par exemple aux mots ſuivans; *gratiã*, pour *gratiam*; *viſionẽ*, pour *viſionem*; *cõvertere*, pour *convertere*; *Dñs*, pour *Dominus*; *Dñi*, pour *Domini*; *Dño*, pour *Domino*; *Deũ*, pour *Deum*; *etiamq̃.* pour *etiamque &c.* Dans le François, *chãgement* ou *changemẽt*, pour *changement*; *rẽplacement* ou *remplacemẽt*, pour *remplacement*; *cõdition* ou *conditiõ*, pour *condition &c.*

Toutes ces ſortes d'abbreviations ne doivent ſe faire que lorſqu'on eſt fort gêné dans la correction & dans une grande neceſſité; on eſt cependant quelquefois contraint de s'en ſervir dans la compoſition des additions à la marge, principalement lorſqu'on a de la peine à diviſer certains mots qui ſe rencontrent; dans ce cas, il faut obſerver autant qu'il ſera poſſible, de faire toûjours les abbreviations plutôt à la premiere ou ſeconde ſyllabe qu'aux dernieres, afin de rendre les mots abregés intelligibles. Quand on veut abbreger quelques mots ſans lettre d'abbreviation, on doit mettre, autant qu'il ſera poſſible la premiere lettre de la ſyllabe qu'on veut abbreger, comme *titre*, tit. *dudit* dud. *ladite* lad.

ARTICLE II.

Des pieds de Mouches. Des Paragraphes. Des Etoilles. Des Croix. Des Verſets & Répons. Des Mains. Des Soleils & des Lunes

PARAGRAPHE I.

Des pieds de Mouches. [¶.]

IL y a déja quelque têms qu'on ſe ſert des pieds de Mouches dans l'Imprimerie; ils ſont pour faire connoître les remarques qu'un Auteur veut diſtinguer du corps de ſa matiere; mais il en doit avertir le Lecteur dans ſa Préface, afin qu'on ſcache pour quelle raiſon il les place. Ceux que j'ai placés dans la deuxiême & quatriême *Partie* de ce Livre, ſont pour ſignifier que ce que j'enſeigne, ſont des choſes qui meritent une grande attention, & d'autres que j'ai découvert moi-même, ſans en avoir eu aucune connoiſſance de perſonne, leſquelles j'ai experimentées & qu'on peut mettre en uſage en toute ſeureté.

PARAGRAPHE. II.

Des Paragraphes. [§.]

LE mot de Paragraphe eſt un terme employé par les Juriſconſultes; on s'en ſert pour faire les Titres, lorſqu'un Livre eſt diviſé par de ſemblables remarques; tout de même qu'il eſt diviſé par *Chapîtres*, *Articles*, *Sections*, *&c.*

2. Quand la matiere d'un Livre est divisée par des Paragraphes, on peut les mettre au long en lettres capitales, sans les mettre en figure : Car cette figure (§) n'a été inventée que pour l'abbréviation; cependant il faut toûjours observer la même regularité dans ces Titres, c'est-à-dire, de les faire toûjours de lettres capitales, ou toûjours en figure, & ne point s'arrêter à l'irregularité qu'on voit dans le chapître suivant, par ce qu'on l'à fait à dessein, pour faire voir la difference de l'un & de l'autre, & pour connoître qu'elle disposition est la meilleure.

3. Ils servent aussi dans les ouvrages de Droit, & on les place souvent dans le corps de la matiere, pour renvoyer les passages de quelque Auteur qu'on cite; par exemple : *Voyez Ferriere sur la Coutûme de Paris, chap.... §....*

PARAGRAPHE. III.

Des Etoilles. [*.]

1. LES Etoilles sont proprement en usage pour marquer les Nottes ou Additions qu'un Auteur fait dans son Ouvrage.

Elles servent aussi dans les livres d'Eglise, pour marquer les poses du Chant, dans chaque Verset des Pseaumes, comme aussi pour marquer les renvoys des Répons brefs de quelque Chapître.

Exemple des Versets des Pseaumes.

Dixit Dominus Domino meo : * Sede à dextris meis.

Donec ponam inimicos tuos : * Scabellum pedum tuorum.

Exemple des Répons brefs.

℟. *bref,* In manus tuas Domine, * commendo spiritum meum. In manus tuas.

℣. Redemisti nos Domine, Deus veritatis. Commendo spiritum meum.

On peut aussi les faire servir de Signatures dans les premiers cayers d'un Livre, c'est-à-dire dans ceux qui précédent le premier cayer du corps de l'Ouvrage, lequel doit commencer par la Signature A.

Quelque fois on s'en sert pour faire des lignes de vignettes, soit simples, ou composées de plusieurs sortes de fleurons de fonte.

Ils servent encore en la place d'un Auteur, lorsqu'il est anonime, de même que pour marquer les Lacunes.

2. Les Versets & Répons (℣. ℟.) ne sont en usage que dans les Livres des Offices divins; comme sont les *Missels*, *Breviaires*, *Antiphonaires*, *Heures*, &c. On doit mettre aprés chaque Verset ou Répons un point, comme on le peut voir dans les exemples précédens.

Si on n'a point suffisament de ces Versets & Répons, pour faire un Ouvrage de cette nature, on peut les marquer en lettres italiques de cette maniere; *Vers. Resp.*

PARAGRAPHE IV.

De l'usage des Croix [†, ✠.]

CES Croix servent ordinairement dans les Oraisons & Prieres des Exorcismes, aux Benedictions du Pain, de l'Eau, des Fruits &c. Dans le Canon de la Messe, & aux autres Cérémonies de l'Eglise.

On s'en sert aussi à la fin des Brefs des Papes, aux Mandemens, Ordonnances, Monitoires ou autres semblables Ouvrages des Archévêques ou Evêques; & on les place immédiatement devant les Signatures.

Cette Croix †, sert encore pour marquer les Renvois des Additions, de même que pour des Remarques particulieres dans les Directoires, ou autres Ouvrages, & dans ce cas, on en donne avis au public dans l'Avertissement.

PARAGRAPHE. V.

De l'usage des Mains. [☞ ☜]

LES Mains signifient qu'on doit faire attention aux choses devant lesquelles elles sont posées; & on en donne ordinairement la signification dans l'Avertissement, afin d'en donner connoissance au Lecteur.

Un Auteur doit avoir soin de les placer dans sa copie dans les endroits où il les veut avoir, soit à droit ou à gauche; & un Compositeur n'a qu'à les poser tout comme elles sont marquées, sans rien changer.

PARAGRAPHE. VI.

De l'usage des Soleils [☼] *& des Lunes.* (● ☽ ○ ☾)

CES deux Signes de Planettes sont en usage dans les ouvrages d'Astrologie, de Directoire, &c. on ne sçauroit se tromper pour placer le signe du Soleil, parce qu'il n'y a aucun changement dans sa forme; mais quant aux differens Signes de la Lune, il faut prendre garde de mettre le signe d'une nouvelle Lune, pour celui d'une pleine Lune, ou d'un premier quartier pour le dernier; c'est pourquoi il est necessaire de faire attention aux figures suivantes. *Signes de nouvelle Lune* (●.) *De premier quartier* (☽.) *De pleine Lune* (○.) *De dernier quartier* (☾.)

Il y a encore plusieurs autres differens Signes; comme ceux du Zodiaque, des Planettes, & de leurs Aspects; ceux dont on se sert dans les Mathematiques pour l'Algebre & pour la Pharmatie; desquels Signes nous avons fait voir ci-devant * leur figure & leur usage: Ainsi un Compositeur doit seulement les poser exactement dans les endroits que l'Auteur aura marqués dans sa copie.

* Voyez la page 10.

ARTICLE III.

De la particule *de* sans *s*. De la distinction des Pronoms *ce* & *se*. Du mot de *quand* avec un *d*. De la Lettre *m* devant un *b* & un *p*. Des Chiffres. Des Lettres capitales.

PARAGRAPHE I.

De la particule de *sans* s, *& quand il en faut* une.

VOICI une regle assez générale, si elle ne l'est pas tout à fait: Quand un Adjectif suit un Substantif plurier, il faut une *s* à la Particule *de*; par exemple: *Je parle devant des hommes sçavants; j'ai fait des remises considerables; j'ai combattu des armées nombreuses, &c.*

Mais quand l'Adjectif est devant son Substantif plurier, il ne faut pas mettre d'*s*, par exemple: *Je parle devant de sçavants hommes; j'ai fait de grandes remises; j'ai combattu de nombreuses armées, &c.*

PARAGRAPHE II.

De la distinction des Pronoms ce *&* se.

COMME plusieurs Ouvriers prennent souvent le Pronom *ce* ou *ces*, en Latin *hic*, *hæc*, *hoc*, pour celui de *se* ou *ses*, en Latin *suus*, *sua*, *suum*; nous avons jugé à propos d'en faire connoître la difference par des exemples trés-clairs & trés-aisés.

Premierement, les Pronoms *ce*, *ces*, se doivent écrire avec un *c*, quant aprés eux on peut, sans rompre le sens, mettre le mot de *là*; par exemple: *J'ai acheté ce manteau* 30. *sols*. On voit bien que le mot de *ce*, signifie en cet endroit le Pronom d'*hic*, *hæc*, *hoc*; à cause que l'on peut dire: *J'ai acheté ce manteau là* 30. *sols*. Autre exemple: *J'ai lû ce Livre: Ces discours me déplaisent: Ces biens lui sont acquis: Ces hommes sont puissans, &c.* On peut voir encore que dans tous ces endroits le mot de *là* peut se joindre facilement, sans interrompre le sens, comme il se voit ici: *Ces biens là lui sont acquis: J'ai lû ce Livre là: Ces hommes là sont puissans, &c.* Mais si on ne peut mettre le mot de *là* entre le Verbe & le Substantif qui suit le Pronom, soit au singulier ou au plurier, c'est une marque que ces Pronoms dérivent de *suus*, *sua*, *suum*; & par consequent ils doivent s'écrire avec une *s*: C'est ce que nous allons faire voir.

Le Pronom *se*, ou *ses*, avec une *s*, en Latin *suus*, *sua*, *suum*, signifie que le Substantif qui suit ce Pronom, se rapporte à la personne qui est le nominatif du Verbe précédent; exemple: *Mon Frere à dit ses prieres du matin par cœur*, parce que le mot Substantif, qui est *prieres*, se rapporte au *Frere* de qui on parle, & qui est le nominatif du Verbe.

De même quand un Verbe suit immediatement le Pronom de *se*, c'est avec une *s* que s'écrit le Pronom; par exemple: *Il se réjouit: Il se plaint avec justice: Ils se battent: Ils se tuent l'un l'autre pour une bagatelle &c.* Ainsi on n'a qu'à remarquer l'une des choses susdites pour connoître la difference de *ce* ou *ces*, avec un *c*, & de *se* ou *ses*, avec une *s*.

PARAGRAPHE III.

Du mot de quand *avec un* d, *&* de quant *avec un* t.

IL y a des Compagnons qui mettent souvent le mot de quand avec un *t* lorsqu'il faut un *d*, ou avec un *d* quand il faut un *t*; & pour se corriger de cette faute, ils n'ont qu'à obſerver pour regle générale, que lorſque la Prépoſition *à* ou *aux* ſuit immediatement ledit mot de *quant*, il faut qu'il s'écrive toûjours avec un *t*; par exemple: *Quant à vous, quant à moi; quant à eux; quant aux choſes paſſées, je vous les pardonne.*

Mais dans les autres endroits où laditte Prépoſition *à* ou *aux* ne ſuit point immediatement ledit mot de *quand*, il faut toûjours l'écrire avec un *d*; par exemple: *Il m'avertira quand il ira à Paris. Nous traiterons d'affaires quand nous ſerons enſemble, &c.* Enfin lorſque le mot de *quand* ſignifie *quandò* en Latin il y faut toûjours donner un *d*, & lorſqu'il ſignifie *quantum*, on lui donne toûjours un *t*.

PARAGRAPHE IV.

De la Lettre m *devant un* b *ou un* p.

POUR regle générale il faut toûjours mettre une *m* devant un *b* ou un *p*, quoi qu'elle ait la prononciation d'une *n*; comme *embarras*, *empaqueter*, &c.

Cette *m*, a auſſi le même ſon en quelques mots devant une *n*, comme à *ſolemnel*, *condamner*: De même quand elle ſe trouve à la fin, comme dans ces mots; *Nom*, *Pronom*, *Parfum*, *&c.* excepté dans quelques Noms propres, & dans tous les mots Latins: C'eſt à quoi il faut prendre garde; car on ne ſçauroit donner de regle générale pour ces endroits là.

PARAGRAPHE V.

De l'uſage de differens Chiffres.

DANS l'Imprimerie il y a deux ſortes de Chiffres en uſage; ſçavoir, celui des Arabes, & celui des Romains. Le Chiffre Arabe, eſt celui dont on ſe ſert en Arithmetique, Algebre, Trigonometrie & Aſtronomie. Ils ſervent encore pour

pour numeroter les feuillets d'un Livre : Pour les Renvois des passages qui sont dans le corps d'un Livre ; de même que pour les Renvois des matieres dans une Table d'un Livre.

Dans les Imprimeries où il y a des Chiffres Arabes de caractere romain & de caractere italique, on doit employer les Chiffres du même caractere de la matiere où ils seront rapportés.

Le Chiffre Romain, est celui qui se marque par certaines lettres de l'Alphabet, comme il est dit ci-devant. [a] Ces sortes de Chiffres servent pour numeroter les feuillets d'une Préface, Epître dedicatoire, des Avertissemens, Eloges & autres pieces semblables, qui sont détachées du corps d'un Livre, & que l'on place toûjours devant le premier feuillet qui est numeroté du Chiffre Arabe, & qui est le commencement de l'Ouvrage.

[a] Voyez les pages 49. & 137.

Ces Chiffres servent encore pour numeroter les Signatures qui sont au bas des pages ; comme *A ij*, *A iij &c.* dont nous avons parlé dans la *I. Partie*, *chap.* I. *art.* 14.

PARAGRAPHE VI.

Des Lettres Capitales, autrement dit, *Majuscules*.

1. ON doit mettre une Lettre capitale aux mots qui commencent une Periode, c'est-à-dire, à chaque *ad lineam*, & aprés un Point lorsqu'il finit un sens, & non pas quand il est mis pour abbréger quelques mots, ou aprés les chiffres.

2. Au premier mot de chaque Vers.

3. Aux Noms propres ; comme à *Antoine*, *Louis*, *Nicolas*, *Pierre*, *Marguerite*, *Ursule &c.*

4. Aux Noms de Royaumes & Provinces, & aux Substantifs & Adjectifs qui en dérivent ; comme *France*, *François*. *Picardie*, *Picard*. *Espagne*, *Espagnol*. *Savoye*, *Savoyard*. *Flandre*, *Flamand*, *Flamande &c.*

5. Aux noms de Ville, & aux Substantifs ou Adjectifs qui

en dérivent; comme *Lyon*, *Lyonnois*, *Lyonnoise*. *Paris*, *Parisien*, *Parisienne*. *Rome*, *Romain*, *Romaine*. *Venise*, *Venitien*, *Venitienne &c.*

6. Aux noms de Montagnes, Vents & Rivieres; comme *Pyrenées*; *les Vents du Nord*, *du Sud &c.* *le Danube*, *le Tibre*, *la Seine*, *le Rhône &c.*

7. Aux Noms de Sciences, Arts & Mêtiers; & de ceux qui les possedent, exercent ou pratiquent; comme, *Philosophie*, *Philosophe*; *Astrologie*, *Astrologue*; *Mathematique*, *Mathematicien*; *Imprimerie*, *Imprimeur*; *Chirurgie*, *Chirurgien &c.*

8. Aux noms de Dignités & Qualités; comme *Pape*, *Cardinal*, *Archevêque*, *Evêque*, *Empereur*, *Roi*, *Prince*, *Comte*, *Marquis*, , *Capitaine*, *Monsieur*, *Madame &c.*

9. Aux Noms de Fêtes natales; comme *Noël*, *Pâques &c.*

10. Aux noms qui tiennent lieu de Propre; comme *Seigneur* pour *Jesus-Christ*, *Poëte* pour *Virgile &c.*

11. Tous les mots Alphabetiques dans chaque *ad lineam* des Dictionaires se font entierement de Lettres capitales, grandes ou petites, de même que le nom de JESUS-CHRIST, & plusieurs autres semblables: Céla dépend aussi de la volonté d'un Auteur, qui veut quelquefois distinguer les mots essentiels de la matiere dont il traite, par des lettres majuscules, lesquels il a soin de distinguer par quelques traits de plume differens de ceux, qu'il fait pour distinguer le caractere italique d'avec le romain.

On doit encore observer de mettre des Lettres capitales aux noms les plus essentiels de la matiere; par exemple, si un Auteur faisoit *un Chapitre* ou *Article*, dans lequel il traiteroit de l'Obligation du *Mari & de la Femme*, ou du Devoir *d'un Fils envers ses Pere & Mere &c.* Mais lorsque ces noms généraux & appellatifs ne sont point les mots essentiels du discours, on ne doit point se servir de Lettres capitales, parce que ces noms conviennent à tous les hommes, femmes ou autres semblables en général.

CHAPITRE II.

De la Ponctuation. De l'usage des Parentheses, Crochets & de la Division.

ARTICLE PREMIER.

De la Ponctuation.

JE commence par faire remarquer que la Ponctuation & la distinction des mots n'étoient point en usage dans les premiers têms. Cet usage a duré jusqu à la 174. Olympiade selon *Juste Lipse*. Dans ces têms là, le sens seul divisoit le discours.

La Ponctuation en écrivant ou en composant, est trés-necessaire pour le soulagement de celui qui doit faire la lecture, soit d'un manuscrit soit d'un imprimé ; elle lui fait distinguer plus facilement le sens, & elle lui marque où il peut faire des poses, afin de respirer autant qu'il est nécessaire pour continuer à son aise sa lecture.

Comme les periodes sont ordinairement composées de plusieurs membres, qui ont chacun leur sens plus ou moins parfait, on les distingue par differentes Ponctuations.

Il arrive trés-souvent qu'un Auteur, qui a plûtôt en vûe l'ordre de son Ouvrage, que le soin de bien ponctuer les membres de ses periodes, met quelquefois, faute d'attention, des ponctuations toutes opposées à celles qui devroient y être ; & beaucoup de Compagnons n'en ayant point de connoissance, les mettent comme elles sont dans la copie, soit qu'elles soyent bien ou mal. Pour le soulagement de ceux ci, nous donnerons un petit éclaircissement de chacune Ponctuation en particulier, tant de leurs noms & figures, que de leurs differens usages.

PARTIE III. CHAP. II. ART. I. §. I

§. I.

Du Point [.]

LE Point se met toûjours à la fin d'un sens fini & parfait, qu'on appelle *Periode*; aprés lequel Point, on fait une Pause aussi longue que l'on veut, & même on peut cesser la lecture.

Le Point sert aussi pour abbreger les mots; comme *susd.* pour *susdit*; *led.* pour *ledit*, *Sr.* pour *Sieur*, *Mad.* pour *Madame*; *Mre.* pour *Maître*; *Illustris.* pour *Illustrissime. &c.*

Il se met aussi aprés les Chiffres, soit des sommes, soit des dattes des jours, mois & années &c. Exemple: *Le* 24. *de Mai* 1723. *j'ai payé à Pierre* 326. *livres*, 10. *sols* 9. *deniers.*

§. II.

De la Virgule [,]

LA Virgule est la moindre des Ponctuations; elle sert pour faire une petite pause, seulement pour soûtenir la voix.

Plusieurs Compagnons & même des Maîtres se font une regle de placer la Virgule devant la Particule *que*, devant le Pronom *il* ou *ils*, & devant l'*&*; mais cette regle n'est point générale, vû qu'il y a des endroits où il en faut & d'autres où il n'en faut point, par consequent elle n'est point assez générale pour n'en point faire de distinction: C'est ce que je vais prouver par les exemples suivans.

1. Exemple où il ne faut point de Virgule devant la Particule *que*: *De tous les hommes, il n'y aura que les justes qui entreront dans le Royaume des Cieux. Je n'ai jamais été par le chemin que vous me dites &c.*

Exemple où il faut mettre une Virgule devant la particule *que*: *On s'imagine, que pour composer un traité d'Arithmetique, il n'y a qu'à sçavoir les premieres regles.*

2. Pour regle générale il ne faut point de Virgule devant

le Pronom *il*, lorſqu'il eſt aprés un Adverbe, exemple : *Quand il aura fait ſon travail, vous le congedierez. Ils ſont furieux, quand ils ont le deſſus.*

3. Exemple où il ne faut point de Virgule devant l'& : *Dominique, François & Antoine ſont bien ſages. Un Imprimeur, un Muſicien & un Peintre ont ſouvent le verre en main.*

Lorſque l'& eſt entre deux ſens contraires, il faut une Virgule ; exemple : *Une fille qui eſt riche, & qui a de l'eſprit. Vous avez envie de rire, & moi je ſuis accablé de triſteſſe.*

5. L'uſage de la Virgule eſt encore pour diſtinguer pluſieurs qualités qui ſuivent immediatement l'une l'autre, comme quand on dit, *Un Empereur, un Roi, un Comte, un Duc, un Marquis.*

6. Elle ſert auſſi pour diſtinguer pluſieurs Verbes ; comme, *prier, exhorter, avertir, ſupporter &c.*

7. De même que pour diſtinguer pluſieurs Adverbes ; comme *Tôt, ou tard, il faudra rendre compte à Dieu.*

La Virgule ſe met encore aprés des mots, dont le rapport pourroit être ambigu, pour le déterminer d'un côté plûtôt que d'un autre ; comme il ſe voit dans les deux exemples ſuivans, dans leſquels le ſens de l'un eſt entierement oppoſé à celui de l'autre :

Ibis, redibis, numquam morieris in bello.
Ibis, redibis numquam, morieris in bello.

§. III.

Du Point virgule, autrement dit *le comma*. [;]

LE Comma eſt d'un degré plus fort dans une periode que la Virgule ; il ſe met toûjours aux ſens oppoſés ou contraires ; par exemple, *Les affaires publiques, les affaires particulieres ; les choſes ſacrées ; les choſes prophanes. Il a vecû longtêms en ſcelerat ; mais à preſent il s'eſt converti.*

De même quand on fait une énumeration de parties ; par exemple, *Je vous dois* 252. *livres* 10. *ſols par vôtre compte ; mais il faut diminuer* 152. *livres que j'ai payées par vôtre traite ; &* 100. *liv.* 10. *ſols comptant ; partant quittes.*

PARTIE III. CHAP. II. ART. I. §. 3.

Il se met aussi quelquefois à la fin des Noms ou Adverbes Latin, pour les abbreger; comme, *proindeq;* pour dire *proindeque*, *vosq.* pour *vosque*, & autres semblables.

Lorsque les mots de *car* & *mais* font un sens un peu different au sens précédent, il faut un Comma devant; exemple: *Heureux sont ceux qui sont humbles; mais plus heureux sont ceux qui souffrent pour Dieu; car plus on souffre, plus on merite.*

§. IV.

Des Deux-Points. [:]

L'USAGE des Deux-points n'est pas pour finir entierement le sens, d'une periode, puisqu'il laissent toûjours quelque suite aprés eux, mais pour terminer un sens presque achevé; comme il se voit dans les exemples suivans: *L'affaire du Salut est proprement l'affaire de l'homme: tout le reste doit être compté pour rien. La plupart des hommes ne pensent à rien moins qu'à se sauver: on a soin de tout, hors de son salut.*

Il est souvent nécessaire de mettre un Deux-points devant les passages qu'un Auteur cite dans son Ouvrage, & même quelquefois aprés, & c'est suivant que le sens du discours le demande, soit qu'on se serve d'un caractere italique ou de romain. Exemple: *Vous aymerez le Seigneur vôtre Dieu, & vôtre prochain comme vous-même:* « toute la Loi & les Pro« phetes consistent en ces deux Commandemens. « En me « promenant j'ai trouvé un de mes amis qui m'a dit: *Je veux « vous aller voir au premier jour:* je n'ai pas laissé que de con« tinuer mon chemin, aprés l'avoir invité d'y venir.

Comme il est impossible de montrer positivement la situation de ces trois sortes de Ponctuations, on s'est contenté de donner plusieurs exemples des endroits où elle doivent être placées; mais ceux à qui ces exemples ne suffiront point pour connoître la situation desdites Ponctuations ils doivent s'appliquer à la lecture des bons Livres, & des bons Auteurs; car c'est le veritable moien de parvenir à cette Science.

§. V.

Du Point Interrogant (?)

LE Point Interrogant se place toûjours aprés qu'on a interrogé ; comme il se voit par ces exemples : *Dieu n'est il pas le Créateur du Ciel & de la terre ? N'êtes vous point né pour vous sauver ? prétendons-nous, que ce qui a tant coûté au Fils de Dieu & aux Saints, ne nous coûte rien ?*

Mais quand le sens va si loin, que l'Interrogation, qui paroît au commencement de la periode, vient à s'alentir & à perdre sa force ; on ne la marque plus : Comme on pourra voir par cet exemple. *N'est il pas vrai que sans l'admirable Invention de l'Imprimerie, les Sciences ne seroient jamais parvenues au point où nous les voyons aujourd'hui, & que sans elle les plus grands Ouvrages d'une infinité d'excellens Auteurs, & les plus beaux faits que nous furnit l'Histore, tant Prophane qu'Ecclesiastique, seroient peut-être aujourd'hui peris dans la poussiere, & ensevelis dans un éternel oubli.*

§. VI.

Du Point Admiratif (!)

ON doit mettre le point Admiratif aprés les choses, desquelles on a quelque étonnement ou quelque Admiration, & non point devant, comme font plusieurs Ouvriers : Exemple : *O cruelle mort! Helas que je suis miserable ! Quel compte a rendre aprés une vie mondaine ! ô le sçavant homme qui nous a appris cela !*

Mais quand il y a des Admirations qui se rencontrent dans un discours, où il y a une Interrogation, pour lors on doit mettre le point Admiratif immediatement aprés les parolles de l'Admiration, & le Point Interrogant à la fin des paroles, qui en font le sujet. Exemple : *Quoi Seigneur ! faut-il que je souffre ? ô grand Dieu ! que faut-il que je fasse ?*

Voilà les veritables endroits, où on doit placer ces sortes de Ponctuations ; & non point comme ceux qui les placent ainsi : [*Quoi ! Seigneur ? faut-il que je souffre. O ! grand Dieu ? que faut-il que je fasse.*]

ARTICLE II.

De la Parenthese. Des Crochets. De l'Apostrophe. De la Division.

§. I.

De l'usage de la Parenthese. ( )

LA Parenthese sert pour renfermer des choses qui sont comprises dans un discours, sans en être partie ; en sorte que si elles n'y étoient point, elles n'ôteroient rien du sens ; par exemple : *On adoroit autrefois (suivant ce que j'ai entendu dire) le Soleil. Si vous sçaviez à quel point je vous aime (j'entends avec honnêteté) vous auriez plus d'estime pour moi. Je soûtiens Messieurs (sauf respect) que c'est un imposteur &c.*

Comme l'usage des longues Parentheses est mauvais, & que les plus courtes se marquent plutôt par les Virgules, cela fait qu'elles sont fort peu usitées à présent : quoi qu'il en soit, lorsque c'est la volonté d'un Auteur, on doit suivre son sentiment, & prendre garde de ne jamais mettre des Virgules, lorsqu'on se sert des Parentheses.

§. II.

Des Crochets. [ ]

LES Crochets servent quelquefois pour marquer quelques discours qui devroit être de caractere italique ou qui seroit transposé, c'est ce qui arrive souvent aux Tables alphabetiques des matieres d'un Livre ; par exemple, si on vouloit chercher le secret pour rendre le *Vin clair*, il faudroit

faudroit prendre le mot principal, qui eſt *Vin*, à la lettre *V*, où on le trouvera ainſi diſpoſé, ☞ *Vin* [Secret pour le rendre clair.]

Ils ſervent auſſi pour renfermer les choſes auſquelles on veut que le Lecteur faſſe attention, & c'eſt principalement dans les Livres d'Egliſe, comme Miſſels, Rituels &c. c'eſt ce qui ſe voit dans cet exemple : *Nôn intres in judicium cum ſervo tuo* [vel *ancilla tua*] *Domine* : *quia nullus apud te juſtificabitur homo, niſi per te omnium peccatorum ei tribuatur remiſſio. Non ergo eum* [vel *eam*] *quæſumus tua judicialis ſententia premat, quem* [vel *quam*] *tibi vera ſupplicatio Fidei Chriſtianæ commendat : ſed gratiâ tuâ illi ſuccurrente, mereatur evadere judicium ultionis, qui* [vel *quæ*] *dum viveret, inſignitus eſt* [vel *inſignita eſt*] *ſignaculo ſanctæ Trinitatis. Qui vivis & regnas &c.*

On s'en ſert encore pour renfermer les Chiffres des Titres courants du haut des pages, lorſqu'on les met au milieu de de la ligne ; cela ſe fait quand il n'y a point de matiere à y placer ; comme auſſi pour renfermer les Lettres Alphabetiques du renvoy des Additions à la marge, ou au bas des pages.

Il ſont encore en uſage dans la compoſition des Vers, lorſqu'on porte la fin d'un Vers dans la ligne de deſſus ; mais cela ne ſe doit pratiquer que dans une grande neceſſité ; exemple :

[*monde.*]
J'aime une amante ingrate, & n'ayme qu'elle au

Crochet en terme d'Imprimerie, ſe dit encore de certains traits ou lignes tantôt droites, tantôt faites en *S*, & recourbées par le bout, qui ſervent à lier & accoler quelques articles qu'il faut lire enſemble, avant que d'aller à des ſubdiviſions qui ſe mettent à côté avec de ſemblables ou moindres *Crochets* dont voici leur figure. ⏟ ⏟ On s'en ſert dans les Généalogies, & ſur tout dans les Traités qu'on veut faire par abbrégé, & diſpoſer en forme de Tables pour en faciliter les diviſions.

PARTIE III.
CHAP. II.
ART. II.
§. 3.

§. III.

De l'Apostrophe (*)

L'APOSTROPHE qui est en forme d'une Virgule, se place souvent devant & au haut d'une voyelle, pour faire voir qu'il y a devant elle une autre voyelle retranchée, comme il se voit dans le mot de *qu'il*, où l'Apostrophe qui est entre l'*u* & l'*i*, marque que l'*e* du mot de *que* est retranché.

Ces retranchemens ne se font qu'aprés ces monosyllabes : *Je*, *te*, *se*, *la*, *le*, *ce*, *de*, *me*, *que*. Exemple de tous : *J'aime*, *il t'aime*, *il s'aime*, *l'ambition*, *l'honneur*, *c'est*, *d'avoir*, *il m'aime*, *qu'il aime*. Et aprés le mot *entre*, si on le met devant ces Pronoms *eux* ou *elles* : exemple ; *Ont ils beaucoup de biens entr'eux* ou *entr'elles ?* Comme aussi aprés le mot *jusque*, s'il est devant les Particules *à*, *au*, ou *aux* ; par exemple, *Allez jusqu'à la maison*, *jusqu'au marché*, *jusqu'aux Alpes.* On écrit aussi *quelqu'un & quelqu'autre.*

Lorsqu'il se rencontre une *ſ* longue devant une Apostrophe, devant un *b* ou une *h*, ou quelqu'autre lettre qui empêcheroit la tête de ladite *ſ* longue de pouvoir s'abaisser à l'égalité des autres lettres, on doit toûjours mettre une *s* ronde, comme il se voit par cet exemple : *s'abstenir*, *deshabiller*, *satisfaire*, & autres semblables.

§. 4. *De l'usage de la Division [-] & comment on doit diviser les Syllabes à la fin des lignes.*

LES Divisions sont en usage pour diviser un mot ; comme lorsqu'à la fin d'une ligne on ne peut point mettre le mot entier, on en transporte quelques syllabes au commencement de la ligne suivante.

OBSERVATION.

On doit observer que les Paragraphes en figure §. se peuvent placer aussi au commencement de la matiere des Titres, comme on le peut voir à celui qui est ci-dessus, lequel on a ainsi disposé pour faire voir la construction de semblables Titres.

On doit avoir soin de bien diviser les mots. Prémierement : Que les syllabes qu'on veut diviser commencent toûjours par une consonne ; comme *conspi-ration*, *essen-tielle*, *agréa-ble* ; & non pas comme ceux qui les divisent ainsi (*conspirati-on*, *essenti-elle*, *agré-able*, *De-us*, *me-us*, *su-us*, *su-um*) & autres mots semblables. PARTIE III. CHAP. II. ART. II. §. 4.

2. Généralement parlant, on ne doit jamais mettre à la fin d'une ligne une syllabe de deux lettres d'une petite épaisseur ; comme [*re-flection*, *té-moignage*, *ca-ractere*,] & autres semblables ; à moins qu'on ne le fît pour faire entrer quelque chose qu'on auroit ômis, & pour s'éviter la peine de remanier plusieurs lignes. On accorde cette licence dans les Ouvrages d'une justification fort étroite, de même que dans les Additions à la marge.

3. Quant aux doubles Lettres qui sont liées ensemble, comme le *ct*, *st*, *ss*, *sl*, *ssi*, *ff*, *fl*, *ffi*, *&c.* on les peut aussi diviser, pourvû que la derniere syllabe ne finisse point par deux consonnes, car ces sortes de divisions sont tout-à-fait defectueuses, & on les doit diviser de cette maniere : *Pasteur*, *Doc-teur*, *divertis-sant*, *dis-locution*, *Gref-fier*, *concus-sionaire &c.*

La Division se place aussi entre les Verbes & leurs Nominatifs, lorsqu'ils sont transposés, & cela arrive toûjours quand il y a une interrogation aprés ces mots ; *je*, *tu*, *il*, *ils*, *elles*, *nous*, *vous*, *on* : exemple, *dis-je*, *vois-tu*, *sont-elles*, *faut-il*, *croit-on*, en la place de ces mots [*je dis*, *tu vois*, *elles sont*, *il faut*, *on croit &c.*]

Quand les Verbes se terminent par un *e* feminin, ou par un *a*, on doit mettre le *t*, qui se trouve entre le Verbe & le Nominatif, entre deux Divisions ; par exemple : *Pense-t-il*, *parle-t-elle*, *aura-t-on*, *dira-t-on &c.*

Il y en a qui mettent des Apostrophes à la place de la seconde division, mais c'est une faute ; vû que l'Apostrophe se place seulement aux endroits où elle rétranche une voyelle devant soi ; & il est évident qu'à ces sortes de Verbes transposés, il n'y a aucune voyelle retranchée ; ainsi on ne doit point mettre d'Apostrophe à ces endroits là.

On met aussi une Division dans les Superlatifs, entre le

PARTIE III. CHAP. II. ART. II. § 4.

mot de *trés*, & les Adjectifs; exemples, *trés-puissant-trés-excellent, trés-haut &c.* comme aussi entre les Pronoms personels qui se prononcent ensemble; comme, *moi-même, vous-même, lui-même, nous-mêmes, eux-mêmes &c.*

On en met encore aux mots qui sont liés ensemble; comme, *tout-à-fait, vis-à-vis, c'est-à-dire &c.*

Autrefois on divisoit aussi les syllabes des mots de lettres capitales de deux-points dans les Titres; mais depuis longtêms on a rétranché cette mauvaise maxime.

Voilà tout ce qui nous a paru être utile & nécessaire pour rendre un Compagnon sçavant & habile dans la Composition. A present nous allons faire voir dans nôtre derniere Partie la methode qu'il faut exactement observer pour faire une bonne Impression.

LA SCIENCE PRATIQUE DE L'IMPRIMERIE.

QUATRIÉME PARTIE.

Contenant les Instructions nécessaires pour faire une bonne Impression.

ON doit certainement faire autant d'estime d'un bon Imprimeur que d'un bon Compositeur ; parce que c'est lui qui couronne l'œuvre : Car si l'impression d'un Livre est rempli de pâtés, *a* de moines *b* & d'autres défauts semblables, le Livre est tellement méprisé, que bien loin de se donner la peine d'examiner s'il est bien correct, & si l'ornement & la construction des Titres sont dans leur ordre, on ne daigne pas seulement le regarder ; de sorte que la

a C'est lorsqu'un Imprimeur remplit sa forme d'encre, faute de n'avoir pas distribué ses bales.

b C'est une feuille mal imprimée, dont une partie n'a point pris d'encre, de sorte qu'elle est en partie blanche & en partie noire

OBSERVATION.

Si l'on n'a point ici suivi la même construction des Titres de la II. & III. Partie, on l'a fait à dessein, afin de faire voir l'ornement de la repetition du Titre de la premiere page, pour le faire servir de modele lorsqu'on le voudra placer à autant de Parties qu'il y aura dans un Livre.

PARTIE IV. réputation d'un habile Compositeur dépend en quelque façon de la bonté de l'Impression.

Pour cet effet, je me propose de montrer les causes, chacune en particulier, des défauts qui peuvent survenir dans l'Impression, & le vrai moyen d'y remedier : & comme la plus grande partie consiste dans le foulement d'une Presse, & d'autres défauts qui y arrivent, je commencerai par donner la connoissance de la disposition de tous ses membres, afin de pouvoir imprimer sans être obligé de mettre des hausses sur le tympan, & c'est particulierement en cela que consiste la bonne impression.

Ceux qui ne sçavent point les noms de chaque membre, dont la Presse est construite, pourront l'apprendre par le moyen de l'Explication de ces deux planches qui representent la Presse, lesquelles on a placé ici pour faire connoître plus facilement le défaut de chaque membre.

Nous avons placé ces deux planches de la Presse, l'une au commencement, & l'autre à la fin des matieres dont elles traitent, & quand on en fera la lecture, on pourra déplier ces deux figures, afin qu'en tournant les feuillets, on puisse les voir facilement devant les yeux.

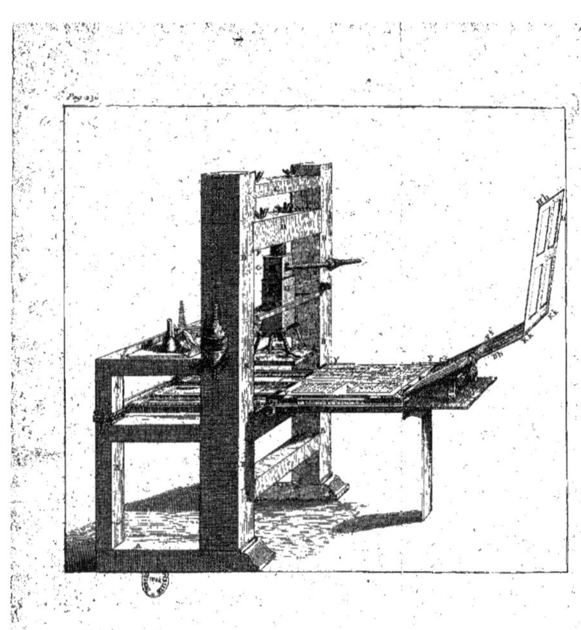

EXPLICATION

Des noms de chaque piece dont la Presse est construite

A *LE train du derriere de la Presse.* C'est l'assemblage qui soûtient tout le corps de la Presse, & sur lequel on pose l'encrier,

B *Les Jumelles.* Ce sont les deux plus longues pieces qui sont à plomb, & qui soûtiennent la Vis & l'Ecrou de la Presse.

C *Le Chapeau de la Presse.* C'est la piece de bois qui est assemblée au dessus des deux Jumelles pour les tenir stables.

D *Le Sommier d'en haut.* C'est la piece de bois où est enchassé l'écrou de la Vis de la Presse ; cette piece a un double tenon aux deux bouts, qui entrent aussi dans les doubles mortaises qui sont a chaque côté des deux Jumelles.

E *Le Sommier d'en bas.* C'est la piece de bois sur lequel tout le train de la Presse roule ; cette piece a aussi un double tenon aux deux bouts, de même que la précedente.

F *La Vis de la Presse.* C'est une piece de fer ronde, & cannelée en ligne spirale, & qui entre dans un écrou qui l'est de même, en sorte que s'engageant l'une dans l'autre, ils font un trés-grand effort pour presser. La Vis à 4. filets est beaucoup meilleure que celle qui n'en a que 3.

G *L'arbre de la Vis.* C'est la piece de fer ronde, au bout de laquelle est la Vis, qui entre dans l'écroue ; cette piece a trois noms ; sçavoir depuis son commencement jusqu'à l'endroit où sont les troux pour faire entrer le Bareau, elle s'appelle *Vis* ; le milieu *l'Arbre*, & son extremité le *Pivot*.

H *La Boete.* C'est un morceau de bois prés d'un pied de long & de quatre pouces en carré, lequel est perçe d'outre en outre de sa longueur, en diminuant de largeur selon la grosseur & la forme de l'arbre de la vis, afin que le *Pivot* dudit Arbre descende en droite ligne dans la Grenouille.

I *La Clef de la Vis.* C'est un morceau de fer plat, plus large par le commencement que par le bout, lequel se met au trou de l'Arbre qui est au bas de la *Boete* ; c'est ce qui soûtient la Platine qui est attachée aux quatre coins de la *Boete*. Autrefois on mettoit la *Clef* au milieu de la *Boete*, mais cet usage est aboli depuis peu de têms.

K *La Tablette.* Ce sont deux petites planches qui se joignent ensemble ; elles sont attachées à chaque côté des Jumelles par deux mortaises en queue d'aronde. Cette *Tablette* sert principalement à maintenir la *Boete* dans son niveau, afin que la Platine de la Presse soit toûjours dans son équilibre, sans balancer d'un côté ou d'autre.

L *Le Pivot.* C'est l'extremité de l'Arbre de la Vis.

M *La Grenouille.* C'est un morceau d'acier creux enchassé dans le milieu du sommet de la Platine, dans lequel le *Pivot* tourne.

N *La Platine.* C'est une piece de cuivre ou de bois bien unie, laquelle foule sur la forme par le moyen de la Vis qui presse dessus, elle est attachée au quatre coins avec des ficelles, & dans d'autres endroits avec des vis.

O *Le Bareau.* C'est la barre de fer, au bout de laquelle il y a un manche de bois, qui sert à faire tourner la Vis pour presser sur la Forme.

P *Berceau.* Ce sont deux longues pieces de bois qui sont attachées tout le long de la Presse, & posées sur le Sommier d'en bas, lesquelles sont faites en façon d'une coulice, pour faire glisser le Coffre sans balancer d'un côté ou d'autre.

Q *Les petites Poutres ou Bandes de fer.* Ce sont deux pieces de bois qui tiennent ensemble avec le Berceau par un assemblage, sur lesquelles il y a une bande de fer tout le long, afin de faire rouler tout le train de la Presse, comme le *Coffre*, le *Marbre*, sur lequel on pose les *Formes*, le *Tympan* & la *Frisquette*.

R *Le Rouleau.* C'est un rond morceau de bois, où sont attachées les Cordes, pour faire rouler tout le train de la Presse.

S *Les Cordes du Rouleau.*

T *La Manivelle.* C'est un manche de bois qui est au bout de la broche du Rouleau, elle sert à faire rouler le train de la Presse.

V *Le Coffre.* C'est un assemblage de 4. pieces de bois de 4. doigts de hauteur & de trois doigts d'épaisseur, dans lequel est enchassé le Marbre.

X *La Table.* C'est une planche de chêne, qui est attachée dessous le Coffre.

Y *Cantonnieres.* Ce sont des morceaux de bois ou de fer qui sont attachés aux quatre coins au dessus du Coffre, afin de tenir la Forme dans sa même situation, par le moyen des coins de bois qu'on serre entre les *Cantonnieres* & le Chassis de ladite Forme.

Z *Les Pates.* Ce sont des bandes de fer de la largeur d'un pouce, & d'un demi pouce d'épaisseur, lesquelles s'attachent prés de cinq doigts de distance l'une de l'autre, dessous la Table du Coffre; lesquelles *Pates* glissent dessus les deux bandes de fer qui sont attachées dessus les deux petites Poutres.

Aa *Le Marbre.* C'est la pierre qui est enchassée dans le creux du Coffre, sur lequel on pose les Formes pour imprimer.

Bb *Le grand Tympan.* C'est une feuille de parchemin collée sur un chassis de bois, lequel est attaché au bout du Coffre avec deux charnieres : il sert à poser les feuilles dessus pour les imprimer.

Cc *Les Couplets du Tympan.* Ce sont des fiches à doubles nœuds, ou charnieres, qui servent de pentures, comme pour les portes ou fenêtres, parce que ce sont deux pieces de fer qui se joignent & s'accouplent ensemble.

Dd *Le petit Tympan.* C'est une feuille de parchemin collée sur un petit chassis de bois, lequel s'enclave dans le grand Tympan.

Ee *Chevalet du Tympan.* C'est une petite barre de bois aussi longue que la largeur du Tympan, assemblée en travers sur deux petites barres de bois qui sont enchassées à plomb dans des mortaises derriere le Tympan dans la planche du Coffre. Ce Chevalet sert à soûtenir le Tympan un peu courbé, en forme de pupitre.

Chevalet de la Presse. C'est un morceau de bois en forme de biseau, lequel sert uniquement à soûtenir le Bareau aprés que l'Imprimeur a tiré son coup, & s'attache avec une vis qui traverse la Jumelle.

Ff *Les Pointures.* Ce sont deux longues & minces Languettes de fer, au bout desquelles il y a une pointe attachée, qui perce les bords de la feuille de papier qu'on imprime, & par ce moyen on fait rencontrer les lignes de chaque page du côté opposé à celui qui vient d'être imprimé.

Gg *Les Vis des Pointures.* Servent à soûtenir les Pointures à chaque côté du Tympan.

Hh *La Frisquette.* Est un chassis de quatre bandes de fer qu'on met sur le Tympan, & sur la feuille qu'on veut tirer, laquelle est couverte de deux à trois feuilles de Papier collée ensemble, & qui ne laisse que l'ouverture de la Forme qu'on veut imprimer, & couvre tout le Papier blanc qui doit être en marge pour empécher qu'il ne macule.

I i *La Languette.* C'est une petite piece de fer fort mince qui est attachée au chassis de la Frisquette, pour faciliter l'Imprimeur à la lever ou l'abaisser à mesure qu'il imprime chaque feuille de Papier.

Kk *Les Couplets de la Frisquette.* Ce sont deux pentures qui sont attachées au bout du grand Tympan & à la Frisquette, par le moyen desquelles la Frisquette s'ouvre & se ferme sur le Tympan.

L l *Les Vaches.* Ce sont des Cordes attachées aux deux bouts du devant du Coffre, & elles sont arrêtées à l'assemblage du derriere de la Presse, afin que ledit Coffre n'avance point plus qu'il ne faut.

Mm *Les Clavettes.* Ce sont deux petites rondes Chevilles de fer à tête par un bout, qui s'enchassent dans les pentures pour joindre la Frisquette avec le grand Tympan.

Nn *L'Arbre* ou *la Broche du Rouleau.* C'est une barre de fer, carrée dans le milieu, de l'epaisseur d'un bon doigt, & ronde aux deux bouts, laquelle traverse au milieu & par la longueur du Rouleau de la Presse.

Oo *Les Pitons.* Ce sont deux fiches fendues & plattes, & percées en forme d'anneau, qui sont attachées aux deux côtés en dehors du Berceau pour soûtenir la Broche du Rouleau suspendue.

CHAPITRE I.

De la connoissance d'une Presse, & le moyen de remedier à ses défauts.

ARTICLE PREMIER.

De la construction des differentes pieces d'une Presse avec des observations sur les défauts qui y arrivent.

LORSQU'ON veut faire construire une Presse toute neuve, on doit prendre un habile Menuisier, afin qu'il fasse toutes les pieces de la charpente bien justes ; car c'est en quoi consiste la bonté d'une Presse.

La place où on doit poser une Presse doit être bien au niveau ; afin que la Presse soit bien en droite ligne, & qu'elle ne panche point plus d'un côté que de l'autre ; & à ce défaut, on haussera les *Jumelles* B, & le train de derriere par le pied.

Elle doit être exposée du côté du couchant ou du nord, afin que l'ardeur du soleil ne séche point le papier des Imprimeurs ; autrement il faudroit avoir soin de boucher les fenêtres, dans le têms que le soleil donneroit sur le papier ; & cela se doit observer principalement quand on imprime en rouge & noir, de crainte que le papier qui est fort mouillé dans son commencement, ne vienne à se retirer à la retiration du noir ; de sorte que ce qui seroit imprimé en rouge, ne pourroit se rencontrer directement avec les lettres des mêmes lignes qui doivent être en noir, & feroit le même effet pour le registre.

Nous ne traiterons point en particulier du train du derriere de la Presse A, qui fait la figure d'une chaise carrée, &

qui ne sert que pour soûtenir la Presse dans son équilibre, non plus que des *étanchons*, qui sont par dessus les *Jumelles* B, & qui ne servent que pour empêcher que la Presse ne balance d'un côté ni d'autre lorsqu'on tire le *Bareau* O, d'autant plus que c'est le devoir d'un Menuisier de faire les Mortaises & les Tenons *a* de l'assemblage d'une machine dans toute leur regularité ; c'est ce que ce *Train* demande, aussi bien que les autres pieces du *Berceau* P, ausquelles il peut arriver quelques défauts pour l'impression ; c'est ce qu'on peut voir fort distinctement dans la seconde Planche qui répresente la Presse, où le *Coffre* V est renversé, afin de mieux faire connoître en quoi consiste la grande justesse d'une bonne Presse. Ainsi nous commencerons ces Observations par les pieces que nous appellons *Jumelles* B, & en terme de Menuiserie, *Montans*.

a Mortaise, en terme de Menuiserie, c'est un trou, fait dans l'épaisseur du bois, & équarri avec le ciseau, pour y faire entrer le *tenon* d'une autre piece de bois dont on prétend faire l'assemblage.

OBSERVATIONS.

1°. On doit faire observer au Menuisier, quand on fait faire une nouvelle Presse, que les deux *Sommiers* D, E, doivent avoir des doubles Tenons, lorsque celui d'enhaut D, est soûtenu avec des Vis, lesquelles sont arrêtées par dessus le *Chapeau* C, par deux écroux : mais quand ledit *Sommier* D, est soûtenu par des coins, les Tenons du *Sommier* D, seront simples, & doivent passer prés d'un demi-pied dehors les Mortaises à jour de chaque côté des *Jumelles* ; afin que les *Coins*, avec lesquels on abaisse ou on releve ledit *Sommier* D, ne glissent point dehors les Mortaises. La methode de faire soûtenir ce *Sommier* D, avec des Vis, est beaucoup meilleure.

L'ouverture des mortaises du *Sommier* D, doit être tant soit peu plus large que l'épaisseur de leurs Tenons ; afin que le *Sommier* D, ne soit point gêné, soit pour l'abaisser, soit pour le relever.

Il faut toûjours abaisser le *Sommier* d'enhaut D, autant d'un côté que de l'autre, afin qu'il soit toûjours au niveau ; autrement il feroit fouler la *Platine* N, plus d'un côté que d'autre, ou bien il feroit rester le *Bareau* O, sur la Forme, comme immobile & sans mouvement ; de sorte qu'il ne retourneroit point seul sur son *Chevalet*. On doit observer que la distance d'une *Jumelle* à l'autre doit être égale depuis le haut jusqu'en bas, c'est-à-dire, depuis le *Chapeau* C, jusqu'au travers qui est plus bas que le *Sommier* E, d'en bas.

2°. Le *Sommier* d'en bas E, sur lequel roule tout le train de la Presse, doit être bien uni & au niveau, & de l'épaisseur de prés d'un pied, attendu qu'il souffre le plus grand fardeau.

3°. Il faut que l'entaille du trou du *Sommier* D, dans lequel on pose l'*Ecrou* de la *grande Vis* F, soit bien taillé en droite ligne, car si cet *Ecrou* n'étoit point bien posé à plomb & dans son équerre, le bout de la *Vis*, c'est ce qu'on appelle le *Pivot* L, ne sçauroit descendre perpendiculairement dans le milieu de la *Grenouille* M, & ce défaut feroit varier la *Platine* N, toutes les fois qu'on viendroit à tirer le *Bareau* O; de sorte qu'elle se jetteroit contre les bords du *petit Tympan*, & feroit doubler l'impression; c'est ce qui arrive souvent: ainsi cela demande une grande attention.

4°. Pour rendre le coup du *Bareau* O, doux, il faut que les Mortaises du *Sommier* D d'enhaut, soient prés de quatre doigts plus longues, que l'épaisseur dudit *Sommier*; afin d'y pouvoir mettre du feutre par dessus, c'est ce qui rend le mouvement de la *Vis* F, fort doux, & qui soulage beaucoup celui qui tire le *Bareau* O: il n'en faut cependant point mettre plus que de raison attendu que la grande quantité rendroit ledit coup trop long; & dans ce cas, il en faut ôter, & remplir le creux de ces Mortaises avec des bandes de carton fort, ou même de quelques morceaux de bois.

Il se trouve une quantité de Presses dans lesquelles, lorsqu'on veut abaisser le *Sommier* D, d'enhaut pour racourcir *le coup du Bareau*, il se rencontre un autre inconvenient qui est, *que le Tympan ne peut passer dessous la Platine* N, *qu'à grande force*, de sorte qu'on est obligé de laisser le coup du *Bareau aussi long qu'il étoit auparavant* sans pouvoir y apporter aucun soulagement. En quoi consiste donc ce défaut, si ce mal ne provient point de ce que le *Sommier* d'enhaut est trop élevé? Cela provient uniquement de ce que les *filets de la Vis* F, *n'entrent point dans leur propre entrée de l'Ecrou*; c'est ce que nous allons enseigner, par la demonstration de cette figure qu'on a placé ici, qui represente naturellement *les quatre filets* dont la *Vis* F, est construite, de même que son *Ecrou*, auquel on voit assez visiblement les *quatre Entrées*, où loge *chaque filet de cette Vis*.

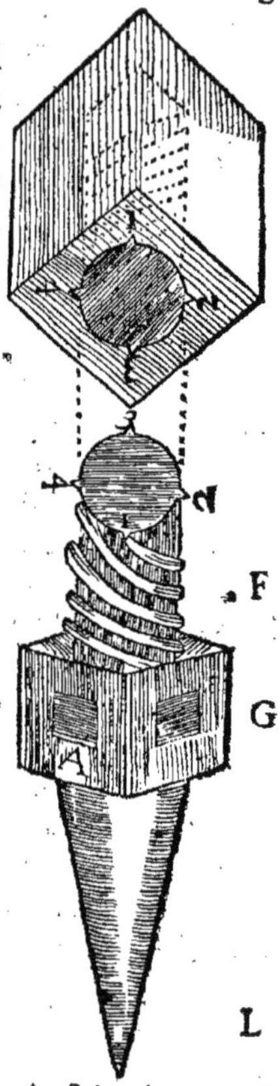

¶ Ainsi pour remedier à ce défaut, qui est d'une si grande consequence, on n'a qu'à demonter tout doucement la *vis* F, hors de son *Ecrou*, en observant de faire entrer *un filet de la Vis*, qu'on supposera être le numero 1. *dans la seconde Entrée de l'Ecrou du côté du Chevalet qui arrête le Bareau*: Par exemple, si le *filet de la Vis* numero 1. a logé dans l'*Entrée de l'Ecrou* aussi numero 1, on doit le changer de situation, en tournant la *Vis* un quart de tour *du côté du Chevalet*, afin de faire entrer *le filet de la Vis du numero* 1. dans l'*Entrée de l'Ecrou du numero* 2. ainsi *le second filet de la Vis* entrera dans l'*Entrée* de l'*Ecrou* du numero 3; le troisiême *filet de la Vis* dans l'*Entrée de l'Ecrou* du numero 4, & le quatriême *filet* entrera dans l'*Entrée de l'Ecrou* du numero 1. & par ce changement le trou où entre *le Bareau*, qui est marqué d'un A, se trouvera plus à la droite du côté où est le G.

Voilà en quoi consiste le secret de rendre le coup *du Bareau* plus court qu'il ne l'étoit avant ce changement; & on ne sçauroit croire quel avantage on en retire: car, outre qu'on n'est point obligé de faire aucun mauvais plis au *Bareau* (comme j'ai vû faire à quantité de Presses dans plusieurs Villes de France & d'Italie, sans y pouvoir apporter beaucoup de soulagement) on a encore l'agrement de voir que *la Platine* de la Presse foule beaucoup mieux sans être obligé de mettre un si grand nombre de Blanchets dans le Tympan. J'ai découvert ce Secret à force d'étudier pour trouver un moyen de pouvoir remedier à une chose qui étoit inconnu d'un chacun jusqu'à present, & cependant si necessaire pour le soulagement des Compagnons qui travaillent à la Presse. Ceux qui en feront l'épreuve, comme je l'ai fait moi-même, connoîtront avec plaisir que je n'avance rien qui soit contraire à la verité.

Quand le coup du *Bareau* est trop court, on n'a qu'à relever *le Sommier* d'enhaut D : Pour cet effet on ôte quelques morceaux de feutre ou de carton aux deux côtés des doubles Mortaises des *Jumelles*, ensuite on fait descendre *la Platine* N, dessus le Tympan Bb, garni de ses blanchets, & on tire de toute sa force *le Bareau*, pendant qu'un autre Compagnon resserre les *Ecroux* des deux Vis qui sont par dessus *le Chapeau* de la Presse C.

Quant au *Chevalet de la Presse*, qui est attaché à la *Jumelle* droite, il n'y peut arriver aucun accident pour l'impression : on doit avoir soin seulement de le bien arrêter, d'une maniere que *le Bareau* O, s'arrête dessus avec un peu de force. Si ce *Chevalet* vient à être engraissé, soit par accident, soit par la malice des Compagnons, il faut le frotter avec du vieux linge ou avec du papier, & ensuite le blanchir avec de la craye ; cela empêche ledit Bareau de glisser.

5°. Aprés qu'on aura fait tenir l'*Ecrou* dans le milieu du *Sommier* D, par le moyen de deux vis qui perçent ledit Sommier, on fera entrer *la Vis de la Presse* dans ledit *Ecrou*, & on la fera tenir perpendiculairement en droite ligne ; de sorte qu'elle ne panche point plus d'un côté que de l'autre, afin de faire l'entaille de la *Tablette* B, si juste, qu'il n'y ait presque point de jour entre l'entaille & *la Boete* H ; autrement on seroit obligé de mettre des reglettes, pour empêcher *la Platine* N, de varier : mais comme ces reglettes viennent souvent à tomber, ce qui fait perdre beaucoup de têms aux Compagnons à les remettre, le moyen le plus certain est d'en faire faire une autre de la même justesse que je viens de dire ; & pour cet effet, on doit jetter le plomb pour voir si le Pivot, qui est l'extremité de la Vis, se rencontre directement vis-à-vis le cordeau, & quand on verra qu'il sera dans son *point fixe*, le Menuisier doit tracer l'entaille de la *Tablette* bien juste au carré de *la Boete* H.

6°. Cette *Tablette* K, doit être de bois de chêne bien sec, d'un pouce d'épaisseur: elle se partage dans le milieu de sa largeur. A chaque bout de cette *Tablette* il y a un Tenon en queue d'aronde qui entre dans de semblables Mortaises, qui sont faites dans une ouverture de chaque côté des *Jumelles*, où l'on enchasse deux clefs de bois en forme de biseau à grande force, afin que cette *Tablette* soit bien ferme & qu'elle puisse resister à la force du mouvement de *la Vis* F. Elle ne sert que pour soûtenir *la Platine* N, qui est attachée aux quatre coins de *la Boete* H, dans sa même situation, & pour empêcher que *ladite Platine* ne fasse point des bonds contre *le Tympan*, ce qui feroit doubler l'impression.

7°. La *Grenouille* M, qui est l'endroit où repose *le Pivot* L, est ordinairement de fer, & dans son creux il y a un dez d'acier lequel doit être d'une trempe aussi dure que le bout du *Pivot*; car si l'un est moins dur que l'autre, il sera bientôt usé. On doit avoir soin d'y mettre de l'huile de têms en têms, aussi-bien qu'à l'*Ecrou* de la grande Vis F; & lorsqu'il y a une quantité de crasse dans l'une ou dans l'autre (c'est ce qu'on s'apperçoit quand *le Bareau* à de la peine à retourner seul sur *son Chevalet*) il y faut verser un demi verre d'urine chaude; elle a la vertu de chasser la crasse qui s'attache à l'airain ou au fer; & aprés qu'on aura vû sortir cette crasse, qui est comme une liqueur gluante, ce qui se fait en moins d'une demi heure de travail, on doit y verser de l'huile d'olive, & on ne doit point se servir d'autre pour huiller tous les ferremens de la Presse. Si aprés avoir fait tout cela, il arrive que *le Bareau* O, ne retourne pas encore tout seul sur *son Chavalet* & qu'il reste comme immobile sur le Tympan, c'est une marque que le bout du *Pivot* ou le dez d'acier qui est dans *la Grenouille* sont usés; dans ce cas, il faut délier *la Platine* N, & faire racommoder ce qui sera usé, car cela empêche qu'elle ne puisse fouler.

8°. La *Platine* N, doit être bien polie & dressée au niveau; car s'il s'y rencontre des creux en differents endroits, cela fait qu'on sera obligé de mettre des hausses sur *le Tympan* Bb, pour faire fouler l'impression dans les endroits où seront ces défauts.

Pour attacher cette *Platine* aux quatre crochets qui sont aux quatre coins de *la Boete* H, on doit la poser sur le Tympan, garni de ses blanchets, en observant de faire en sorte qu'il y ait une égale distance de chaque côté, entre les bords de *la Platine* & le *Tympan*, pour le moins de l'épaisseur d'un cadrat de petit Canon: car quand elle est si proche des bords *du petit Tympan*, elle pourroit chopper contre, par les sécousses qu'elle fait, soit en tirant *le Bareau*, ou quand il retourne à sa place; & cet accident feroit frisotter l'impression ou doubler des pages entieres.

Si on a remarqué que *la Platine* N, étant liée, baisse plus d'un côté que de l'autre, soit par la largeur, soit par la longueur, on doit mettre une demi-main de papier plus ou moins, dessous lesdits endroits, afin de la rendre droite; pour lors on fait rouler le train, jusqu'à ce que *le Pivot* L, descende directement dans le milieu de *la Grenouille* M, sans le contraindre; ensuite on fait arrêter *le Bareau* avec quelques morceaux de bois, en tirant de toute sa force; aprés on lie la *Platine* aux quatre coins de *la Boete* H, avec de la bonne ficelle, que l'on doit cirer, afin qu'elle ne se lâche point si facilement.

9°. *Les petites Poutres* Q, sur lesquelles reposent les bandes de fer, doivent être d'une égale épaisseur, de même que lesdites bandes, sur lesquelles roulent *les Pattes* Z, qui sont attachées dessous *le Coffre* X, & pour voir si elles sont bien justes, on doit poser un niveau dessus lesdites bandes; & si l'une est plus haute ou plus basse que l'autre, on la doit diminuer d'épaisseur ou la relever, en mettant quelque reglette dessous.

10°. *Le Berceau* P, sert pour que tout le train du Coffre de la Presse V, X, Aa, Bb, ne remue point plus d'un côté que d'autre par le moyen de deux battemens qui sont à chaque côté & qui tiennent la planche, sur laquelle est attaché le Coffre V, dans son arret; afin que les coins du Coffre ne se jettent point contre *les Jumelles* B. L'enfoncement de ces battemens *a* doit être de la même hauteur des *petites Poutres*, sans comprendre l'épaisseur des barres de fer; autrement le train ne rouleroit qu'avec peine, dans le têms que la planche du Coffre reposeroit dessus, ce qui arrive lorsque *les Pattes* viennent à s'user, attendu que le derriere de *la Table* du Coffre est sujet à se courber; soit par le moyen de

a Battement, est une tringle de bois qui cache l'endroit où les ventaux d'une porte se joignent.

l'eau qui tombe dessus, en rafraichissant le Tympan, soit par la force de la corde qui est attachée au rouleau du *Chevalet* derriere ledit Tympan.

Ces battemens, autrement dit, Arrets *du Berceau*, doivent être de l'épaisseur d'un demi-pouce, & il ne doit y avoir que l'épaisseur d'un cadrat de gros Romain de distance entre lesdits Arrets & le bois du *Chassis du Coffre*, afin que le bois *dudit Coffre* ne soit point sujet à chopper contre lesdits battemens, lorsque les *Pattes* ou les *Bandes de fer* viennent aussi à s'user.

On doit remarquer aussi qu'il doit y avoir une semblable distance entre le *Berceau* P, & les *Jumelles* B, afin de pouvoir serrer le train du *Coffre*, lorsqu'il est trop élargi ; c'est ce qui se fait par le moyen de deux reglettes de bois, en forme de biseau, que l'on frappe entre lesdites *Jumelles* & le *Berceau* P.

11°. Les *Paties* Z, que l'on attache dessous la *Table* X, sur laquelle tout le train du Coffre est attaché, doivent être d'une si grande justesse, qu'il n'en faut qu'une qui soit plus élevée que les autres, pour causer un accident trés grand à l'Impression : car quand cela arrive le train est sujet à faire des bonds & des sauts; ce qui fait que l'Impression double en differentes places.

¶ Pour voir si elles sont d'une égale hauteur, on doit poser une regle dessus ces *Pattes* Z, & voir si elle les touche toutes ; & s'il s'en trouve de plus basses, ou de plus élevées, on doit y remedier incontinent, & plus *ces Pattes* sont proches l'une de l'autre, c'est le meilleur ; & on doit faire en sorte que les deux dernieres du côté du chevalet du *Tympan*, reposent sur les bouts des bandes Q, lorsque le train est entierement ouvert; de sorte qu'on puisse reposer le *Tympan* sur le Chevalet.

12°. *Le Coffre* V, qui est semblable à un chassis de fenêtre, doit être d'un bois bien sec ; il doit avoir un peu plus de profondeur, que l'épaisseur du *Marbre* A a, qu'on veut mettre dedans ; afin qu'on y puisse mettre un *Lit* de son, lequel est meilleur que toute autre chose ; car si on posoit le *Marbre*, sans rien mettre dessous, il se casseroit facilement, pour peu qu'il portât à faux.

¶ Il

¶ Il y en a qui font ce *Lit* de plusieurs feuilles de Papier, & d'autres de Sable ; mais l'un & l'autre ne convient point ; car en mettant du Papier, il ne se peut faire qu'il n'y ait toûjours quelques places creuses, vû que le Papier qui se rencontreroit sur les rivûres des cloux qui percent le fond du *Coffre*, X, & par lesquels les *Pattes* Z, sont attachées, seroit toûjours plus élevé que dans les endroits où il n'y auroit point de rivûres ; de sorte que le *Marbre*, qui ne poseroit jamais à plomb, seroit sujet à se casser. Le Sable feroit veritablement un *Lit* aussi uni que le Son ; mais s'il se rencontroit la moindre fente, ou trou de ver, dans la planche X, qui fait le fond du *Coffre*, il se tamiseroit à travers, tomberoit sur les *bandes de fer* Q, & feroit que le train ne rouleroit qu'avec peine ; mais le Son n'est pas mouvant comme le Sable, & se met en masse à mesure qu'il vieillit ; c'est pourquoi il est le meilleur des trois.

Quant à la largeur du *Coffre*, V, il doit y avoir l'épaisseur d'un cadrat de petit canon de distance de chaque côté entre ledit *Coffre* V, & les deux *Jumelles* B, afin qu'il ne puisse toucher contre les *Jumelles* ; c'est ce qui se pourroit faire, s'il y avoit trop d'ouverture entre les *arrêts du Berceau* P, & la *Planche* X, sur laquelle le *Coffre* est attaché ; & par cet accident le *Tympan* Bb, pourroit se jetter contre la *Platine* N, & feroit frisotter ou doubler le bout des pages les plus proches du coup ; c'est ce qui arrive souvent, sans que les Ouvriers en puissent découvrir la cause.

13°. Pour la *Planche* X, sur laquelle repose tout le *train* ; comme le *Chassis du Coffre*, *le Marbre*, *le grand & le petit Tympan*, *&c.* Elle doit être pour le moins de l'épaisseur d'un pouce, & d'une égale épaisseur par tout, & bien unie : On la fait d'un pied plus longue que le *Coffre* V ; & pour sa largeur, elle doit être presque aussi large que la distance de l'enfoncement du *Berceau* P ; de maniere qu'il n'y ait qu'un peu d'espace des deux côtés des *arrêts dudit berceau*, afin que le *train* soit plus libre.

14°. Le *Marbre* A a, doit être posé au niveau, dans le *Coffre* V ; & pour sçavoir s'il est bien uni, on n'a qu'à poser une regle droite par dessus ; & voir s'il n'y a point de jour entre la regle & ledit *Marbre* ; & si l'on y en voit, on doit faire user les places qui seront plus hautes, pour le rendre bien uni ; car c'est d'où provient qu'un Imprimeur est obligé de mettre si souvent des hausses sur son *Tympan* ; ce qu'il ne peut éviter, lorsqu'un *Marbre* à de semblables défauts : Ainsi on doit bien faire attention pour le rendre dans la justesse qu'une semblable piece demande.

Pour poser ce *Marbre* dans *le Coffre*, on doit premierement épandre le plus gros Son qu'on puisse trouver dans ledit *Coffre* V, & le plus uniment qu'il sera possible, de l'épaisseur d'un cadrat de Parangon. On affermit ce Son en pressant dessus de toute sa force avec un morceau de planche ; ensuite deux personnes tiennent *ce Marbre* élevé par le moyen de deux bonnes ficelles, & le laissent descendre tout doucement dans *ledit Coffre* sur ce lit de Son. Ce *Marbre* étant ainsi placé, on pose un niveau dessus pour voir s'il n'est pas plus élevé d'un côté que d'un autre, & si ce cas arrive, on ôte *ledit Marbre* hors de son *Coffre*, pour y ajoûter du Son du côté qu'il est moins élevé ; c'est ce qu'on doit faire jusqu'à ce qu'il se trouve bien posé au niveau : ensuite on fait entrer les bouts des ficelles qui restent dessous *ce Marbre*, dans le vuide qu'il y a entre les bords *dudit Marbre & le Coffre* ; lequel vuide on remplit avec des reglettes de bois, afin que les lettres ou les espaces ne tombent point dedans lorsqu'on vient à corriger une Forme.

Toutes les fois qu'on voudra élever *ce Marbre*, on ôtera ces reglettes pour faire sortir les quatre bouts de ces ficelles, sans lesquelles il seroit impossible de faire sortir *le Marbre* (supposé qu'il y auroit fort peu de distance entre *ledit Marbre* & le Chassis *du Coffre*) hormis que de renverser tout doucement *ledit Coffre*, ce qu'on ne doit jamais faire, sinon que ces ficelles vinssent à se casser.

On doit avoir la précaution de conserver ce lit de Son dans son entier ; car plus il est vieux, plus il est affermi & meilleur pour cet usage.

¶ On doit observer aussi que le *Marbre* doit être tant soit peu plus élevé que *le Coffre* V, afin que le Chassis de la Forme, qui repose ordinairement sur le bois du Coffre, ne soit point si élevé; car si *le Marbre* se trouvoit plus bas que le bois dudit *Coffre*, il pourroit arriver que le chassis de la Forme se trouveroit presque à la hauteur de la lettre, & que l'épaisseur du fer de la Frisquette venant à poser dessus ledit Chassis, la *Platine* ne pourroit fouler dessus la lettre de la Forme, à cause qu'elle porteroit sur les deux bouts du Chassis, qui se trouveroit plus élevé que les pages de la Forme. Cela merite une grande attention.

15°. Les *Cantonnieres* Y, qui servent pour arrêter la Forme sur le *Marbre*, ne doivent point être plus élevées que les bords du Chassis de fer, dans lequel on impose les Formes. *a*

a On trouvera la construction des Chassis dans l'article suivant.

Il faut observer que les deux *Cantonnieres* de devant, doivent être posées d'une maniere, que les couplets de la Frisquette ne tombent point dessus, car s'ils tombent directement dessus, cela fera que le *Tympan* aura de la peine à passer librement dessous la *Platine* N; de sorte qu'on sera obligé de relever le *Sommier* D, afin de donner la liberté au *Tympan* de passer librement dessous la *Platine*, & par cet inconvenient, le coup se trouvera trop long.

16°. Les *Couplets* Cc, pour attacher le grand *Tympan*, doivent être posés d'une même égalité, & un peu plus élevés que la hauteur de la lettre; car si ces *Couplets* étoient posés plus bas, le *Tympan* se tiendroit élevé sur le devant; de sorte qu'il ne pourroit point passer dessous la *Platine*, au lieu qu'il doit avoir un peu de panchant pour y passer avec facilité: de maniere que ce défaut causeroit le même accident que nous venons de dire au sujet des *Cantonnieres*, quand elles se rencontrent dessus les couplets de la Frisquette.

Ces *Couplets* doivent être aussi justes qu'une charniere, qui est veritablement leur nom & figure; car c'est d'où dépend entierement le bon registre: & pour les attacher d'une égale hauteur, on doit poser le niveau dessus.

On doit attacher ces *Couplets* avec des Vis à platte tête, qui percent le bois du Chassis du *Coffre*, en faisant une entaille pour faire venir les têtes de chaque Vis à l'égalité du bois; & on les ferme avec des Ecroux plats du côté de la gouttiere, qui sert à écouler l'eau qu'on jette sur le Tympan; & cette methode est beaucoup meilleure que de se servir de cloux ; car on n'eſt point en danger de fendre le bois de ce Chaſſis, lequel étant ainſi fracaſſé, leſdits Couplets ne peuvent être ſans balancer d'un côté ou d'autre.

17°. Le grand *Tympan* Bb, peut être auſſi large que le *Coffre* V, & même quand il ſeroit un peu moins large, il n'en ſeroit que meilleur. On doit avoir ſoin en l'attachant, qu'il y ait une égale diſtance des deux côtés de la *Platine*, & ſe ſervir de Vis à platte tête, qui percent le bois dudit *Tympan*, de même que celles dont on doit attacher les Couplets au bois du *Coffre*.

On doit auſſi exactement obſerver, en attachant les Couplets de ce *Tympan* d'une égale hauteur, que ce Tympan doit être un peu plus élevé par derriere que ſur le devant, pour les mêmes raiſons que nous avons dit au nombre 16.

18°. Pour le *petit Tympan*, qui eſt de la même forme que le grand, ſon aſſemblage doit être de la même hauteur que celui du grand *Tympan*, & de la largeur d'un bon doigt de chaque côté. Sur le derriere, il peut être encore une fois plus large, afin que ſon aſſemblage en ſoit plus ſolide ; & le devant doit être d'une bande de fer, avec deux minces languettes de fer, en forme de langue de ſerpent, qu'on doit faire paſſer deſſous la bande de fer du grand *Tympan* ; afin que le train paſſe plus facilement deſſous la *Platine*.

¶ On doit obſerver que les bandes de ces deux Tympans doivent être au moins d'une ligne d'épaiſſeur, ſur la largeur de prés d'un pouce pour le grand Tympan, & de trois quarts de pouce pour le petit ; car ſi l'une étoit plus épaiſſe que l'autre, la *Platine* pourroit s'arrêter contre celle qui ſeroit plus élevée, & par cet achoppement l'impreſſion pourroit auſſi doubler.

19°. Le *Chevalet* du Tympan eſt néceſſaire : Premierement, pour ſoûtenir le Tympan en forme de doſſier, & il doit être d'une hauteur raiſonnable ; car s'il étoit trop haut, les feuilles que l'Imprimeur poſe deſſus, ſeroient ſujettes à gliſſer en bas, dans le têms qu'il abaiſſeroit la Friſquette ; ce qui lui feroit perdre beaucoup de têms à les remettre dans leur place.

Secondement, ce *Chevalet* ſert pour arrêter *la Corde du*

grand Rouleau S, laquelle est attachée à un petit Rouleau qui est joint aux deux montans de ce *Chevalet*, par le moyen duquel on retraint la corde, quand elle vient à lâcher.

20°. Le *grand Rouleau* R, sert pour faire rouler tout le train de la Presse: Il doit avoir une distance d'un cadrat de Parangon entre chaque côté des deux *petites Poutres* Q, & sa hauteur ne doit pas exceder celle desdits *petites Poutres*, entre lesquelles il est posé; autrement il se jetteroit souvent contre l'une ou l'autre de ces *Poutres*, & les *Pattes du Coffre* Z, toucheroient sur les bords dudit *Rouleau* toutes les fois qu'elles rouleroient dessus, ce qui obligeroit le *Tympan* à faire des secousses contre la *Platine*, & ce défaut feroit certainement doubler l'impression.

L'*Arbre* Nn, qui passe à travers *le Rouleau*, doit être carré & de l'épaisseur de 8. lignes; car quand cet *Arbre* est fait en rondeur, il est sujet à tourner, principalement, lorsque le trou du *Rouleau* vient à s'user; ce qui ne peut arriver quand il est de figure carrée.

A chaque bout de cet *Arbre* il doit y avoir deux *Pitons à pattes*, [a] qui sont attachés au bois du berceau, pour soûtenir ce Rouleau dans son équilibre, & afin qu'il ne varie point d'un côté ni d'autre: On doit recommander au Serrurier de faire un empaulement audit *Arbre*, du côté de la Manivelle, à proportion du trou des *Pitons*, & un écrou plat de l'autre côté, joignant aussi ledit *Piton*; de cette maniere le *Rouleau* ira fort facilement: Il y en a, qui au lieu d'*écrou*, font river le bout du côté du *Bareau*: mais la methode avec une *Vis* au bout de *l'Arbre* est plus utile; attendu qu'on le peut demonter quand on veut, sans y rien casser.

[a] C'est comme si on disoit deux crampons qui soûtiennent quelque chose en l'air.

Les *Cordes du Rouleau* S, servent à avancer & reculer le train de la Presse. Elles se posent en deux manieres: Premierement, quand on se sert d'une seule Corde, on prend le bout de la Corde, qui est attachée au petit Rouleau du Chevalet, & on le passe par le trou de la Table du Coffre, qui est derriere la gouttiere du Tympan; ensuite on commence à le passer par dessus le Rouleau du même côté d'où elle vient, en faisant 5. à 6. tours; & aprés qu'on aura regardé si la Manivelle est dans une bonne situation, c'est-à-dire ni trop haute, ni trop basse, on arrêtera ce bout de corde au crampon, qui est attaché au milieu du Chassis du Coffre, & on arrêtera l'autre bout avec une cheville de fer, qui se met dans le trou du petit Rouleau.

La seconde maniere est, quand la Corde du Rouleau est de deux pieces, on doit faire un nœud à la Corde du derriere, lequel doit entrer à moitié dans le trou qui est au bord du grand Rouleau, par lequel on doit passer la Corde; ensuite on passe le bout de cette Corde par dessus le Rouleau, en commençant par le côté du Sommier de la Presse, & en continuant par trois fois de suite; aprés quoi on fait passer cette Corde par le trou de la Table pour l'arrêter au petit Rouleau du Chevalet.

A la seconde Corde, on fait un semblable nœud qu'à la premiere, & on commence à passer celle-là par dessous le Rouleau, du côté du Chevalet, qui est à l'opposition de l'autre, par trois ou quatre fois, & ce suivant que le Rouleau sera gros, & on l'attache au crampon qui est sur le devant du Coffre, en observant la bonne situation de la Manivelle.

Pour conçevoir plus clairement la situation de cette Corde, on n'a qu'à observer que celle qui est du côté du Chevalet, doit toûjours passer par dessus le Rouleau du côté de la Presse à son dernier tour, comme il se voit clairement à la seconde Planche de la Presse.

Quand on veut se servir de deux cordes, on doit faire faire un Rouleau à trois rebords de 3. lignes de hauteur, & de pareille épaisseur, un à chaque extrêmité & l'autre au milieu; afin que par le moyen du rebord du milieu, ces deux Cordes ne se mêlent point ensemble; c'est ce qui peut arriver quand les Cordes sont un peu relachées.

21°. Les *Vaches* Ll, ne servent que pour arrêter le train [a] de la Presse toûjours dans une même situation. Elles s'attachent à chaque bout du Coffre aux crampons qu'il y a à chaque côté, & s'arrêtent à l'assemblage du derriere de la Presse. On ne doit point les arrêter si courtes, de crainte que quand l'Imprimeur couche son Tympan, les Couplets de la Frisquette ne viennent à tomber sur la *Platine*, & ne l'obligent à reculer son train; ce qui retarderoit beaucoup

[a] Le mot de *Train*, veut dire en general, tout ce qui est attaché au Coffre de la Presse, comme le Marbre sur lequel on pose la Forme, le grand & petit tympan & la frisquette; & qu'on fait rouler ensemble à chaque feuille qu'on imprime.

son ouvrage : ainsi il est plus à propos qu'elles soyent un peu plus longues que trop courtes. Pour arrêter ces *Vaches* bien justes, comme elles doivent être, on doit coucher son Tympan sur la Forme, mettre un biseau de l'épaisseur d'un pouce entre ledit Tympan & la *Platine*, & ensuite attacher chaque *Vache* à chaque côté de l'assemblage du derriere de la Presse, en les faisant serrer aussi fort qu'il sera possible.

ARTICLE II.

De la qualité des Chassis à l'usage d'imposer les Formes.

COMME il y a beaucoup de circonstances à observer, pour qu'un *Chassis* soit dans sa perfection comme il doit être; je les ai disposeés par articles separés, afin qu'on les puisse mieux concevoir.

1. Il faut que les bords du *Chassis* soyent moins épais de deux cadrats de Cicero, que n'est la hauteur de la Lettre.

2. On peut faire les bords des *Chassis* une fois plus larges qu'épais ; car c'est de là que toute la force dépend. La barre du milieu doit être d'une égale épaisseur ; autrement on ne sçauroit faire un bon Registre, sans être contraint d'y mettre des reglettes ou quelques cartes.

3. On doit bien prendre garde que les bords du dedans soyent bien unis, & par tout à l'équerre ; principalement dans les quatre coins, & qu'ils ne soient point en glacis, c'est-à-dire plus larges en épaisseur par le bas, que par le haut; car cet accident fait casser les Formes en les levant.

4. Si ce sont des *Chassis* dont les barres se détachent, comme ceux à l'Hollandoise, qui sont à tout usage ; on doit observer de faire les mortaises en queue d'aronde bien justes aux entailles des barres, afin que lesdites barres n'entrent qu'avec force ; de sorte qu'elles ne soient point sujettes à sortir hors des mortaises, dans le têms qu'on serre la Forme avec force pour l'élever, & qu'elle ne fassent point plier la Forme en façon de cercle ; c'est ce qui ne peut arriver fa-

cilement lorsque les *Chassis* sont de la force que je viens de dire ci-devant.

5. Il faut aussi remarquer que les mortaises de la barre, soit qu'elles soient au milieu du *Chassis*, soit qu'elles soient plus avancées, comme pour les Impositions in-douze, doivent être d'une égale distance des deux côtés ; car si on n'observe point cette justesse, & que la barre ne soit point en droite ligne, les pages de la Forme iront de travers, & on aura bien de la peine à faire son Registre.

Si quelques défauts semblables se rencontrent à quelques *Chassis*, le plus court moyen est de les faire racommoder ; car je défie le plus habile Imprimeur de faire un bon Registre, s'il n'a point des *Chassis* bien justes ; pour cet effet, on doit choisir le plus habile Serrurier, & lui faire observer les remarques ci-dessus ; & on peut dire qu'une paire de *Chassis* bien faits, est un chef-d'œuvre pour lui.

ARTICLE III.

De quelle maniere doit être une Frisquette, & de son usage.

LA *Frisquette* sert pour empêcher qu'aucuns cadrats, ni bois d'une Forme maculent, de même que pour soûtenir la feuille sur le Tympan dans une ferme situation.

Les quatre bandes de fer, dont elle est composée, ne doivent pas être trop épaisses ; de sorte que l'épaisseur du Chassis, & celle de la *Frisquette* ensemble, doivent être pour le moins d'un cadrat de petit romain moins élévées que le Caractere de la Forme ; car si la *Frisquette* se trouvoit plus élevée que la Lettre, il pourroit arriver que la feuille qui est entre le Tympan & la *Frisquette*, ne poseroit point sur les pages de la Forme, comme elle doit être ; mais elle se tiendroit suspendue ; de sorte que quand la Platine presseroit dessus, la feuille s'abaisseroit veritablement, & seroit imprimée ; mais incontinent que la Platine s'éleveroit, la feuille en feroit de même ; & quand on viendroit à tirer le second

coup,

coup, la feuille retomberoit une seconde fois sur la Lettre; de sorte qu'elle seroit en grand danger de doubler la plûpart des pages, qui auroient été imprimées par le premier coup.

Ce défaut empêche encore que l'impression ne foule, & cela peut arriver lorsque la Platine se rencontre directement sur les deux bords d'une semblable Frisquette; pour preuve de cela, quand cet accident arrive, on n'a qu'à imprimer une feuille sans *Frisquette,* comme pour une épreuve, & certainement on ne verra aucune ligne qui soit doublée, ou qui ne soit point imprimée; mais nonobstant cette précaution, si la Lettre ne foule point encore comme il faut, c'est une marque que le Pivot ou le Dez de la Grenouille est usé; comme j'ai dit ci-devant: Car je ne pretends pas de dire que le doublement des pages provienne uniquement du défaut de la *Frisquette*, comme on le pourroit mal interpreter par cet article, vû que j'en ai apporté d'autres causes en differents endroits ci-devant.

Ordinairement on met un petit morceau de fer à la *Frisquette*, du côté de la Manivelle, que l'on appelle *Languette* I i; elle sert à lever la *Frisquette* avec plus de facilité: Il faut prendre garde qu'elle ne soit trop longue; car elle pourroit aussi faire frisotter ou doubler les pages, si elle venoit à toucher en passant contre la Jumelle de la Presse.

ARTICLE IV.

Des Pointures, Clavettes, Chevilles des couplets du Tympan & de leur usage.

LES *Pointures* du Tympan F f, dont on se sert pour faire rencontrer les lignes des pages les unes sur les autres, (*qui est ce que l'on appelle le Registre*) doivent être à peu prés de l'épaisseur d'une piece de vingt sols par la queue; & il faut qu'elles soyent moins larges & plus minces par les bouts où sont les pointes, qui percent les feuilles de papier qu'on imprime. Chaque *Pointure* eſt attachée par une vis à platte tête, qui perce le bois à chaque côté du grand Tympan.

La tête de ces vis ne doit pas exceder l'épaiſſeur de la queue des *Pointures*, de crainte que cela ne cauſe quelque accident au foulement de la Preſſe.

Quand on attache ces *Pointures*, on doit prendre garde de ne point faire paſſer leur queue plus loin que le bois du grand Tympan; car cela feroit friſotter ou même doubler l'impreſſion en differents endroits, pour peu qu'elles viendroient à toucher contre les *Jumelles* B.

Les *Clavettes* ou chevilles de fer, ſoit pour les Couplets du grand Tympan, ſoit pour ceux de la Friſquette, doivent être pouſſées à force; afin que le Tympan ni la Friſquette ne puiſſent varier; car c'eſt en cela que conſiſte, d un côté la continuation d'un bon Regiſtre, & de l'autre, ce qui fait que la Friſquette ne vient jamais à mordre [a] en aucun endroit.

[a] *Mordre*, en terme d'Imprimerie, ſe dit lorſque la Friſquette couvre ce qui doit être imprimé.

Voilà, ce me ſemble tous les défauts qui peuvent arriver à toutes les pieces d'une Preſſe: c'eſt pourquoi, lorſqu'il en ſurviendra quelques-uns, ſoit que la Preſſe ne foule point, ſoit qu'elle faſſe doubler l'impreſſion, ſoit que le train de la Preſſe ne roule point auſſi legerement qu'il eſt accoûtumé, ou que le coup du Bareau ſoit endurci, & reſte deſſus la Forme ſans qu'il retourne ſeul en ſa place ſur le Chevalet, on n'aura qu'à examiner, avec attention, les articles où il eſt parlé de ces défauts, & y apporter les remedes qui y ſont marqués.

CHAPITRE II.

Du Papier pour l'impression, & des Balles.

ARTICLE PREMIER.

De la maniere de tremper le Papier.

L'On ne sçauroit disconvenir, que la bonne impression dépende entierement d'avoir un Papier trempé également par tout, & de bonnes Balles ; car si un Papier est sec dans un endroit, & mouillé dans un autre, il est certain que la Lettre d'une Forme foulera plus fort aux endroits qui seront plus trempés qu'aux autres qui seront secs ; de sorte que l'impression sera plus noire aux endroits ou la Lettre aura mieux foulé, & plus blanche où elle aura moins foulé, & il n'y a rien de plus desagreable à voir qu'une impression semblable. C'est pourquoi on doit avoir un soin tout particulier de ces deux choses, & les prendre fort à cœur ; attendu que c'est de là que dépend l'honneur & la reputation d'un Imprimeur.

La bonne maniere & la veritable methode de bien apprêter les Balles & le Papier, sont ici expliquées, chacune en particulier. Nous commencerons ces instructions par la maniere de bien apprêter le Papier, tant celui qui est collé, que celui qui ne l'est point.

Du Papier collé.

Pour empêcher que le Papier ne prenne l'eau plus dans un endroit que dans un autre, il faut avoir soin de poser l'ais, sur lequel on le trempe, dans une place bien unie ; afin qu'il ne panche point plus d'un côté que d'autre, & qu'il soit à plomb ; de sorte que l'eau s'épande sur le papier également par tout. On doit auſſi ſe ſervir d'une eau trés-claire, afin de conſerver la blancheur du papier, & faire avec attention ce qui ſuit.

1°. On doit avoir ſoin de mettre quelques maculatures ſur ſon ais, avant de tremper *le Papier*, afin de ne point le ſallir; & quand il eſt trempé, de jetter un peu d'eau par deſſus, & le couvrir auſſi de quelques maculatures. *a*

a Maculatures, ſont des mauvaiſes feuilles de papier.

2°. Il faut tenir ſon *Papier* à deux mains, & le paſſer dans l'eau avec celle qui tient le dos du *Papier*; enſuite le porter à deux mains ſur l'ais; l'ouvrir avec celle qui aura tenu le dos, & appuier l'autre ſur *le Papier*, afin de l'élargir, & qu'il ne remue point de ſa place.

3°. Il faut prendre garde de tenir toûjours ſon *Papier* bien droit, tant en le paſſant dans l'eau qu'en le portant ſur ſon ais; & quand il eſt ſur l'ais, de l'ouvrir le plus habilement qu'il ſe peut, afin que l'eau ne s'écoule par aucun endroit; comme auſſi d'appuier bien fort les deux mains ſur le milieu du *Papier*, pour abaiſſer le dos & les plis qui s'y font ordinairement; ſans quoi *le papier* viendroit tellement élevé par le milieu, que l'eau s'écouleroit entierement par les côtés; ce qui rendroit par conſequent *le papier* trop ſec, ou du moins plus mouillé d'un côté que d'autre.

4°. On doit tremper ſon *Papier* une fois avec la main droite, & une fois avec la gauche, & toûjours continuer de même; afin qu'il ſoit trempé également par tout, & que l'eau ne ſe jette pas plus d'un côté que d'autre.

5°. L'on obſervera encore, en poſant *le Papier* ſur ſon ais, de l'avancer toûjours un peu plus une fois que l'autre: c'eſt-à-dire, ſi on trempe *le Papier* trois fois la main, on paſſera à la ſeconde fois ſon *papier* environ de la largeur d'un bon pouce plus avant ſur l'ais qu'à la premiere fois; à la troiſiême fois, comme à la premiere, & à la quatriême, comme à la ſeconde, & on continuera de même juſqu'à la fin: Cela ſe fait pour reconnoître, en remaniant *le Papier*, les endroits où il a été trempé; parce que les mauvais plis du *Papier* ne ſe font ordinairement qu'à ces endroits là.

6°. Le *Papier* doit être trempé ſuivant ſa force, & la quantité de colle qu'il y a; car plus il eſt collé, plus le doit-on mouiller de fois, & c'est à celui qui le trempe d'en prendre la connoissance de ceux qui en ont trempé de pareil avant lui; mais si c'est la premiere fois qu'on trempe du *papier*, dont on ne connoît point la force, on le trempera à proportion de la quantité d'eau qu'il prendra: Comme, si c'est un *papier* qui n'est presque point collé, on le doit tremper une fois la main, & l'autre deux fois; s'il a un peu plus de corps, on le trempera deux fois la main; & s'il est collé raisonnablement, trois fois la main; mais si c'est du *papier* fin, comme *au Griffon, au Raisin, à la Colbert*, ou autres semblables, lesquels sont ordinairement fort collés, on le peut tremper jusqu'à sept fois les deux mains.

7°. Si on s'apperçoit en imprimant que *le papier* qu'on auroit trempé pour la premiere fois, trois fois la main, étoit trop mouillé, on ne le trempera à l'avenir que deux fois, ou une main deux fois, & l'autre trois; si au contraire il ne l'étoit point assez, on le trempera davantage; de sorte que quand on connoîtra combien il doit être trempé de fois, on continuera toûjours à le tremper de même.

Du Papier sans colle.

On ne se sert du Papier sans colle, que dans peu de Provinces, j'ai cependant jugé à propos de donner la methode de le tremper: il se trempe de deux manieres differentes; sçavoir, à l'Aspersoir, & au Baquet; comme nous allons voir.

Pour la premiere methode, on ouvre le Papier dans son entier sur son ais; ensuite on prend un Aspersoir que l'on trempe dans un seau d'eau bien claire; on en jette également par tout sur ladite main de papier; & s'il n'y a point d'eau assez à la premiere fois, on plonge son Aspersoir une seconde fois dans l'eau, pour en jetter davantage; aprés quoi on prend une autre main de papier, qu'on ouvre de même que la premiere, en observant de laisser à découvert, au bas de la main de dessous, un bord de la largeur d'un pouce, & ainsi de continuer de main en main tout le papier qu'on voudra tremper, afin de connoître plus facilement, en le remaniant, la surface où on a jetté l'eau, on continue de tremper son Aspersoir dans l'eau, pour en jetter dessus le Papier de la même maniere qu'au commencement, en faisant toûjours la même chose jusqu'à ce que le Papier soit tout trempé.

On doit prendre garde que son Papier, à mesure que la pile s'éleve, ne soit jamais courbé; afin que l'eau que l'on jette avec l'Aspersoir, ne s'écoule point, mais qu'elle s'imbibe également par tout.

D'un autre côté, il faut aussi prendre garde de ne point lui donner trop d'eau, de crainte qu'il ne se noye *a*.

a C'est lorsque le papier est trop trempé, & qu'il refuse l'encre.

On ne se rend ainsi aisée la methode de bien tremper le Papier sans colle, qu'aprés l'avoir pratiquée quelque têms.

La seconde methode de tremper ce Papier, qui se pratique en quelques Villes, d'Italie, est plus aisée; la voici en peu de mots. On prend chaque main de Papier, & on la passe dans l'eau, comme celui qui est collé, & on pose les mains l'une sur l'autre dessus un ais, sans les ouvrir; & sitôt qu'il a été trois ou quatre heures trempé, sans être chargé, on le remanie en ouvrant chaque main par le milieu, en observant de renverser la moitié de chaque main, & mettant ce qui est dessus dessous; afin que le Papier du milieu de la main se rencontre sur une partie plus mouillée. En remaniant ce Papier, on ôtera les mauvais plis qui s'y rencontreront. Cette methode se pratique aussi dans la Provence, & c'est où je l'ai vû pratiquer pour la premiere fois.

Quand le Papier sera trempé, soit celui qui est collé, soit celui qui ne l'est point, on le doit porter à sa place ordinaire, en mettant seulement un ais dessus, sans y mettre aucun poids, hormis qu'on ne s'apperçoive qu'il auroit été trop trempé; car en ce cas, il le faudroit charger incontinent, & même le charger de plus grand poids qu'à l'ordinaire, afin de faire sortir l'eau dehors le Papier, sans considerer les mauvais plis que cela causeroit.

ARTICLE II.

Comment on doit remanier le Papier.

ON peut remanier ſon Papier ſix ou ſept heures aprés qu'il aura été trempé, & on doit avoir ſoin de défaire les plis & les autres défectuoſités qui s'y trouveront, leſquelles ſe rencontrent ordinairement aux endroits où les feuilles ont paſſé dans l'eau; & on n'aura point de peine à les trouver lorſqu'on aura fait des ſeparations à chaque partie qu'on aura trempée, comme nous l'avons dit ci-devant.

Ce remaniement ſe fait en tournant la moitié de chaque partie des mains qu'on aura paſſé dans l'eau; ſçavoir, ce qui eſt deſſus le mettre deſſous, en commençant par celui qui aura été le dernier trempé; de ſorte que le Papier fort mouillé, ſe rencontrera contre celui qui ne le ſera point tant; ce qui lui fera prendre l'eau par tout également.

Quand on defait les plis avec le deſſus de ſes ongles, on doit prendre garde de ne point écorcher le Papier.

De têms en têms, on doit applanir ſon Papier, en frappant deſſus avec la paume de ſa main droite, principalement dans le milieu, afin d'abaiſſer le dos de chaque main; & on doit avoir ſoin de ranger ſon Papier bien droit & bien uni par les bords; car s'il étoit plus panché d'un côté que d'autre, il ſe trouveroit plus trempé de ce côté là.

Si on voit en remaniant le Papier, qu'il eſt trop trempé, en terme d'Imprimeur noyé, le plus court moyen eſt de l'étendre ſur les cordes pendant trois ou quatre heures, ſuivant la chaleur du têms, & enſuite le remanier, & le charger l'eſpace d'un jour; aprés quoi on pourra l'imprimer ſans craindre que le Papier refuſe l'encre.

Quand cet accident arrive, Il y en a qui mettent des feuilles ſeches de diſtance en diſtance, entre celui qui eſt noyé; mais c'eſt un grand hazard, quand ils adreſſent d'en avoir mis une quantité ſuffiſante; & de plus, ils perdent deux fois plus de têms qu'en les mettant un peu secher sur les cordes,

Si au contraire le Papier se trouve trop sec, on doit, en le remaniant, y jetter de l'eau avec une éponge de distance en distance; comme de 10. feuilles en 10. feuilles, selon qu'il sera besoin; autrement il seroit impossible de s'en servir pour imprimer; car la lettre ne foulant presque point sur du semblable papier, l'encre resteroit sur la forme, laquelle seroit en peu de têms remplie entierement.

Le Papier étant ainsi trempé & remanié, il faut le charger avec les poids ordinaires, & le laisser de cette maniere l'espace de 24. heures, avant de le mettre en œuvre.

Il faut remarquer qu'on ne doit point tant tremper le Papier pour le gros caractere, comme *Gros Romain*, *Parangon*, *&c.* que pour le petit, parce que le gros n'a point tant de peine à fouler que celui qui est beaucoup moindre, comme *le Petit Romain*, *Petit Texte &c.*

On observera aussi de tremper plus fort le Papier pour un vieux caractere, que pour un neuf, parce qu'il se rencontre assez souvent des lettres basses au vieux caractere.

Quand on a du Papier de Theses à tremper, pour lequel on n'auroit point de baquet assez grand; on doit le mettre sur une table assez grande, pour le coucher tout de son long & y jetter de l'eau avec une éponge ou asperfoir, de trois en trois ou de quatre en quatre feuilles; attendu qu'il est ordinairement épais & fort collé: ensuite on le doit remanier & charger de même que le papier ordinaire.

Ceux qui observeront exactement ces maximes, ne pourront manquer de faire une bonne impression; pourvû qu'ils ayent de bonnes Bales; & c'est de quoi nous traiterons dans l'Article suivant.

ARTICLE III.

ARTICLE III.

Methode de preparer les Cuirs des Bales.

PREMIEREMENT on doit laisser tremper les Cuirs crus qui sont neufs, dans de l'eau où il y ait moitié lessive, lespace de 6. ou 7. heures, suivant qu'ils seront épais ; car l'eau seule est trop crue, & la lessive sans être melée d'eau les brûle.

Aprés qu'ils auront trempé pendant ce têms là, on doit les maroquiner ; c'est ce qui se fait en frottant le pied dessus de toute sa force, en les faisant rouler sans cesse d'une place à l'autre, de même que si on rouloit un baton dessous le pied ; afin de faire sortir l'eau qui est dedans : on doit remarquer qu'il faut faire cela sur des ais, ou sur des planchers où il n'y a point de cloux, & non point sur des carreaux ; de crainte que cela ne les écorche & les use.

Si on voit qu'ils sont trop durs, & qu'on a de la peine à les rendre souples, on doit les laisser tremper encore quelque temps dans l'eau.

Pour voir s'ils sont assez maroquinés, on doit les presser entre les ongles des deux pouces ; & si on ne voit point sortir d'eau, c'est une marque qu'ils sont maroquinés suffisamment ; mais aussi longtêms qu'on en peut faire sortir de l'eau, on doit continuer à les frotter avec le pied.

De têms en têms on doit les tirer avec les deux mains, pour les alonger & arondir, & quelque fois les battre contre la muraille ; afin de les adoucir davantage ; car avant de pouvoir les mettre en œuvre, ils doivent être presque aussi doux qu'un gand de chamois.

Quand ils seront suffisamment maroquinés, il faut les frotter contre la Vis de la Presse ; ou prendre la ratissure des Bales, & épandre cette crasse d'huile par tous lesdits Cuirs (j'entends du côté que la laine a été , & non du côté de la chair) aprés quoi on leur donnera encore quelques coups de pied ;

afin de faire penêtrer cette huile dedans les Cuirs; cela fait, on les enveloppe dans quelque vieux linge mouillé, & on les laiſſe ainſi juſqu'au lendemain pour les monter.

¶ Il peut arriver quelquefois qu'on auroit oublié de faire tremper un Cuir, pour remplacer celui qui ne ſeroit plus en état de ſervir; de ſorte qu'on ſeroit obligé d'attendre trop long têms pour ſe ſervir de celui qu'on auroit oublié de tremper le ſoir: dans ce cas, voici un remede qui n'eſt pas connu de tous, qui eſt de prendre un Cuir ſec & le mettre dans une écuelle d'eau, où il y ait moitié leſſive; faire chauffer cette eau juſqu'à ce qu'elle ſoit bien chaude; enſuite la tirer du feu, & laiſſer tremper ledit Cuir dedans l'eſpace d'une demi heure; aprés quoi on le maroquinera comme ci-devant, & auſſi facilement que s'il avoit trempé une nuit entiere: par ce moien, on rend un Cuir ſec en état d'être mis en œuvre, en moins d'une heure de têms: il faut cependant prendre garde de ne point laiſſer chauffer cette eau plus qu'à la chaleur demi-bouillante; car au lieu de rendre le Cuir ſouple, elle l'endurciroit tellement qu'il ne pourroit plus ſervir.

Un chacun ſçait qu'il faut mettre deux Cuirs l'un ſur l'autre à chaque Balle, afin qu'ils ſe tiennent plus longtêms ſouples; celui qui eſt deſſus s'appelle *doublure.* Lorſqu'on met deux nouveaux Cuirs à une Bale, on doit prendre le plus mince pour la doublure, & lors qu'un Cuir de deſſus n'a plus de vigueur pour prendre l'encre (c'eſt ce qu'on apperçoit quand il laiſſe quantité d'ordures ſur la forme) on le trempe dans la leſſive un peu tiede, & on le maroquine pour ôter l'encre qui eſt deſſus, & on en fait une doublure.

Dans les Villes, où on ſe ſert de Cuirs blancs, on n'a point tant de ſujection qu'avec les Cuirs crus, parce qu'ils ſont plûtôt préparés; mais auſſi ils ſont bien plûtôt uſés; car un Cuir cru en uſera quelque fois 3. blancs; & ordinairement on ne s'en ſert en France que pour imprimer le rouge, cependant ceux qui voudront s'en ſervir, voici la maniere de les aprêter.

Il ſuffit de les laiſſer tremper l'eſpace d'un demi-quart d'heure dans l'eau, aprés lequel têms on les frotte entre les mains avec force pour en faire ſortir l'eau, & pour les rendre souples ; ensuite on met aussi de la crasse pardessus, & on le frotte de rechef pour faire penetrer l'huile dans le Cuir, de même que pour les Cuirs crus ; mais si c'est pour le rouge, on doit prendre simplement de l'huile, & prendre garde de les noircir.

Les Cuirs étant trempés & ramoitis, on peut les monter sur le champ ; ou sinon, les envelopper dans quelque chose mouillé, pour empecher qu'ils ne se sechent du soir au lendemain.

ARTICLE IV.

Comment on doit monter les Bales.

On peut avec raison comparer les Bales de l'Imprimerie à la plume d'un écrivain, laquelle n'étant point bien taillée, il n'en sauroit faire une écriture agreable ; de même si un Imprimeur a de mauvaises Bales, il lui sera impossible de faire une belle impression ; c'est pourquoi il est necessaire d'observer les choses suivantes, pour les avoir toûjours bonnes, & pour remedier aux accidents qui pourroient survenir si elles n'étoient montées comme il faut.

1. Avant que de monter les Bales, on doit bien essuier les Cuirs & les doublures avec du Papier ou autre chose, afin qu'il n'y reste point d'eau, & frotter lesdits Cuirs par le revers avec les mains, afin de les rendre plus moites ; car si les Bales étoient trop mouillées, elles seroient teigneuses & refuseroient de prendre l'encre, qui resteroit sur la lettre, à mesure qu'on toucheroit la Forme ; de sorte qu'elle seroit remplie en peu de têms.

2. Si les Bales étoient trop seches, il faudroit mouiller les Cuirs & les doublures par tout, & les frotter avec les mains, principalement au tour des bords, afin de les rendre souples ; autrement elles ne pourroient fouler dans l'œuil de la lettre ; de sorte que l'impression seroit plus noire dans des endroits que dans d'autres, tout de même que si on faisoit des *a* feintes.

a Le mot de feinte, en terme d'Imprimerie signifie que la plûpart des lettres ne sont imprimées qu'à moitié.

PARTIE IV. CHAP. II. ART. IV.

3°. Pour avoir des Bales bien ſouples lorſqu'elles ſeront montées, il faut que le Crin ſoit bien tiré ou la Laine bien cardée, & ne point faire comme pluſieurs pareſſeux, qui mettent leur Crin ou Laine dans les Bales par pelotons, ſans ſe donner la peine de l'élargir tous les ſoirs aprés avoir démonté leurs Bales ; car c'eſt là l'unique moyen de les avoir bien ſouples.

4°. On ne doit point mettre du Crin ou de la Laine dans les Bales plus que de raiſon ; car quand elles ſont trop remplies, elles ſont dures, elles ne foulent qu'en partie l'œil de la Lettre, & fatiguent beaucoup celui qui touche. Si au contraire elles ne ſont point aſſez remplies, on eſt ſouvent en danger d'endommager beaucoup le caractere d'une Forme, principalement lorſqu'on eſt habitué à ne point tenir ſes Bales droites quand on touche la Forme.

5°. On doit ſoigneuſement allonger & ſerrer les bords, tant des Cuirs que des Doublures de ſes Bales, à chaque fois qu'on attache les cloux ; afin que le Crin ou la Laine n'en puiſſent point ſortir, quand on touche la Forme. On obſervera auſſi qu'elles ſoyent montées bien rondement ; c'eſt-à-dire, qu'il n'y ait point de Crin ou de Laine plus d'un côté que d'un autre. Si on s'apperçoit, aprés que ſes Bales ſeront montées, qu'il y ait encore quelques petites boſſes, on les applanira avec un morceau de bois ou avec le plat du *pied de Chevre*. *a*

6°. Quand les Bales ſeront montées, on doit verſer un peu d'huile de noix ou de lin deſſus, & l'épandre par tout, cela ſe fait en frottant les deux Bales un peu de têms l'une contre l'autre ; enſuite il faut les ratiſſer *b* avec un couteau, principalement ſur les bords, où il s'amaſſe ordinairement une plus grande quantité d'ordures que ſur le milieu ; & c'eſt ce qu'on obſervera de faire toutes les fois qu'on montera ſes Bales, ou quand on remarquera qu'elles ſeront trop chargées de craſſe.

7°. Si les Bales ſe trouvoient par accident trop moites, aprés qu'elles ſeront montées, comme il arrive quelquefois en hyver, il faudroit les frotter contre le plancher, dans un endroit où il y ait beaucoup de pouſſiere, & enſuite les

a Pied *de Chevre*, eſt un fer qui a un bec aigu, courbé & fendu, avec lequel on ôte les cloux des bales

b *Ratiſſer*, c'eſt ôter l'huile & la craſſe qui eſt ſur les cuirs des bales.

ratiſſer, ou bien on peut les preſenter devant le feu un peu de loin, en les diſtribuant ſouvent, de crainte de les brûler; c'eſt à quoi il faut prendre garde; car ſi elles étoient brûlées, elles ſe fendroient en pieces au premier coup qu'on toucheroit la Forme; ce que j'ai vû arriver pluſieurs fois.

ARTICLE V.

Comment on doit toucher une Forme, & ce qu'il faut obſerver pour faire une belle impreſſion.

AYANT des Bales bien montées, comme nous venons de dire, on doit avoir la diſcretion de prendre l'encre de quatre en quatre feuilles, & peu à la fois, en diſtribuant [a] bien ſes bales avant de toucher la Forme; c'eſt ce qu'on doit auſſi faire toutes les fois que la Forme aura été touchée; & ne point ſuivre la maxime de pluſieurs fainéants, qui poſent leurs Bales ſur les chevilles de la Preſſe, pendant que leur compagnon tire le bareau, & qui ſe contentent de les diſtribuer ſeulement lorſqu'ils prennent de l'encre. J'ai vû à ce ſujet autrefois deux Maîtres qui avoient coupé ces chevilles, pour contraindre ces gens là à tenir les Bales dans les mains: je ne dis pas qu'on ne puiſſe prendre quelque fois un peu de ſoulagement; car la choſe ſeroit trop penible; mais du moins on n'en doit point faire habitude.

On doit entretenir l'impreſſion toûjours dans une égale noirceur; car il n'y a rien plus deſagréable à voir, qu'une impreſſion ſoit blanche en des endroits, & fort noire en d'autres.

On doit auſſi faire en ſorte que la retiration ſoit égale à l'impreſſion du papier blanc; & c'eſt le devoir de celui qui touche, de jetter la vûe ſur l'impreſſion qui eſt ſur le banc, pendant que ſon Compagnon tire le bareau; pour voir s'il n'y a point d'ordures ou autres defectuoſités, comme des *moines* [b], des *patés* [c], ou ſi le regiſtre ſe rencontre bien.

En touchant, il faut bien appuyer les Bales ſur la For-

[a] *Diſtribuer*, c'eſt de bien épandre l'encre ſur les cuirs des bales: Cette diſtribution ſe fait en touchant ces bales l'une contre l'autre, en tournant les manches de ces bales dans les mains.

[b] C'eſt une feuille mal imprimée, en partie blanche & en partie noire, comme l'habit d'un *Moine*.

[c] En terme d'Imprimeur, c'eſt lorſqu'on a rempli d'encre, une quantité de lettres faute de ne l'avoir point bien diſtribuée ſur ſes bales.

PARTIE IV. CHAP. II. ART. V.

me, & presque en les trainant; toucher bien menu, sans faire des grands sauts; faire en sorte que les Bales ne perdent jamais la lettre, & tenir les manches bien droites devant soi, sans les courber sur le devant de la Forme, comme ceux qui touchent de côté, & ne les appuyent point à plomb; ou comme d'autres, qui, au lieu de toucher les pages d'une Forme, portent leurs Bales jusqu'au bout du chassis du Coffre, & de côté, contre la Platine & le Tympan, & par ces mauvaises habitudes ils sont sujets à faire souvent des moines au milieu d'une Forme. Il y en a d'autres qui en touchant, levent leurs Bales si hautes, qu'ils font branler tout le train de la Presse, font bouger la Forme de sa place, & enlevent les coins qui l'arrêtent; de maniere qu'ils sont obligés de perdre beaucoup de têms à les remettre; & par cet accident, ils font varier leur registre à tout moment, & sont en danger de faire mordre l'impression à la frisquette.

On doit avoir soin de broyer toûjours son encre d'une telle maniere, qu'il ne paroisse presque point qu'il y en ait sur le bord de l'encrier; & tous les matins on doit donner un coup de broyoir *a* sur toute l'encre qu'il y aura, afin de la rendre toûjours liquide; car elle s'épaissit trop lorsqu'elle a reposé quelque têms.

a *Broyoir*, C'est un morceau de bois bien dure, qui sert à broyer l'encre.

On ne doit jamais prendre de l'encre par le milieu de la Bale, mais par le bord, de crainte d'en prendre trop à la fois & de faire des patés; ce qui arrive toutes les fois que celui qui tire le bareau, ne donne point le têms à celui qui touche, de bien distribuer ses Bales; & dans ce cas, il doit le faire attendre, plûtôt que de s'exposer à faire de semblables patés, ou à remplir la Forme, laquelle on ne sçauroit quelquefois nettoyer, hormis que de la porter au bâquet, pour la laver avec la lessive chaude.

Si cependant on avoit fait quelques patés sur la Forme, & que la forme vint à s'emplir en quelques endroits, il la faut nettoyer avec la brosse, tant soit peu moite, ensuite tirer quelques feuilles seiches par dessus pour ôter l'humidité; mais si la lettre venoit à s'emplir peu à peu, soit que le noir ne valut rien, ou que cela provint du vernis, le seul remede est de faire de la nouvelle encre & de laver la Forme auſſi-tôt.

Quand les vignettes & fleurons de bois ou de cuivre refuſent l'encre, ce qui arrive quelquefois quand on a lavé une Forme qui auroit été remplie d'encre, on doit eſſuyer ces vignettes ou fleurons avec ſon tablier, enſuite on oint la paume de ſa main avec un peu d'huile & on en frotte leſdites vignettes ou fleurons.

Il faut obſerver que la lettre neuve & le gros caractere demandent plus d'encre que la petite lettre & le vieux caractere; quoique cependant l'impreſſion de tel caractere que ce puiſſe être, doit toûjours être plûtôt un peu blanche que trop noire; & pourvû qu'elle foule également par tout, cela ſuffit; parce que plus elle vieillit plus elle devient noire; & lorſqu'elle eſt beaucoup chargée d'encre, elle devient pateuſe, à meſure qu'elle vieillit; & d'un autre côté, elle eſt ſujette à maculer, quand les Relieurs viennent à battre des livres d'une ſemblable impreſſion.

ARTICLE VI.

Comment on doit accommoder ſes Bales, aprés les avoir demonté en finiſſant le travail.

APRE'S avoir fini la journée, on défait trois ou quatre cloux de chaque Bale, on ôte la laine ou le crin, & on détache la doublure qui ſe tient ordinairement attachée au premier Cuir; enſuite on plie le Cuir par le milieu, & on le roule juſqu'au bout du bois de la Bale, & cela de crainte que l'eau ne mouille le côté où eſt l'encre; enſuite on les met tremper l'eſpace d'un quart d'heure dans l'eau, comme nous avons dit ci-devant au commencement du troiſiéme article.

Pendant ce têms là on doit s'occuper à tirer le crin, ou à carder la laine, à remanier ſon Papier ou à quelque autre choſe qu'on aura beſoin de faire; enſuite on ôte les Bales hors de l'eau, on en étend le Cuir, qu'on a roulé, de ſa grandeur,

& on le roule de nouveau ensemble avec la doublure ; ensuite on pose les Bales par terre dans un endroit humide, afin qu'elles ne sechent point pendant la nuit : & en esté on les peut même couvrir d'un linge mouillé.

Dans les Pays chauds on doit démonter en esté les Bales deux fois par jour, sçavoir le soir comme nous venons de dire ; & les aprés-dînés, on doit seulement les rafraichir avec de l'eau, où il y ait moitié lessive, sçavoir les Cuirs sur les revers tant seulement & les doublures au deux côtés, & les frotter entre les mains pour les ramolir ; ensuite on les remonte en élargissant un peu la laine, ou le crin, pour achever la journée. Voilà tout ce qu'il faut observer pour bien toucher une Forme, pour apprêter les Bales, & pour les avoir toûjours bonnes.

CHAPITRE III.

De la maniere de mettre une Forme en train, des défauts qui surviennent dans l'impression, & les moyens d'y remedier.

ARTICLE PREMIER.

Comment on doit coller le Tympan. & les Frisquettes.

POUR faire les Tympans on doit prendre des peaux de parchemin blanc, celles où il y a de certaines places de graisse dans le milieu du dos, ne valent rien ; parce qu'elles se corrompent facilement en esté à force d'être mouillées ; mais il faut prendre celles qui sont a peu prés d'une égale épaisseur dans le milieu, & les tremper un moment dans l'eau claire ; ensuite les plier en quatre, pour les laisser reposer l'espace d'une heure dessous le Papier trempé.

Ensuite

Ensuite on passe de la colle sur le bois du Tympan, de même que sur la bande de fer qui est sur le devant ; comme aussi sur tout le long du parchemin, du côté de la chair ; aprés quoi on pose son parchemin sur le bois dudit Tympan, & on l'étend aussi fort que l'on peut par le moyen de quatre cloux de bâles que l'on attache legerement aux quatre coins, afin que le parchemin ne se retire point ; & ensuite on le fait tenir de toute part avec la colle. Lorsqu'il est ainsi accommodé, on fait entrer à la force un biseau par le milieu des bandes dudit Tympan, pour empêcher qu'elles ne fassent le cercle en dedans lorsque le parchemin vient à sécher, & on ôte ce biseau sitôt que le parchemin est bien sec.

Si c'est pour faire une *Braye* [a] on doit toûjours couper le trou de son Tympan un bon pouce plus grand que ne sera la grandeur de la Forme, & on trempe un morceau de parchemin d'un pouce plus grand que la grandeur du trou, qu'on aura fait audit Tympan, de la même maniere que je viens de dire ; & quand on le veut coller, on laisse les blanchets dans le Tympan; ensuite on colle ledit Tympan par tous les bords, & on met *la Braye* dessus, aprés l'avoir collé comme on fait pour un nouveau Tympan, en observant de l'étendre bien uniment, & on colle des bandes de papier dessus le long de la coupure ; afin que *la Braye* se colle plus facilement au vieux parchemin du Tympan. Le petit Tympan se fait de la même maniere que le grand.

[a] C'est quand on met un morceau de parchemin sur le Tympan, de la grandeur d'une Forme sans en faire un nouveau, lorsque le milieu est pourri.

De la Frisquette.

Pour faire les Frisquettes, on peut se servir de vieux parchemin écrit, principalement quand c'est pour des Ouvrages de longue durée, mais quand c'est pour des Ouvrages de Ville, comme d'une feuille ou deux, ou des affiches, &c. On les faits de deux ou trois feuilles de papier sale, ou maculatures collées l'une sur l'autre ; mais il faut bien prendre garde de faire comme j'ai vû faire autrefois à un Compagnon, qui avoit tellement collé du papier sur sa Frisquette, à plusieurs fois, qu'il y avoit des endroits qui étoient pour le moins d'un petit doigt d'épaisseur ; & comme cela empêchoit la Platine de fouler ſur la Forme, il s'ingera de faire le même manege à ſon petit Tympan, en y mettant des hauſſes les unes ſur les autres, dans l'opinion que cela provenoit de quelque défaut de la Preſſe ; de ſorte que tout l'ouvrage qu'il faiſoit, n'étoit imprimé qu'à moitié ; & comme j'étois commandé de travailler un jour à la Preſſe en ſon abſence, j'apperçus ce défaut, en faiſant une épreuve tout exprés avec les blanchets ſans Tympan ; & voyant que cette Preſſe fouloit auſſi-bien qu aucune autre, je me mis à viſiter ſon Tympan & ſa Friſquette, où je trouvois la cauſe du deſordre que je viens de dire. On obſervera donc de ne jamais coller que quatre ou cinq feuilles tout au plus l'une ſur l'autre, & lorſqu'on voit que cela excede de beaucoup, on doit rompre tout le vieux papier qui ſe trouvera collé à la Friſquette, & en faire une nouvelle. Par cette précaution on évitera un pareil accident.

ARTICLE II.

Comment on doit monter ſon Tympan.

SITÔT que celui qui travaille à la Preſſe entre dans l'Imprimerie, il doit incontinent mouiller ſon Tympan par dedans avec de l'eau fraiche (car rien ne corrompt d'avantage le parchemin qu'une eau qui eſt un peu vieille) en obſervant de mettre une feuille ou deux par deſſus la Forme, de crainte que l'eau ne coule ſur le caractere par le moindre trou qui pourroit ſe trouver dans le Tympan ; & pendant que cette eau trempe le parchemin, il doit frotter les blanchets entre ſes mains l'un aprés l'autre, pour les rendre ſouples ; & les ranger dans ſon Tympan d'une maniere, qu'ils portent ſur toute la grandeur de la Forme ; & prendre garde qu'ils ne viennent à gliſſer par en bas, c'eſt ce qui arrive quand le petit Tympan que l'on met par deſſus, n'eſt point arrêté, ou qu'il n'eſt point bien juſte.

Quand le Tympan eſt garni de ſes blanchets, il doit le

lever & jetter de l'eau dessus ; & pendant que cette eau trempe le dessus de son Tympan de ce côté là, il plie une feuille de Papier & la pose sur sa Forme, d'une maniere que le plis du milieu se rencontre directement dans le milieu de la barre du Chassis, & que la marge soit d'une égale grandeur de tout côté de la Forme ; ensuite il abaisse son Tympan, & il appuie avec la main dessus le petit Tympan, afin que cette marge s'attache au parchemin du grand Tympan, par le moyen de l'eau qui est encore dessus, laquelle marge *a* il doit coller aux quatre coins avec un peu de colle, incontinent qu'il aura élevé son Tympan.

a *Marge*, est une feuille blanche du même papier qu'on fait l'impression, & qui sert de regle sur le tympan à celles qu'on imprime après.

Cela fait, il arrête sa Frisquette fortement avec les chevillettes, & met une feuille seche entre la marge & ladite Frisquette ; & imprime les pages de la Forme dessus, pour couper tout ce qui doit être imprimé ; en observant de faire les coupures un peu plus larges que trop justes, de crainte que les pages ne viennent à mordre à la Frisquette, en cas qu'elle viendroit à varier ; ce qui arrive souvent lorsque la Frisquette n'est pas bien arrêtée, ou quand les chevillettes viennent à s'user.

Il faut observer qu'il faut faire son registre en blanc, avant de faire la marge & avant que de couper sa Frisquette. La feuille seche, que l'on met entre la marge & la Frisquette, est pour empêcher que cette marge ne s'attache contre la Frisquette, en imprimant les pages dessus.

ARTICLE III.

Comment on doit mettre une Forme en train.

POUR mettre une Forme en train, on doit premierement bien nettoyer le Marbre de la Presse, de même que le dessous de la Forme ; c'est ce qui se fait en passant la main sur le pied de la lettre de chaque page de la Forme, de crainte qu'il n'y reste quelque ordure dessous ; car pour peu qu'il y en resteroit, cela feroit qu'il y auroit des lettres élevées les unes plus que les autres, & on seroit obligé de rélever la Forme, aprés qu'elle seroit mise en train, pour les ôter : C'est à quoi il faut prendre garde, afin d'éviter de faire deux fois le même ouvrage ; & on doit soigneusement observer de ne point jetter la Forme avec rudesse, ou par plusieurs secousses, de crainte d'écailler le Marbre de la Presse.

2°. La Forme étant couchée sur le Marbre, il la faut mettre bien droite, en sorte que la Platine ne porte point plus d'un côté que d'un autre ; puis la bien arrêter avec les coins des cantonnieres, afin qu'elle ne puisse point bouger de place en touchant avec les Bales ; ce qui feroit à tout moment changer le registre à la retiration,

3°. La Forme étant ainsi bien arrêtée, il la faut desserrer & battre la lettre avec les doigts pour abaisser les espaces ; ensuite on doit passer le taquoir par dessus toutes les pages, en frappant tout doucement dessus avec le cognoir ou le manche du marteau ; & si le Chassis, les bois de garnitures, ou quelques cadrats se trouvent élevés, on les doit aussi abaisser ; aprés quoi on serre la Forme d'une force égale par tout, comme nous l'avons dit au *Chap. 3. Art. 2. de la 2. Part.* afin de ne point être obligé de mettre des reglettes à la retiration, aux pages qui auroient été plus serrées que les autres

4°. Avant que de serrer la Forme entierement, comme je viens de dire, il est nécessaire de tirer les cartes dessus la forme ; pour cet effet, on doit aprés avoir desserré sa forme, répousser les coins seulement avec les doigts, ou le pouce ; ensuite on prend une main de Papier (c'est ce qu'on appelle *les Cartes*, & dans d'autres endroits *moyse*) laquelle on pose sur la forme, pour tirer le Bareau à force dessus, afin d'abaisser les lettres de la forme qui se trouveroient élevées, nonobstant la précaution qu'on auroit prise de les abaisser auparavant avec le taquoir.

¶ Mais comme ces Cartes s'endurcissent tellement à force de s'en servir, qu'elles deviennent presque aussi dures qu'une planche ; j'ai jugé qu'il étoit plus convenable de se servir seulement de trois ou quatre feuilles de semblable papier, lesquelles on doit poser sur le Tympan garni de ses Blanchets, & tirer ensuite le bareau par dessus, de cette maniere on ne gâtera point sitôt le Caractere qu'avec des cartes si dures : C'est ce qu'il faut faire toutes les fois qu'on aura été obligé de desserrer la Forme.

ARTICLE IV.

Comment on doit faire un Registre.

QUAND on fait son Registre au papier blanc, on doit avoir la précaution de mettre une mechante feuille de papier sur la Forme, afin de conserver la blancheur de celui de l'Ouvrage ; ensuite on met les pointures au Tympan, pour tirer les feuilles en blanc, jusqu'à ce que les pages de la retiration de la même Forme se rencontrent l'une sur l'autre ; aprés quoi on arrête les pointures bien fermes, de même que les couplets du Tympan & les coins des cantonnieres, afin que le tout demeure toûjours dans sa même situation depuis le commencement de l'Ouvrage jusqu'à la fin.

Quand on aura imprimé tout le papier blanc, il faut lever la Forme fort doucement & avec beaucoup de précaution, sans la traîner sur le marbre, comme la plûpart des Compagnons font ; car à la longueur du têms, il se fait des creux aux endroits où le Chassis a frotté ; de sorte que le caractere qui se rencontre précisement dans ces endroits là, est beaucoup plus bas, ce qui fait qu'on est obligé à mettre des hausses sur le Tympan pour remedier à son inégalité.

On observera aussi de ne point bouger les coins des Cantonnieres du côté des têtieres de la Forme, non plus que ceux qui sont contre les couplets du Tympan ; afin de pouvoir mettre la Forme de la retiration dans la même situation qu'aura été celle du papier blanc.

La Forme de retiration étant posée sur le marbre, on abaisse la frisquette pour voir si elle se rencontre juste, sans qu'elle vienne à mordre à quelques pages. Si elle ne se rencontre point comme il faut, on doit bouger la Forme, jusqu'à ce qu'on ait adressé de la rendre à la même situation qu'elle aura été à la premiere Forme.

Quand la Frisquette se rencontre bien sur la Forme de la retiration, on fait son registre de cette maniere : On prend une feuille du papier qui aura été imprimé d'un côté ; on la pose sur la Forme de la retiration, le côté blanc contre la lettre, en observant de bien poser les chiffres des pages de l'impression de cette feuille précisement sur les chiffres des pages de la Forme ; ensuite on abaisse le Tympan, qu'on aura mouillé auparavant, pour lever la feuille, de même que l'on fait pour enlever une marge.

La feuille étant ainsi attachée sur le Tympan, on aura soin de faire entrer les pointes des pointures dans les mêmes troux qui auront été faits au papier blanc ; de cette maniere, on trouvera son Registre fait dans un instant, ou du moins il s'en manquera peu de chose.

Cela fait on arrête bien sa Forme, de même que les couplets, tant du Tympan que de la Frisquette, comme nous venons de dire. Voilà la methode la plus aisée, & la plus expeditive qu'on puisse enseigner à bien faire son Registre.

Quand aux in-douze, la maniere la plus aisée & la plus courte pour faire son Registre au papier blanc, est sitôt qu'on a fait sa marge, de mettre seulement une pointure au Tympan du côté du bareau ; ensuite on posera une feuille par dessus, en y mettant un peu de colle aux deux bouts du côté où il n'y a point de pointure ; & on tirera ainsi cette feuille sur la Forme. Si nonobstant cette précaution, la feuille restoit sur la Forme, en relevant le Tympan ; il faudroit mouiller ce Tympan, pour la lever, de la même maniere qu'on leve une marge. Ayant ainsi imprimé & levé cette feuille, on la plie par le milieu de sa longueur sur le Tympan, sans la bouger de place, en mettant le côté où sera la pointure, sur celui où il n'y en a point, & en observant de bien poser directement les chiffres des pages les uns sur les autres ; ensuite on prend une aiguille, & on la passe au travers du trou que la pointure aura faite ; aprés quoi on attache la seconde pointure au Tympan, & on fait entrer sa pointe précisement dans le trou qu'on aura fait avec l'aiguille. Voilà la maniere la plus juste pour faire son Registre aux Impositions in-douze.

Pour la Retiration, on doit poser une feuille imprimée sur la Forme, comme il est dit à la page précédente.

ARTICLE V.

Des Pointures.

LES Pointures se mettent toûjours au milieu du papier, à l'exception des Impositions in-douze, & in-dix-huit, lorsqu'on met la barre du Chassis à l'endroit des cartons, de même qu'aux in-trente-six & in-quarante-huit, soit par feuille, soit par demi-feuille.

On doit observer de mettre les Pointures aux Impositions in-douze à la même distance que contiendra la moitié du blanc des bois des têtieres de la Forme ; afin que quand le Relieur vient à couper les cartons, il ne laisse point plus de blanc à la tête desdits cartons qu'il y en aura à la tête des pages des cayers où ils doivent être placés.

Quant aux Impositions où les Pointures sont au milieu du papier, il est à propos d'avancer une Pointure un peu plus que l'autre, parce que si le papier venoit à être transposé sur son banc, on s'en apperçevroit à la premiere feuille de Retiration, à cause de la grande inégalité de rencontre des pages. De cette maniere on ne sera point exposé au danger de payer à son Maître le papier qu'on auroit mal imprimé, faute de ne l'avoir point bien tourné à la Retiration.

Pour l'in-folio, il faut observer de mettre la Pointure qui est du côté de la tête, toûjours à une même distance ; c'est-à-dire que si on met cette Pointure vis-à-vis la troisiême ligne aprés *le titre courant du haut des pages*, on doit en faire de même à toutes les Formes que contiendra le même ouvrage. On observera aussi de laisser la même marge à la tête de toutes les pages d'une semblable Imposition ; afin qu'il ne se rencontre point de feuilles qui ayent plus de blanc à la tête les unes que les autres ; car cela donneroit trop de peine au Relieur, lorsqu'il met les feuilles de chaque cayer l'une dans l'autre.

Sitôt qu'on aura posé les Pointures au Tympan, on doit avoir soin de l'abaisser, pour voir si elles entrent dans la fente de la barre du milieu du chassis; car si on venoit à tirer dessus, sans qu'elles se rencontrassent au milieu, elles s'emousseroient entierement; c'est à quoi on doit prendre garde à chaque fois qu'on veut faire son registre.

Quand la barre du chassis est d'une petite largeur; comme lorsqu'elle sert de bois de fonds aux impositions des in-dix-huit (de sorte qu'il n'y auroit que trés peu de distance entre les pages) il faut pour lors se servir des plus étroites Pointures qu'on aura; car si elles étoient trop larges, elles feroient crever le papier; si ce n'étoit point au papier blanc, ce seroit à la retiration.

ARTICLE VI.

Contenant plusieurs Observations trés nécessaires pour celui qui tire le Bareau.

1. QUAND un Imprimeur travaille à une nouvelle Presse, il doit regarder si la Platine ne frotte point contre le bord de son Tympan, soit par le contre-coup de la vis qui la feroit ainsi toucher, soit qu'elle seroit plus prés d'un côté que de l'autre; de même il doit voir si le *Coffre* V, ou *la languette* I, de la Frisquette, & *les bouts des Pointures* ne touchent point contre les *Jumelles* B, de la Presse; car tous ces défauts sont capables de faire maculer les pages d'une Forme, comme nous l'avons fait voir au 1. Chapitre de cette derniere Partie.

2. Il doit toûjours tirer son Bareau tout d'un coup, & non point à deux reprises, comme font plusieurs, qui laissent tomber leur Platine sur le Tympan, & ensuite tirent le Bareau; car cela est aussi capable de faire maculer l'impression.

3. Il doit aussi observer en imprimant son papier, de tirer le premier coup toûjours dans le même endroit, de

même

même que le second ; car s'il venoit à tirer ses coups quelquefois plus avant, ou moins que de coûtume, les feuilles ne pourroient être imprimées d'une même égalité, de sorte qu'il y auroit des endroits qui fouleroient plus les uns que les autres ; ainsi il est nécessaire, pour prévenir cet accident, de marquer précisement le premier & dernier coup avec de la craye sur le Tympan, & de ne jamais avancer ou reculer la Platine plus loin que les marques qu'on aura faites pour ce sujet.

4°. Si par accident il venoit à tomber sur la Forme quelques lettres que les Bales auroient enlevées par la faute de celui qui touche, ou même des cloux des Bales qui se détachent (c'est de quoi on s'apperçoit lorsque le Tympan à plus de peine à passer dessous la Platine qu'à son ordinaire) il faudroit arrêter incontinent, & faire reculer le train de la Presse, pour ôter ce qui pourroit y avoir ; autrement on écraseroit toutes les lettres qui se rencontreroient dessous, si on n'avoit point cette précaution.

5°. Il doit avoir soin de bien marger son papier, & prendre garde d'élargir les troux des pointures au papier blanc, en ôtant brusquement les feuilles du Tympan, pour les poser sur son banc. Il observera aussi de ranger sur son banc toutes les feuilles qu'il imprime, d'une même uniformité, afin qu'elles ne sechent point par les bords.

6°. Quant à la retiration, il doit aussi prendre garde de ne forcer les troux du papier dans les pointures, de crainte que cela n'empêcheroit le rencontre de son registre ; c'est à quoi il doit faire une grande attention, principalement à l'impression du rouge & noir. Nous nous reservons cette matiere pour le dernier Chapitre.

7°. Si son papier venoit à secher par les bords (ce qui arrive quand on a un grand nombre d'exemplaires à imprimer) il devra le rafraichir, en jettant de l'eau avec une éponge tout à l'entour des bords du papier.

8°. Il doit avoir soin de changer de têms en têms de marge à la retiration ; car l'impression est souvent trés-belle au papier blanc, & elle devient entierement ou en partie maculée, faute d'avoir eu soin de changer assez souvent de marge à la retiration, principalement lorſque l'impreſſion vient à ſe décharger beaucoup, quand le vernis n'eſt pas aſſez cuit, ou qu'il eſt nouvellement fait.

9°. Il doit ſouvent jetter la vûe ſur l'impreſſion, pour prendre garde s'il n'y a point d'ordures deſſus; & ſitôt qu'il en apperçevra, il l'ôtera avec la pointe, ſans attendre qu'il y en ait davantage: par cette précaution, ſon impreſſion ſera toûjours fort nette.

10°. Si par accident ſon Compagnon avoit fait quelque paté, il devroit bien nettoyer ces endroits là avec une petite broſſe, qu'il doit toûjours avoir ſur la tablette de la Preſſe, laquelle il nettoyera de têms en têms avec de la leſſive bien chaude, afin de ne point laiſſer endurcir la craſſe deſſus, comme font pluſieurs ouvriers, qui en voulant broſſer quelque page avec une ſemblable broſſe, la rempliſſent plus d'ordure, qu'ils en ôtent.

11°. Si la Preſſe ne foule qu'en divers endroits, ou ſi l'impreſſion vient à doubler à quelques pages, il doit viſiter toutes les pieces de ſa Preſſe, en examinant les nombres 3. 6. 7. 10. 11. 13. & 17. du 1. Chap. Art. 1. de cette derniere Partie, par où il découvrira facilement leurs défauts, & ce qu'il faudra faire pour y apporter le remede neceſſaire.

12°. Il doit rafraichir le deſſus de ſon tympan toutes les fois qu'il quitte ſon travail, ſoit au déjeûné ſoit au dîné &c. il en doit faire de même quand ſon tympan eſt trop ſec, & à chaque fois qu'il change de marge à la retiration, en prenant garde de ne point jetter de l'eau ſur la Forme.

13°. Quand il tire un grand nombre d'exemplaires ſur une Forme, il doit prendre deux rames à la fois ſur ſon banc; & lorſqu'elles ſeront imprimées, il les doit poſer ſur un ais en quelque place hors du paſſage, les couvrir avec quelques maculatures, & jetter de l'eau pardeſſus, pour empêcher que le deſſus de l'impreſſion du papier blanc ne ſeche, & prendre garde de ne le charger d'aucun poids; autrement cela feroit élargir le papier blanc, & obligeroit l'Imprimeur à mettre des reglettes, ou des cartes entre les bois de garnitures, pour faire ſon regiſtre.

14°. Sitôt qu'il aura imprimé tout le Papier blanc d'un

côté, il doit avoir soin de bien tourner son papier sur son banc, de crainte de gâter des feuilles mal à propos, en cas qu'il s'en trouveroit quelques unes transposées.

15°. Lorsque le papier vient à crever le long des pages, ou aux côtés des têtieres, soit que cela arrive de la pourriture du parchemin du Tympan, soit que le papier soit trop mouillé, on peut y remedier un peu, en déchirant le papier de la marge, seulement aux endroits où le papier creve & y mettre en la place d'autre papier tout sec, & le coller d'une maniere que la colle ne se rencontre pas aux endroits qui sont sujets à crever; en observant de changer ce papier à mesure qu'il viendra trop humide. On peut encore renverser les bois de garnitures les plus proches de ces pages, le creux dessous, & les élever un peu, de sorte qu'ils ne soyent que de l'épaisseur d'un cadrat de cicero moins hauts que le caractere de la Forme. Si cet accident provient uniquement de la pourriture du parchemin, on doit couper un morceau, de la grandeur de la crevasse du papier, & en mettre du nouveau, en attendant que la journée soit finie pour faire une *Braye* ou un Tympan tout nouveau On peut aussi mettre des *Supports* de la maniere que nous dirons à l'Art. 8. de ce present Chapitre.

16°. Toutes les fois qu'il voudra serrer ou desserrer sa Forme, il ne doit jamais le faire avec le marteau sans se servir du cognoir *a*; de crainte d'écraser la lettre, ou de gâter le Marbre, en frappant dessus par accident.

a C'est un morceau de bois trés-dure, sur lequel on frappe pour serrer les coins de la Forme.

17°. Il ne doit jamais frapper, soit aux coins des cantonnieres, en faisant son registre, soit en quelqu'autre endroit de la Presse que ce puisse être, sans être assuré auparavant de réussir; autrement c'est travailler en aveugle; & à force de tourmenter une Presse sans sçavoir ce que l'on fait, on met une bonne Presse en état de ne pouvoir plus fouler; c'est pourquoi, le moins qu'on y peut toucher est le meilleur.

18°. Quand il s'appercevra que son train ira plus lentement que de coûtume, il doit avoir soin de mettre de têms en têms de l'huile d'olive aux endroits où il en faudra; cela le soulagera beaucoup, & les ferremens ne s'useront point sitôt.

19°. Aprés qu'il aura imprimé le nombre d'exemplaires qui aura été fixé, il doit ferrer sa Forme & la porter au bâquet, pour la laver avec de la lessive bouillante ; en observant de tenir la brosse bien droite, de crainte de gâter la lettre avec le bois des bords de ladite brosse.

20°. Mais si le nombre d'exemplaires ne se peut imprimer en deux jours, il est nécessaire de laver la Forme lorsqu'on s'apperçoit que la lettre se remplit d'ordures, & à mon avis, on devroit la laver tous les jours en quittant le travail ; afin que l'impression soit aussi nette le lendemain, qu'elle aura été le jour précedent ; attendu que l'encre se seche sur la Forme pendant la nuit, & l'œil de la lettre se remplit peu à peu ; de sorte qu'il est impossible que la fin d'une semblable impression ne soit toute remplie d'ordures, & c'est ce qu'on appelle un ouvrage gâté.

21°. En lavant la Forme, on doit avoir soin de bien brosser tout le long des pages, & tout autour de la Forme ; à cause que l'encre s'attache plus fort sur les cadrats du bas des pages & sur les côtés, qu'elle ne fait sur le milieu ; il faut aussi bien frotter les bandes du chassis, les biseaux & les coins à mesure qu'on laisse couler la lessive hors du bâquet.

22°. Sitôt qu'elle est lavée, on doit jetter de l'eau tant par dessous que pardessus ; afin de faire couler la mousse & la crasse de la lessive qui reste à la Forme ; ensuite on la doit poser contre la muraille, en lui donnant un peu de pente, pour empêcher qu'elle ne tombe, & avertir le Compositeur de l'aller prendre.

ARTICLE VII.

Des Hausses & comment on les doit poser.

SI on vouloit faire attention aux observations que j'ai faites pour la construction de la Presse de l'Imprimerie, il ne feroit point nécessaire de se servir des Hausses pour l'impression ; cependant comme l'on a quelquefois des vieux

Marbres, où il y a des places enfoncées, & où les lettres qui se rencontrent dans ces endroits là, sont plus basses que les autres; je ne laisserai pas de dire en peu de mots la maniere de les placer.

On ne doit jamais mettre des Hausses plus larges que ne sont les endroits où l'impression ne foule point; par exemple, si cet endroit est de la grandeur d'une piece de 20. sols, & que vous mettiez une Hausse de la grandeur d'un écu, le défaut ne sera point ôté; parce que le superflu de la Hausse que vous aurez mise, rendra les environs de la place où il ne foule point encore plus hauts que devant, & les lettres enfoncées dans le trou du Marbre ne se trouveront point plus élevées qu'auparavant, même moins; par consequent il ne faut jamais mettre des Hausses plus grandes, que n'est l'endroit qui ne foule point.

On doit faire ces Hausses d'un papier bien uni, un peu fort & moelleux, & sans être collé, & frotter tout doucement les bords de ces Hausses avec un peu de salive, en sorte que la superficie de ces bords finisse en diminuant d'épaisseur; afin que l'endroit où il ne foule point se trouve d'une hauteur égale à celui qui foule plus.

Il y a plusieurs Compagnons qui mettent leurs Hausses dans le Tympan pardessus les blanchets, & les collent sur une feuille de papier de la grandeur de celui de l'ouvrage; les uns l'appellent *le Carton*, & d'autres, *le Patron*; de sorte qu'à la longueur du têms il se trouve des endroits si élevés, que cela empêche de fouler plusieurs pages d'une Forme; c'est pourquoi selon le bon sens, il est plus à propos de coller ces Hausses sur la marge de son grand Tympan, & de les ôter à chaque fois qu'on change de Forme; car on voit assez souvent qu'une hausse, qui sera nécessaire au milieu d'une page in-douze, se trouvera inutile à celle d'une autre imposition, par consequent lorsqu'on est obligé de se servir de pareils cartons dans le Tympan pour faire fouler une Presse, c'est une preuve certaine que cela provient des défauts suivans. 1°. Que le Marbre ou le Sommier d'en haut ne sont point posés au niveau. 2°. Que le Pivot, ou le Dez de la grenouille sont usés. 3°. Que la Platine repose sur les bords de la Friſquette qui ſe trouve plus élevée que la lettre de la Forme. Ainſi dans un cas ſemblable, on doit faire une épreuve ſans mettre de Friſquette & ſi la Platine foule également bien par tout, c'eſt une marque que ce défaut provient de cette Friſquette, & on doit apporter le ſoulagement néceſſaire à cette piece, comme nous l'avons expliqué ci-devant au 1. Chap. Art. 3. de cette quatriême Partie: Mais ſi on s'apperçoit que la Platine ne foule pas plus fort ſans Friſquette, que lorſqu'on eſt obligé de mettre le même carton d'un côté & d'autre dans le Tympan; pour lors on doit abſolument demonter toutes les pieces ſuſdites pour voir ſi elles ne ſont point uſées, les faire raccommoder, en obſervant la juſteſſe que ces pieces demandent, & les remettre tous au niveau, car c'eſt préciſement en cela que dépend la bonté d'une Preſſe.

ARTICLE VIII.

Des Supports

L'ON doit mettre des Supports aux pages qui ſont entierement blanches, ou qui ne ſont point pleines de matiere; de même à celles qui foulent plus que les autres; comme auſſi quand *les Signatures*, *les Réclames & les chiffres des Pages* ſont crever le papier, qui ſe trouveroit trop trempé; & ce défaut provient quelquefois de la pourriture du parchemin du Tympan; & quand cela arrive, il en faut faire un nouveau, ou du moins une braye, au même inſtant que l'on voit qu'on n'y peut apporter aucun remede.

Lorſqu'on veut mettre des Supports à de ſemblables endroits, il faut obſerver de les poſer d'une maniere qu'ils ne ſe rencontrent point ſur aucune page de la Forme; car ſi on poſoit un Support ſur les cadrats d'une page qui ne ſeroit point pleine, l'Impreſſion qui ſe rencontreroit à l'endroit de ce Support, ſeroit tellement maculée à la Retiration, qu'il ſeroit impoſſible de la lire; ainſi pour éviter cet accident, il les faut poser sur les bois de garniture de la Forme, soit sur les bois des têtieres renversées, soit sur les bois plats, soit sur les biseaux.

Quand on est obligé de mettre de semblables Supports dessus les bois de fonds, de têtieres ou autres semblables, on doit renverser ces bois, afin que ces Supports tiennent plus facilement ; autrement, comme ces bois sont creux par le dessus, les Supports porteroient à faux ; & par cette raison ils se decolleroient facilement de la Frisquette, ou ils se rencontreroient quelquefois sur la lettre de la Forme, en bougeant de leur place.

Quant à leur hauteur, il suffit qu'ils soient tant soit peu plus hauts, que ne sera le caractere ; cela s'entend pour ceux qui se mettent seulement pour empêcher quelques lignes de trop fouler ; mais quand c'est pour des pages entieres ou des demi pages, ils peuvent bien être de l'épaisseur d'un écu plus élevés que ne sera la lettre de la Forme.

CHAPITRE IV.

De l'Impression en rouge & noir. Du Vernis, & de son mélange avec le noir ou le rouge, pour faire l'encre.

ARTICLE PREMIER.

Contenant la bonne methode de faire l'impression en rouge & noir.

COMME nôtre dessein est d'obmettre le moins qu'il nous sera possible tout ce qui concerne la pratique de nôtre Profession, nous avons jugé à propos de donner des Instructions pour faire le vernis de l'imprimerie, & pour la quantité de noir qu'il y faut mettre, afin que l'encre ne soit jamais plus noire, ni plus épaisse une fois que l'autre.

Un de mes Confreres me vouloit detourner de parler de l'Impreſſion du rouge & noir, à cauſe que l'uſage commence à s'en perdre, par rapport aux doubles frais qu'il en coûte ; mais comme il y a beaucoup d'Imprimeurs qui n'en ont pas la connoiſſance, je crois leur faire plaiſir en leur enſeignant de quelle maniere cela ſe pratique ; afin qu'ils puiſſent s'en ſervir dans le beſoin, ſoit pour faire quelque premiere page d'un livre ou pour quelqu'autre ouvrage qui pourroit leur ſurvenir, & principalement pour les livres d'Egliſe.

Ainſi pour la compoſition des ouvrages en rouge & noir, on doit obſerver de mettre une fine eſpace, aprés chaque lettre capitale qui ſera rouge au commencement des mots, dont le reſte ſera noir ; comme auſſi à chaque commencement de ſtances d'Hymnes, Proſes & à chaque verſet des Pſeaumes, leſquels commencent toûjours par une lettre capitale rouge : & pour les mots & lignes qui doivent être entierement en rouge, il faut les eſpacer comme on eſt accoûtumé de faire pour l'impreſſion toute en noir.

Lorſqu'il ſe rencontre un mot qui doit être imprimé en noir, au milieu de pluſieurs lignes qui ſont en rouge, on doit mettre des cadrats en ſa place, pendant qu'on tire le rouge, & remettre ledit mot lorſqu'on ôtera leſdites lignes rouges pour faire la retiration du noir ; en obſervant de bien égaliſer le blanc de chaque côté dudit mot.

Sitôt qu'on aura fait la premiere épreuve, on doit bien laver la Forme, & la poſer ſur le Marbre de la Preſſe, & la mettre en train, comme on fait pour le noir ſeul ; en obſervant d'attacher des cloux à chaque coin des cantonnieres : ſitôt qu'on aura fait ſon regiſtre au papier blanc, afin que la Forme ne puiſſe varier en imprimant le rouge.

On doit auſſi arrêter les couplets du Tympan & de la Friſquette ; autrement on auroit de la peine à faire rencontrer le rouge directement à l'oppoſite du noir. Si les chevilles des couplets ſont un peu uſés, il faut y remedier en y mettant du fer blanc ; car il faut abſolument qu'ils ne branlent non plus qu'une bonne charniere d'une Tabatiere, & c'eſt de ces trois choſes que dépend le bon rencontre du rouge & noir.

Lorſqu'on

Lorſqu'on a bien arrêté ſa Friſquette, on imprime les pages de la Forme deſſus en rouge, & on la détache pour la poſer ſur un ais bien uni; enſuite on coupe avec un canif toutes les Lettres, Fleurons, Armoiries & généralement tout ce qui doit être imprimé en rouge; en obſervant de faire la coupure un peu plus grande que ne ſera la grandeur du mot ou lettre qu'on doit couper; & même il faut qu'il y ait tant ſoit peu de bavûre des autres lettres voiſines; car de les couper ſi juſtes, il ſeroit dangereux que le rouge ne vint à mordre à la Friſquette; à cauſe que le parchemin, comme nous dirons ci-aprés, s'allonge, principalement quand on tire beaucoup d'exemplaires. On doit auſſi prendre garde de ne point bouger les pieces qu'on coupe de la Friſquette, de leur place, à meſure qu'on les coupe.

Quand on aura taillé ſa Friſquette, on doit la remettre au Tympan, auſſi ferme comme nous avons dit ci-devant; enſuite on tranſporte l'ais où ſont toutes les pieces qu'on aura coupées de la Friſquette, ſur la forme, ſans remuer aucune piece de ſa place; en obſervant de mettre quelque vieux blanchet deſſus la Forme, pour empêcher que la lettre ne ſe gâte par la peſanteur dudit ais.

La Friſquette étant bien arrêtée & couchée ſur le Tympan, on prend toutes les pieces qu'on a coupées (que nous appellons *taquons*) les unes aprés les autres avec le bout de la pointe; & on les rapporte aux mêmes endroits des troux de la Friſquette d'où on les a coupées, tout de même que ſi on les y vouloit remettre.

On doit éparpiller un peu de colle ſur le bout de ſon ais du côté du Tympan, & à *chaque taquon* qu'on prend avec ſa pointe on le trempe un peu dans la colle, deſſous l'impreſſion du *taquon*, afin que chaque *taquon* reſte attaché ſur le parchemin du Tympan.

Sitôt que les *taquons* ſeront collés ſur le Tympan, d'une maniere qu'il ſemblera n'y avoir preſque point de coupures à la Friſquette, on prend une des feuilles du papier qui auront ſervi pour faire le regiſtre en blanc, on la colle avec le pinceau par un côté & on poſe ce côté là ſur *les taquons*, afin qu'ils ſoyent collés contre le Tympan & contre ladite feuille;

On doit observer en posant cette feuille, de faire entrer les pointures dans les troux de la feuille qui aura servi à faire le registre ; autrement il seroit difficile de bien marger son papier blanc, parce qu'on ne se sert point d'autre feuille que de celle-là.

Aprés qu'on aura collé cette feuille, qui sert de marge sur le Tympan, on tire le rouge de même comme l'on fait à l'impression en noir ; & s'il y a des endroits qui n'impriment point aussi-bien que les autres, on y met des hausses, comme on fait ordinairement.

Quand on aura ainsi imprimé en rouge le nombre suffisant, on porte la Forme au bâquet, & incontinent qu'elle sera lavée, on la desserre sur un ais ; ensuite on ôte généralement tout ce qui aura été imprimé en rouge, en mettant en leur place des cadrats, ou cadratins &c. de la même épaisseur des lettres ou mots qu'on aura tiré de la Forme ; en observant néantmoins de ne point justifier ces endroits si fort. A mesure qu'on tire toutes ces lettres de la Forme, on les met dans une gallée, que l'on pose prés de soi, lesquelles on distribue incontinent aprés que la Forme sera accommodée.

Aprés avoir tiré tout ce qui a été imprimé en rouge, & remis des cadrats à la place ; on serre la Forme, & on la porte sur le marbre de la Presse pour la mettre en train, comme on fait à une Forme de retiration ordinaire ; en observant de bien faire rencontrer le rouge avec le noir ; & sitôt qu'on aura corrigé les fautes qui pourroient y avoir, on peut aller son train comme à l'ordinaire.

Pour le rouge & noir, on doit se servir de trois pointures ; sçavoir, une à l'endroit où on les met au carton d'un in-douze, & les deux autres à la barre du milieu du chassis : ces deux dernieres restent toûjours dans leur place ; mais la premiere se doit changer à la retiration : Par exemple, si elle est en haut au papier blanc, on la doit poser par en bas à la retiration, en la faisant rencontrer dans le méme trou du papier.

Il faut avoir soin de ne point forcer les troux des pointures, & de coucher son Tympan toûjours d'un même sens, sans le contraindre plus d'un côté que d'un autre; car cela feroit varier le registre, & par consequent le rencontre du rouge avec le noir, ne se trouveroit point juste.

On doit aussi avoir la discretion de tirer le bareau, à proportion qu'il y aura de matiere dans une forme; car de tirer si fort, lorsqu'il n'y a que peu de matiere dans la forme de retiration, le papier creveroit; & quand cet accident arrive, il faut y remedier par le moyen des supports, comme on fait pour l'impression en noir.

Les bales pour le rouge sont ordinairement de peaux blanches; on les prépare comme nous avons dit au *Chap.* 2. *Art.* 3. de cette derniere *Partie.* On doit bien prendre garde de ne les point noircir, soit contre *la Jumelle* en les posant sur les chevilles, ou contre le chassis du coffre; & pour que cet accident n'arrive, on ratisse bien les endroits du coffre, & les cantonnieres, avec un couteau, de même que les coins qui se trouveroient noirs. Pour *la Jumelle* où on pose les bales, on y attache un grand morceau de parchemin avec de la ficelle; car le moindre noir qui s'attacheroit à ces bales, seroit capable d'ôter tout l'éclat de l'encre rouge; c'est à quoi il faut prendre garde à chaque fois qu'on met une forme de rouge en train.

Il faut avoir la précaution de ne pas prendre beaucoup d'encre à la fois; car le rouge est plus beau étant un peu maigre, que lorsqu'il est trop gras, attendu que cela rend l'impression pateuse, & remplit la Forme facilement; on observera de broyer son encre tous les matins, avant de travailler, & de continuer la même chose de têms en têms pendant la journée.

La Frisquette doit entierement être de parchemin, & on colle une feuille de papier fin dessous, afin que l'extrêmité des coupures de cette Frisquette ne mordent point sur l'impression rouge, ce qui arriveroit facilement sans cette feuille, lorsque le parchemin de ladite Frisquette viendroit à s'élargir par l'humidité du Tympan.

A toutes les Formes qu'on voudra imprimer en rouge & noir, on doit faire une nouvelle Frisquette semblable à celle-ci, laquelle on ne doit point mettre en œuvre, qu'elle ne soit bien seche ; afin que les rubriques se coupent plus facilement.

Si à force d'imprimer un grand nombre d'exemplaires sur une même Forme, le rouge venoit à percer le parchemin de la Frisquette, de maniere qu'il barbouilleroit le papier blanc ; il faudroit frotter le dessous de la Frisquette avec de la craye, & c'est l'unique remede pour cet effet.

On doit observer de ne point toucher aux blanchets du Tympan, depuis qu'on a mis sa Forme en train jusqu'à ce que toute l'impression du rouge de la Forme soit entierement achevée de tirer ; on doit seulement le rafraichir en jettant de l'eau avec l'éponge dessus la marge. Mais à la retiration du noir, on doit ôter ces blanchets & les frotter ; comme on fait ordinairement quand on met une forme en train.

Il y a des Compagnons, qui au lieu de coller *les taquons* sur le Tympan, comme nous venons de dire, les mettent sous la lettre qui doit marquer en rouge ; cette methode n'est point à rejetter, lorsqu'il n'y a que trés peu de lettres à élever, comme à quelque premiere page, mais quand c'est pour une Forme entiere, on est en grand danger de casser les rubriques, lorsqu'elles sont en si grande quantité ; & la methode de les mettre sur le Tympan est beaucoup plus expeditive.

Dans les Imprimeries ou on fait continuellement des ouvrages en rouge & noir ; comme des *Missels*, *Breviaires*, & autres semblables usages d'Eglise ; il y a des Caracteres de deux hauteurs, dont celui qui sert pour le rouge, est beaucoup plus haut que celui qui sert pour le noir ; de sorte qu'on n'est point obligé de mettre sur le Tympan, ou sous les lettres, aucuns *taquons*, lesquels on jette à mesure qu'on les a coupés ; mais quand on n'a point cette commodité, on doit observer de les mettre sur le Tympan, comme nous venons de dire.

Comme on met le double de têms à imprimer une feuille en rouge & noir, il ne faut pas qu'il y ait beaucoup d'air dans l'endroit où on travaille, de crainte que les bords du papier venant à se secher, on n'eut trop de peine à faire rencontrer le noir dans sa situation, de même que le rouge ;

c'est pourquoi on doit avoir soins de tenir les fenêtres & la porte de la Chambre toûjours fermées, principalement lorsqu'il fait de grandes chaleurs.

Il ne reste plus qu'à enseigner à faire l'encre rouge; mais comme le Vernis avec lequel elle se fait, est le même que celui dont on se sert pour faire l'encre noire; nous avons jugé à propos de parler premierement de ce Vernis qui entre dans la composition de tous les deux.

ARTICLE II.

De la maniere de faire le Vernis pour la composition de l'encre de l'Imprimerie.

L'Encre de l'Imprimerie est composée de deux choses; sçavoir, du Vernis, & du noir de fumée. Pour faire ce Vernis, il faut prendre un pot de fer ou de cuivre; il y en a qui en font faire exprés, large par le bas, & étroit par le haut, avec des anses à côté, pour y passer un bâton à travers pour le transporter d'un lieu à l'autre. Le couvercle de ce pot doit être bien juste, afin d'étouffer le feu lorsqu'il prend à l'huile qui est dedans.

On doit remplir ledit Pot, un peu plus d'à moitié d'huile; car si on en mettoit davantage, il seroit à craindre qu'elle ne s'enfuyeroit dans le feu, parce que l'huile s'éleve toûjours à mesure qu'elle s'échauffe; c'est à quoi il faut faire attention, de crainte qu'il n'arrive du malheur, comme nous le dirons ci-aprés.

Il n'y a que deux sortes d'huile qui soyent propres à faire le Vernis; sçavoir, l'huile de lin, & celle de noix; quant aux autres, elles ne valent rien, attendu qu'elles sont trop grasses; ce qui fait que l'impression macule, quand on vient à la battre, & jaunit à mesure qu'elle viellit; cependant je me suis servi autrefois de l'huile de navette & de chenvre, mais c'étoit dans des Imprimeries où on ne fait que des Almanachs & d'autres semblables brochures, dont on ne se soucie point que l'impreſſion ſoit belle, pour la donner à ſi vile prix, & d'autant plus que ces ſortes d'ouvrages ne ſont jamais battus.

Ayant ainſi rempli le pot de la quantité d'huile que nous venons de dire, on y fait du feu clair, de même que deſſous un pot, dans lequel on fait la ſoupe; juſqu'à ce que l'huile ſoit bien échauffée, & que le feu ſoit en état d'y prendre; c'eſt-à-dire, pendant deux heures, où environ.

Dans le commencement on y jette une croute de pain, afin de dégraiſſer l'huile, laquelle on ne doit ôter qu'aprés qu'elle ſera convertie en charbon; & ſitôt qu'elle ſera ôtée, on ne doit plus faire de feu, qui flambe beaucoup, ſoit avec du charbon, ſoit avec du gros bois; mais on doit faire cuire l'huile à petit feu encore l'eſpace de trois heures, ou environ.

Aprés lequel têms, pour ſçavoir ſi l'huile eſt aſſez cuite, on trempe une cuillier de fer dans l'huile, & on en laiſſe tomber quelques goutes ſur une ardoiſe ou thuille; & ſitôt que ces gouttes ſeront refroidies, on touche cette huile avec les doigts; & ſi elle eſt gluante, & tire à peu prés comme de la foible glu, ou comme ſi c'étoit de petits filandres qui s'allongent à meſure qu'on ouvre les doigts, c'eſt une marque évidente qu'elle eſt aſſez cuite, & qu'elle change ſon nom d'huile en celui de Vernis; & ſi elle ne fait point cet effet, on la doit laiſſer ſur le feu, juſqu'à ce qu'on voye les ſignes ſuſdits.

Le Vernis étant ainſi fait, on le laiſſe refroidir dans le même pot juſqu'au lendemain, enſuite on le verſe dans quelqu'autre vaiſſeau, pour en prendre lorſqu'on veut faire de l'encre.

Comme il pourroit arriver que le Vernis ſeroit trop fort pour faire l'encre en hyver, on doit par précaution, en tirer un pot, plus ou moins, ſelon le beſoin, une heure aprés qu'on aura tiré la croute de pain, afin de pouvoir affoiblir celui qui ſeroit trop fort; & on ſe ſert auſſi de celui-ci pour imprimer les Images en taille-douce.

On doit cependant remarquer que cette huile qu'on tire, doit être paſſablement cuite; car ſi elle ne l'étoit point, elle jauniroit l'impreſſion, la rendroit pateuſe, & la feroit beaucoup décharger à la retiration; c'eſt ce dont on s'appercevra, en cas que les bales ne tirent point; c'eſt à quoi il faut faire attention.

Comme il peut arriver que le feu pourroit prendre dans le pot où eſt l'huile, principalement lorſqu'elle commence à ſe convertir en vernis, il faut prendre les précautions ſuivantes.

Sitôt qu'on aura mis le feu deſſous le pot où eſt l'huile, on doit prendre des embalures qui ſont ordinairement de groſſe toille, & les tremper dans l'eau, enſuite les plier en quatre ou cinq doubles, les bien tordre, & les laiſſer égouter, afin que quand on voudra s'en ſervir, il ne tombe point d'eau dans l'huile; car cela ſeroit capable de la faire élever, & en danger de ne pouvoir éteindre le feu qui ſeroit dans l'huile.

On doit avoir un baton tout prêt pour tranſporter le pot, en cas que le feu viendroit à y prendre, afin de ne point chercher aprés les choſes néceſſaires quand cela arrive, de crainte que le feu ne vint à augmenter ſi fort qu'on ne ſçauroit plus l'éteindre.

Quand on voit que l'huile s'échauffe beaucoup, & qu'elle veut ſortir hors du pot, ou que le feu eſt dedans, on doit incontinent couvrir le pot de ſon couvercle, paſſer le bâton à travers les anſes, & le tranſporter dans la cour; & ſi c'eſt dans un jardin qu'on fait bouillir cette huile, on le tranſportera un peu éloigné du feu; en obſervant d'avoir l'eſprit preſent, & ſans crainte, & de le porter d'une maniere que la flamme, qui ſortiroit par quelques fentes du couvercle, n'incommode aucun de ceux qui le portent; & on doit le poſer tout doucement à terre tous deux enſemble, de crainte de le renverſer.

Lorſqu'on aura ainſi poſé le pot par terre dans une place bien unie, on doit ôter le couvercle avec un bâton, de crainte de ſe brûler par la flammé, & laiſſer brûler hardiment l'huile; mais ſi elle vouloit ſortir hors du pot, on doit incontinent remettre le couvercle deſſus; ſi cela ne ſuffit point pour l'éteindre, on peut jetter les embalures deſſus, d'une maniere qu'il ne puiſſe point y avoir d'air, & le laiſſer ainſi

PARTIE IV. CHAP. IV. ART. II.

jusqu'à ce qu'on voye sortir une noire & épaisse fumée à l'entour du pot; ce qui se fait en moins d'un demi-quart d'heure de têms; & par cette précaution on n'est point en risque de se brûler, ni contraint de renverser le pot, comme il est arrivé à plusieurs Compagnons, faute de prévoyance.

Il y a des Imprimeurs qui soûtiennent qu'il est necessaire de mettre de la therebentine dans l'huile, disant qu'elle rend l'encre plus forte, qu'elle empêche que l'impression ne decharge pas, & qu'elle seche plûtôt; tout cela est incontestable, mais ils ne prévoyent point les accidents qu'elle peut causer; c'est ce que nous allons faire voir.

1°. Quand on n'adresse point de cuire cette therebentine précisement comme elle doit être, pour la mêler avec l'huile, elle rend le Vernis si fort & si épais, qu'il déchire les feuilles de papier sur la lettre de la Forme; de sorte qu'elle est remplie en fort peu de têms.

2°. Quand même la therebentine seroit cuite, comme il faut, il suffit de dire que c'est une matiere semblable à une pâte fort liquide & qui est remplie comme de petits grains de sable, qui ne se démelent presque jamais avec le Vernis, & restent au fonds du pot; de sorte, que quand on vient à se servir de ce Vernis on ne doit point être étonné si tous ces petits grains remplisent quantité de lettres de la Forme.

3°. C'est que cette therebentine s'attache si fort au caractere, qu'il est presque impossible de bien laver les Formes; de sorte que quand on vient à distribuer le caractere on voit encore l'encre tout le long des pages, aux endroits des Signatures & sur les cadrats, tout de même que si on ne les avoit point lavées; c'est ce qui remplit aussi insensiblement l'œil du caractere; car cette encre venant à secher peu-à-peu, remplit en peu de têms la lettre, & la rend en état d'être jettée à la fonte.

Voilà les raisons pourquoi je ne veux point m'en servir; & je soûtiens, je parle par experience, que quand une huile est bien cuite, elle seche l'impression aussi bien que quand il y a de la therebentine, & qu'elle ne sçauroit causer les accidents que je viens de dire, dont j'ai vû les effets.

Si cependant on se servoit d'une huile nouvellement faite,

veritablement

veritablement elle feroit maculer l'impreſſion, & dans ce cas on peut mettre la dixiême partie de therebentine, que l'on pourra faire cuire de la maniere ſuivante.

La therebentine ſe cuit ſéparement dans un pot, lequel on doit abſolument faire bouillir dans une cour, parce que le feu s'y prend trop facilement, & qu'il eſt trop difficile à l'éteindre. Quand cette therebentine aura été ſur le feu l'eſpace de deux heures ou environ, on trempe un morceau de papier dedans, & ſi elle ſe briſe net comme la pouſſiere, ſans qu'il ne reſte rien attaché deſſus, en frottant ce papier ſitôt qu'il ſera ſec, c'eſt une preuve que la therebentine eſt aſſez cuite. Pour lors, on ôte le pot où eſt le Vernis, un peu éloigné du feu, pour mettre la therebentine dedans. Ce mélange ſe fait en remuant le Vernis avec la cuillier de fer, dans le têms qu'il ſera aſſez cuit : enſuite on remet ce Vernis ſur le feu l'eſpace d'un quart d heure, en remuant dans le pot avec la cuillier, de têms en têms, afin que le Vernis ſe mélange bien avec la therebentine.

Ceux qui ne voudront point ſe ſervir de therebentine, pour les raiſons que nous venons de citer, pourront prendre leur proviſion d'huile d'une année à autre ; car plus elle eſt vielle, plûtôt eſt-elle cuite, & par cette précaution le Vernis ne ſera point ſujet à maculer l impreſſion.

ARTICLE III.

De la maniere de faire le Noir de fumée, & de ſon mélange avec le Vernis, pour faire l'Encre de l'Imprimerie.

LE Noir de fumée, eſt la fumée de la poix reſine brûlée, qu'on ramaſſe dans une petite Chambre bien fermée, & tapiſſée de peaux de moutons à l'entour, d'où par aprés on le fait ſortir en les ſecouant ; mais comme il eſt dangereux de mettre le feu à la maiſon, il eſt plus à propos de faire ce Noir dans une tente, un peu éloigné de la maiſon, deſſous un toit de tuiles.

Ceux qui font continuellement le Noir de fumée appellent cette tente *le ſac-à-noir*, lequel eſt conſtruit de quatre petits ſoliveaux de trois ou quatre pouces en carré & de ſept à huit pieds de haut ſoûtenus par deux travers de bois à chaque côté, ſçavoir un en haut & un en bas, tout de même que ſi c'étoit un bois de lit, avec une petite porte pour y entrer en ſe courbant un peu; comme il ſe voit par cette figure qu'on a deſſiné exprés pour faire voir plus facilement ſa conſtruction.

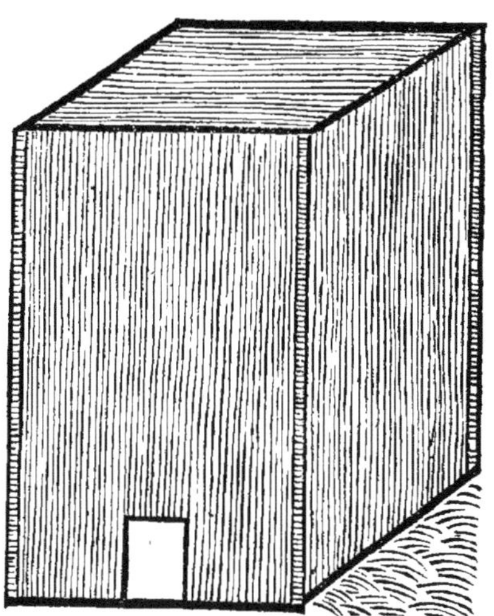

On peut faire *ce ſac-à-noir* auſſi grand que l'on veut, le deſſus de ce *ſac* eſt un plancher, lequel doit être bien joint, il y en a qui font un plancher deſſous, mais de crainte que le feu viendroit à s'y prendre par quelque étincelle il eſt plus convenable de le paver avec des carreaux de poterie bien unis, enſuite on attache à l'entour de ces quatre ſoliveaux de la toille, qu'on étend le plus fort qu'il ſera poſſible, avec de petits cloux de deux pouces de diſtance l'un de l'autre, en obſervant de bien boucher toutes les fentes de tout côté; cela fait, on colle des feuilles de papier fort, deſſus toute la toille, de même que ſur les jointures du plancher, & à l'entour des bordures d'en bas; afin que la fumée ne ſorte point par aucun endroit, attendu que c'eſt de la fumée que ſe fait le Noir.

Ce *ſac-à-noir* étant ainſi accommodé, on prend un pot de fer, à proportion de la grandeur du *ſac*, de crainte d'y mettre le feu; lequel pot on remplit de poix reſine, à un bon pouce prés, laquelle poix reſine on caſſe auparavant par morceaux de la groſſeur d'un bon pouce ou environ.

Ayant ainsi rempli ce pot de poix resine on le pose au milieu du *sac-à-noir*, & on y met le feu avec du papier ; & lorsque la poix resine est bien allumée, on ferme la porte, laquelle doit être bien jointe, & en cas qu'il y passât de la fumée par les jointures, on doit avoir soin de les bien boucher, soit avec du papier, soit avec du linge.

Quand cette poix resine sera entierement consommée, & que toute la fumée sera attachée au *sac-à-noir* (ce qu'on pourra connoître lorsque ledit *sac* sera entierement froid) il faut frapper avec une baguette dessus le plancher du *sac* & tout à l'entour de la toille, afin de faire tomber tout le Noir qui y est attaché.

Lorsque tout le Noir sera tombé sur le pavé, ce qui se fait en moins d'un demi-quart d'heure de têms, on peut ouvrir la porte, & ramasser ledit Noir avec un petit balay pour le mettre dans quelque vaisseau, ensuite on remet de la poix resine dans le pot, laquelle on fait brûler comme nous venons de dire.

On peut cependant faire brûler de la poix resine aussi long têms que l'on veut, sans qu'il soit nécessaire de faire tomber le Noir sur le pavé, à chaque fois qu'on voudra mettre de la nouvelle poix resine dans le pot.

On doit toûjours avoir la précaution de couvrir le pot auparavant de battre le *sac*, pour empêcher que le Noire ne tombe dedans.

Quelquefois il arrive, qu'en ramassant le Noir du pavé avec le balay, qu'il s'y rencontre de la poussiere, graviers, ou quelque autre chose, contraire audit Noir ; dans ce cas, il faudroit mettre ce Noir dans un vaisseau, où il y ait de l'eau ; par ce moyen, toutes les ordures, s'en iront au fond, & le Noir restera dessus l'eau. Voilà de quelle maniere on fait le Noir de fumée, à l'usage de nôtre profession.

Du mélange du Noir avec le Vernis.

Pour faire le mélange du Noir de fumée avec le Vernis, il faut verser le Vernis dans un petit vaisseau, dans lequel on met du Noir de fumée ; car tout autre noir ne vaut rien pour l'impreſſion, & le plus leger eſt le meilleur ; plus on met de noir plus l'encre eſt épaiſſe, c'eſt pourquoi il n'en faut mettre qu'autant qu'il eſt beſoin : enſuite on broye le tout enſemble extrêmement fort, avec un bâton fait exprés, afin que le Noir ſe mêle bien par tout avec le Vernis, juſqu'à ce qu'il ſoit reduit comme de la bouillie épaiſſe qu'on ôte du feu ; & toutes les fois qu'on voudra prendre de cette encre pour la mettre deſſus l'encrier de la Preſſe, on la doit encore bien broyer avec le broyoir avant de s'en ſervir.

On doit obſerver de bien nettoyer l'encrier avant que de faire ſon encre deſſus, parce qu'il s'y amaſſe ordinairement une quantité d'ordures deſſus, comme du crin, de la laine, & autres ſemblables choſes, provenant des bales, ce qui empêche de faire une impreſſion bien nette, & cauſe un retardément conſiderable pour nettoyer une quantité de lettres dans une Forme, qui ſe trouvent aſſez ſouvent remplies, faute de cette précaution.

Quand on veut faire ſon encre ſur l'encrier de la Preſſe à meſure qu'on en a beſoin, on met ordinairement cinq onces de Noir de fumée contre deux livres de Vernis, poids de ſeize onces ; mais comme cela n'eſt point toûjours ſi précis, attendu qu'un noir ſe trouve quelquefois l'un plus peſant que l'autre, ou que le Vernis eſt plus ou moins épais ; ainſi pour une plus grande certitude, on doit avoir deux differentes meſures, l'une pour le Vernis & l'autre pour le Noir, leſquelles on gardera expreſſement lorſqu'on aura remarqué ce qui ſera neceſſaire pour la quantité de l'un & de l'autre pour que l'encre ſoit toûjours d'une même épaiſſeur & d'un noir égal.

Ainſi ayant mis, ſur ſon encrier, la quantité de Noir qu'il faudra pour le contenu de la meſure du Vernis, on le doit broyer de la maniere que nous venons de dire. Voilà de quelle façon on doit mêler le Noir de fumée avec le Vernis, pour avoir une encre toûjours également noire.

ARTICLE IV.

De l'Encre rouge.

POUR faire l'Encre rouge, on ſe ſert du même Vernis que pour la noire, excepté qu'il ne doit point être ſi fort, & au lieu de noir, on y met du *Cinabre*, autrement dit du *Vermillon*, lequel doit être bien broyé au ſec ſur un marbre (cela s'entend lorſqu'il eſt en pierre) & que l'on broye enſuite ſur un encrier pour cet uſage, de la même maniere qu'on fait pour le Noir.

¶ On peut y ajouter un morceau de colle de poiſſon de la groſſeur d'une noix, que l'on fait tremper l'eſpace de vingt quatre heures dans un peu d'eau de vie & que l'on mêle bien avec ledit Vernis & le rouge ; cela rend l'encre fort luiſante, choſe experimentée.

On doit auſſi broyer cette Encre tous les matins & les aprés-midi, de même que ſi on commençoit à la faire ; afin que le rouge & cette colle ſe mêlent bien avec le vernis.

Il ſe fait ordinairement une croute ſur cette encre, quand on eſt quelque têms ſans s'en ſervir ; pour empêcher cela, il faut mettre de l'eau dans l'Encrier, & le pancher un peu ; afin que l'eau nage par deſſus l'Encre, & qu'elle ne s'écoule point ; laquelle eau on jette dehors, quand on veut ſe ſervir du rouge, & on broye l'Encre à l'ordinaire. Voilà la meilleure methode dont on puiſſe ſe ſervir pour faire l'Encre rouge.

Pour le noir à l'uſage de la taille-douce, le plus peſant eſt le meilleur ; c'eſt ce qui eſt contraire à celui dont on ſe ſert pour l'Imprimerie : Voici la methode de le faire.

Il faut avoir de la lie de vin, qui ſoit bien ſeche, & la faire brûler au milieu du feu ; & lorſque cela eſt reduit en charbon, on l'éteint dans l'eau, & on le broye de même que *le Vermillon* ; enſuite on le mêle avec le Vernis pour faire ſon Encre ; en obſervant neantmoins que cette Encre doit être beaucoup plus liquide que celle dont nous nous servons dans nôtre profession.

Nous voilà enfin arrivé au bout d'un Ouvrage penible & laborieux. Il ne seroit point surprenant que dans un livre, dans lequel on y traite de tant de matieres differentes, on auroit pû oublier quelque chose; je crois cependant n'avoir rien ômis de tout ce qui est de plus essentiel à la Science pratique de l'Imprimerie ; je suis même entré dans le détail des plus petites choses qui concernent ce bel Art, & je l'ai fait en faveur des Aprentifs, qui ont quelque connoissance de cette Profession: heureux, si par mes Instructions j'en ay pû faire de bons Maîtres, & si les Maîtres mêmes ne jugent pas mon travail inutile.

TABLE

DES PRINCIPALES MATIERES contenues en ce Livre.

Comment

AVIS AU LECTEUR.

L'Auteur de ce Livre ne s'étant uniquement proposé que de donner des Instructions pour bien pratiquer une Science, de laquelle jusques ici personne n'avoit encore entrepris de parler, & son but n'ayant été que de pouvoir être utile à quantité de personnes qui se mêlent de la pratiquer, sans la bien entendre ; le Lecteur est prié de ne point s'arrêter à quelques endroits foibles, qui n'ont point toute la grace & la politesse que demande la pureté de nôtre langue, & d'excuser quelques passages latins forts obscurs, qui ne sont point traduits dans leur veritable sens. L'on a entr'autre remarqués ceux-ci.

ADDITIONS.

Page 54. *ligne* 13. *aprés*, & des *culs de Lampe*, *ajoûtez à la ligne*. Quand les *Sommaires* se divisent par nombres, comme sont la plûpart de ceux des livres de Droit, on les fait aussi de caractere italique, plus gros d'un degré que celui du corps de l'Ouvrage ; en observant de mettre un cadratin au commencement de toutes les lignes qui suivent la premiere de chaque nombre.

On doit faire ces *Sommaires* de la même disposition qu'est la matiere de l'Ouvrage, c'est-à-dire, si l'Ouvrage est en deux colomnes, on fera pareillement les *Sommaires* en deux colomnes ; & s'il est de toute la largeur de la page, on disposera les *Sommaires* de même.

Tous les chiffres marginaux de chaque nombre de ces *Sommaires* se placent toûjours du côté des chiffres des Titres courants, tout ainsi que les Additions marginales.

Page 56. *ligne* 7. *aprés*, têms à les remettre, *ajoûtez*. Lorsqu'une Partie d'un Livre commence par un *Sommaire* de grande étendue, accompagné d'une vignette gravée en bois ou en taille douce, on doit mettre une *Lettre grise* au commencement du corps de l'Ouvrage, en quelqu'endroit que ledit *Sommaire* puisse finir ; en observant néanmoins ce qui a été dit à l'art. 20. page 56. ligne 8. 9. 10. & 11.

Page 69. *ligne* 2. JEAN FROBENIUS &c. *jusqu'à la ligne* 17. *lisez en la place.* JEAN FROBENIUS de Basle, égala les plus grands Hommes par son profond Sçavoir dans les belles Lettres. Il fut intime ami d'ERASME, ce Phœnix des Sçavans, qui pendant le têms qu'il demeura chez lui, s'employa à corriger, & à revoir les livres qui s'y imprimoient, & qui lui adressa plusieurs lettres depuis qu'il en fut sorti. Il dedia même son livre des Colloques familiers au plus jeune de ses fils, & immortalisa en quelque sorte l'Imprimerie de ce grand Homme, par ses éditions trés-correctes qu'il fit des plus excellens Auteurs ; & mourut enfin aprés avoir essuyé plusieurs revers de fortune pendant sa vie.

Page 73. *ligne* 22. L'occasion &c. *jusqu'à la ligne qui finit par* ses Athenes Hollandoises, *mettez en la place cette traduction.* L'occasion se presente ici de dire quelque chose à la louange de FRANÇOIS RAPHELINGUE, natif du Pays bas, qui aprés avoir enseigné dans l'Université de Cambrige en qualité de Professeur de la Jeunesse Espagnole, & avoir rappellé pendant quelque têms, par l'élevation de ses discours, la gloire des anciens écrivains, se retira à Anvers auprés de PLANTIN, qui étant fort content des services que lui rendoit ce RAPHELINGUE, tant en s'appliquant exactement à corriger & revoir les épreuves de ce qui s'imprimoit dans son Imprimerie, dont il lui avoit abandonné la direction, que par les bons conseils qu'il lui donnoit, lui donna sa fille aînée en mariage, & se l'associa dans son commerce de Livres, comme le raporte *Meursius* dans son livre intitulé, *Athenæ Batavicæ.*

PRIVILEGE DU ROY.

LOUIS par la grace de Dieu Roy de France & de Navarre : A nos amez & feaux Conseillers, les gens tenant nos Cours de Parlement, Maîtres des Requêtes ordinaires de nôtre Hôtel, Grand Conseil, Prévôt de Paris, Baillifs, Sénéchaux, leurs Lieutenans Civils, & autres nos Justiciers qu'il appartiendra, SALUT : Nôtre bien amé MARTIN DOMINIQUE FERTEL, Imprimeur & Libraire à Saint Omer, Nous ayant fait remontrer qu'il souhaiteroit imprimer, ou faire imprimer & donner au public un Livre qui a pour titre *La Science pratique de l'Imprimerie*, s'il Nous plaisoit lui accorder nos Lettres de Privilege sur ce nécessaires : A CES CAUSES, voulant favorablement traiter ledit Exposant ; Nous lui avons permis & permettons par ces Presentes, d'imprimer ou faire imprimer ledit Livre en tels volumes, forme, marge, caractere, conjointement ou séparement, & autant de fois que bon lui semblera, & de le vendre, faire vendre & débiter par tout nôtre Royaume, pendant le têms de six années consecutives, à compter du jour de la datte desdites Presentes. Faisons défenses à toutes sortes de personnes de quelque qualité & condition qu'elles soyent, d'en introduire d'impression étrangere, dans aucun lieu de nôtre obéissance ; comme aussi à tous Imprimeurs, Libraires, & autres, d'imprimer, faire imprimer, vendre, faire vendre, débiter, ni contrefaire ledit Livre, en tout ni en partie, ni d'en faire aucuns extraits, sous quelque prétexte que ce soit, d'augmentation, correction, changemens de titre ou autrement, sans la permission expresse & par écrit dudit Exposant, ou de ceux qui auront droit de lui, à peine de confiscation des exemplaires contrefaits, de quinze cens livres d'amende contre chacun des contrevenans, dont un tiers à Nous, un tiers à l'Hôtel-Dieu de Paris, l'autre tiers audit Exposant, & de tous dépens, dommages & interêts : à la charge que ces Presentes seront enregistrées tout au long sur le Registre de la Communauté des Libraires & Imprimeurs de Paris, & ce dans trois mois de la datte d'icelles ; que l'impression de ce Livre sera faite dans nôtre Royaume & non ailleurs, en bon papier & en beaux caracteres, conformément aux Reglemens de la Librairie ; & qu'avant que de l'exposer en vente, le manuscrit ou imprimé qui aura servi de copie à l'impression dudit Livre, sera remis dans le même état où l'Approbation y aura été donnée, és mains de nôtre trés-cher & feal Chevalier, Garde des Sceaux de France, le Sieur Fleuriau Darmenonville ; & qu'il en sera ensuite remis deux Exemplaires dans nôtre Bibliotheque publique, un dans celle de nôtre Château du Louvre, & un dans celle de nôtredit tréscher & feal Chevalier Garde des Sceaux de France, le Sieur Fleuriau Darmenonville ; le tout à peine de nullité des Presentes : du contenu desquelles vous mandons & enjoignons de faire jouir l'Exposant ou ses ayans cause, pleinement & paisiblement, sans souffrir qu'il leur soit fait aucun trouble ou empêchement. Voulons que la copie desdites Presentes qui sera imprimée tout au long au commencement ou à la fin dudit Livre, soit tenue pour düëment signifiée, & qu'aux copies collationnées par l'un de nos amez & feaux Conseillers & Secretaires, foy soit ajoûtée comme à l'original. Commandons au premier nôtre Huissier ou Sergent de faire pour l'exécution d'icelles tous Actes requis & nécessaires, sans demander autre permission, & nonobstant Clameurs de Haro, Chartre Normande, & Lettres à ce contraires ; car tel est nôtre plaisir. Donné à Paris le vingt-uniéme jour du mois de Juillet, l'an de grace mil sept cens vingt-trois, & de nôtre regne le huitiéme. Par le Roy en son Conseil. Signé,

DE SAINT HILAIRE.

Registré sur le Registre 5. de la Communauté des Libraires & Imprimeurs de Paris, page 312. n. 599. conformément aux Reglemens, & notament à l'Arrêt du Conseil du 13. Août 1703. A Paris le treize Août 1723. Signé, BALLARD, *Syndic.*

Fautes survenues dans l'Impression.

Page.	Ligne.	Faute.	Correction.
10	5.	♅ *Gemini*	♊ *Gemini.*
Idem.	19	♁ *Venus.*	♀ *Venus.*
13	13	duſſus	deſſus
14	28	ſuffira	ſuffiront
22	15	la longeur	la longueur
46	7	Menuſier	Menuiſier
57	31	ſuppoſés	ſuppoſées
58	24	& de la lettre	& la lettre
59	28	à deſſein de ſervir	à deſſein, pour ſervir
60	33	où	ou
62	10	peuvent	puiſſent
63	20	*oſſicina*	*officina*
Idem.	29	conte	compte
66	34	exellence	excellence
67	12	s'eſt acquit	s'eſt acquis
Idem.	42	commentaant	commentant
68	23	*Adrien Turnerus*	*Adrien Turnebe*
Idem.	25	ſelon *Thuanus*	ſelon Mr. *de Thou*
71	1	veux dire	veut dire
Idem.	8	Patrie	partie
76	40	mâſles	mâles
77	12	n'eſt que dans	n'eſt dans
Idem.	21	interval	intervalle
Idem.	22	on doit	On doit
80	29	chacque	chaque
107	19	*qualitées*	*qualités*
111	10	j'ai avancée	j'ai avancé
118	15	le Live	le Livre
127	14	a faire	à faire
Idem.	15	Souſtration	Souſtraction
128	39	*Demonſtration*	Voici
141	17	Impoſitons	Impoſitions
180	23	ſa largueur	ſa largeur
182	10	Guichard	Michard
184	26	des ficelles	de ficelles
189	12	l'un de l'autre	l'une de l'autre
213	17	de mettre	de ne mettre
223	15	*furnit*	*fournit*

www.ingramcontent.com/pod-product-compliance
Ingram Content Group UK Ltd.
Pitfield, Milton Keynes, MK11 3LW, UK
UKHW020603230726
13926UKWH00005B/2177